国家"双一流"建设学科辽宁大学应用经济学重点项目成果

21世纪新资源理论

——关于国民财富源泉的最新研究

（2018大众版）

白钦先　杨涤　著

中国金融出版社

责任编辑：肖丽敏
责任校对：张志文
责任印制：丁淮宾

图书在版编目（CIP）数据

21 世纪新资源理论——关于国民财富源泉的最新研究（21 Shiji
Xinziyuan Lilun—Guanyu Guomin Caifu Yuanquan de Zuixin Yanjiu）（2018
大众版）/白钦先，杨涤著 . —北京：中国金融出版社，2018. 7
ISBN 978 - 7 - 5049 - 9616 - 9

Ⅰ. ①2… Ⅱ. ①白…②杨… Ⅲ. ①资源经济学—研究 Ⅳ. F062. 1

中国版本图书馆 CIP 数据核字（2018）第 131145 号

出版
发行　　**中国金融出版社**

社址　　北京市丰台区益泽路 2 号
市场开发部　（010）63266347，63805472，63439533（传真）
网 上 书 店　http://www.chinafph.com
　　　　　　（010）63286832，63365686（传真）
读者服务部　（010）66070833，62568380
邮编　　100071
经销　　新华书店
印刷　　北京市松源印刷有限公司
尺寸　　169 毫米 × 239 毫米
印张　　18. 75
字数　　301 千
版次　　2018 年 7 月第 1 版
印次　　2018 年 7 月第 1 次印刷
定价　　59. 00 元
ISBN 978 - 7 - 5049 - 9616 - 9
如出现印装错误本社负责调换　联系电话(010)63263947

内容提要

2006 年 9 月，白钦先教授和杨涤博士所著《21 世纪新资源理论——关于国民财富源泉的最新研究》出版，提出了一个全新的资源理论，同时也提出了一种崭新的资源观——社会资源观。在这部经济学基础理论研究著作中，传统的自然资源观和主流的三要素资源观，被更为全面的——包括社会资源、多要素资源的新资源观所取代。专著对与"资源"特别是"社会资源"相关的领域进行了开拓性、创造性的研究，是经过长期观察、深入思考并通过潜心研究最终形成的一部基础理论研究专著。这部专著也是国家软科学项目后续成果及国家"211 工程"资助项目成果，被列为金融发展理论前沿丛书。

如今原著出版已逾十年，现在作者又推出"2018 大众版"。原著由于专业性较强，适合有一定经济学理论基础的学者、理论研究者和学经济金融的人士阅读。对于普通大众尤其广大年轻人而言，特别是随着互联网时代工作、生活的节奏加快，更希望读到通俗易懂、举例说明的文本。为了普及推广这个产生于中国、面向 21 世纪的新资源理论，阐释其中的新思想和新观念，作者重新编写了这部书的大众版。本书适合一切致力于思考中华民族崛起道路的有志学者和青年学生阅读，重不在说教，而是投石问路，以引领启发他们进一步的思考和研究。

前言

人类近一二百年的历史表明，从 19 世纪产生发展，20 世纪不断推进并提升的现代化，是以对自然资源的利用和消耗为主体的工业化为轴心而运转的。一方面，这种现代化带来了巨大的物质财富，提高了人类物质生活水平；另一方面，由于忽视自然资源的生态特征，造成经济增长虽快，但带来了许多自然生态环境和社会方面的严重问题。这些问题促使人们开始反思以前那种对自然资源乱砍滥伐的增长路径，强调人与自然的可持续发展。

在传统经济学理论中，"经济资源"的概念都一直局限在土地、资本和劳动这三个基本要素的范围，或者在经济实践中，资源多是指自然资源。因此，古典经济学和新古典经济增长理论都只能把一国的自然资源、劳动力资源和资本（长期都是指实物资本）积累的状况作为解释该国经济增长的主要原因。然而，现代经济增长的经验表明，劳动力和实物资本对现代经济增长贡献的比重在不断相对下降，一些原本并不明显起作用的积累因素，或者原来作为经济增长外部条件的长期因素的重要性却在不断上升。实际上，20 世纪 90 年代以来主要西方国家经济增长的实践已经表明，包括技术进步和教育发展在内的知识要素已取代资本要素成为新经济时代——知识经济时代的第一生产要素；而后发展国家在 20 世纪后半期开始的制度变革和创新运动都证明了制度在财富创造过程中的重要性，特别是作为现代市场经济核心制度的金融制度更是发挥了核心性的作用。今天人们谈论经济增长和发展不能不考虑制度（包括金融制度）的创新和变迁。除此之外，一些国家的实践证明，从中长期看，大力发展教育，提高人口素质和人力资本存量，与时俱进地解放思想和更新观念，都可以带来经济增长和社会发展。实践证明，传统三要素资源理论或自然资源观在当今时代远远脱离客观现实的局限性已经十分明显。

1

21世纪新资源理论——关于国民财富源泉的最新研究

从20世纪90年代中期开始，面对新资源要素在经济增长和发展中的凸显，急需在理论上给予概括和总结。在知识经济初现端倪并日益强化，以及经济日益金融化、知识化和信息化的形势下，凸显了金融、知识和信息的资源属性并导致了金融经济、知识经济和信息经济时代来临，而这些社会类资源的极端战略重要性还将会一天比一天更强烈地显示出来。

1999年初，为了夯实金融资源学说的基础，笔者提出了21世纪"新资源理论"这个课题，1999年中旬笔者和笔者指导的博士杨涤一起开始了实质性研究，于2003年4月最终完成，2006年付梓出版。21世纪"新资源理论"不是一个现有西方经济理论的综述或介绍，也不是一个现有的、陈旧的研究课题，我清醒地意识到，这项研究工作是一次重大的理论创新尝试，是尝试对国内、国外现有经济理论进行某种突破。无疑，这个课题是前沿的，难度也是巨大的，这一创新有可能成为21世纪经济学的一个理论基础和支点。

2000年3月科技部批准立项"知识创新体系中的资源理论创新——金融资源理论与实践研究"（Z00005），2006年1月结题。由张亦春、秦池江、景学成、郑振龙和孔祥毅等权威金融专家所组成的评审组高度肯定了金融资源论，他们认为："2000年国家软科学项目（编号：Z00005）'知识创新体系中的资源理论创新——金融资源理论与实践'的最终研究成果《金融可持续发展理论研究导论》及'21世纪新资源理论——关于国民财富源泉的最新研究'是我国改革开放以来在金融基础理论与实践（金融可持续发展战略）研究领域取得的一项突出的具有原创性特征和中国'自主性知识产权'特征的优秀学术成果。（1）该成果在经济全球化、经济金融化、金融全球化日益深化，和知识经济初见端倪的形势下，在国内外首次提出并系统全面地揭示了金融的资源本质属性，提出'金融是一种资源，是社会资源，是一种战略性稀缺资源'的理论学说，这一学说极富时代特征，并由此引起了传统金融基础理论的范式转换、理论创新和方法变革，也引发了传统资源观和传统金融观的根本性变革，构成了知识经济条件下中国国家知识创新体系的一部分，具有重大的金融基础理论原创性意义。（2）该成果以金融资源学说为基础，首次将可持续发展的思想理念创造性地扩展运用到金融领域，在此二者结合的基础上，提出了金融可持续发展理论与战略，引起国家决策领导机关、社会各界和经济金融理论界的广泛关注、热烈反响与深入研究讨论，也同中央提出的全面协调可持续的科学发展观的战略决策保持了高度的协调与一致性，同时该成果也具有严肃的政策含义与重大的实践意义，对维护国家经济金融安全和战略决策具有重要的指导意义。（3）该成果不仅是国内，也是世界金融科学研究的创新成果。以金融资源学说为基础的金融可持续发展理论与战略也受到美国、英国和德国等国际著名金融学家的肯定与支持。该成果通过揭示金融资源的'一般资源与特殊资源二重属性'，以及'功能性高层金融资源'这两条通道，保持了与西方经济金融学理论视角的平滑连接与过渡。"

理论是知识的结晶，是对客观事物本质特征、发展规律的深刻认识和系统表述。理论不是实践经验的简单概括和杂乱无章的堆积，而是一种有严密逻辑结构的思想体系。爱因斯坦说："科学一旦从它的原始阶段脱胎出来以后，仅仅靠着排列的过程已不能使理论获得进展。由经验材料作为引导，研究者宁愿提出一种思想体系，它一般地是在逻辑上从少数几个所谓公理的基本假定建立起来的，我们把这样的思想体系叫做理论。"一切都在变，一切都在发展。实践在发展，因此，理论也必须与时俱进。时代不同了，新时代要有新理论来配合。马克思、恩格斯曾经说："一切划时代的体系的真正的内容都是由于产生这些体系的那个时期的需要而形成起来的。"

现在我们重新编写了这部书的大众版，我们的编写指导思想就是简化、通俗，把原著中的大部分数学公式以及较为专业的表述全部去掉，把理论专著改编为图文并茂、言简意赅、通俗易懂的一部思想启蒙书。我对这个崭新的理论很有信心，这个新理论属于 21 世纪的中国，属于 21 世纪的世界。我坚持认为，在占世界人口总数四分之一以上的中国，绝对有可能诞生对世界发展也能作出贡献的经济理论。这样的新思想需要引起更广泛的思考和思辨，正是基于这样的想法，我们才不辞辛劳，重新撰写。

当然，既然是大众版，在文字表达上，在逻辑推理上，我们就不会完全追求足够严密完善。我们力图通过更多的历史案例，来解释新资源理论的概念。我们纵横古今、横贯中外，引用大量案例，力求论述简洁，举例贴切，生动活泼，引人入胜。本书案例文字（图片）来源广泛，大多数来源于互联网相关网站或博客公众号，对于能找到确切出处（包括互联网）的引用，我们都给予明确的标注，以感谢那些精彩文字（图片）的作者。

2018 年 1 月 30 日下午，中共中央政治局就建设现代化经济体系进行第三次集体学习。中共中央总书记习近平在主持学习时强调，建设现代化经济体系是一篇大文章，既是一项重大理论命题，更是一项重大实践课题，需要从理论和实践的结合上进行深入探讨。建设现代化经济体系是我国发展的战略目标，也是转变经济发展方式、优化经济结构、转换经济增长动力的迫切要求。我希望通过这部大众版本的书，使更多的人了解新资源理论，使得这个理论为我国建设现代化经济体系作出自己的理论贡献。我期待这部书能起到抛砖引玉的作用，更期许它能成为在中华民族和平崛起过程中国家软实力提升，代表中国观点、中国理论和中国声音逐步走向世界的一步。

白钦先

2018 年 2 月于沈阳

目　　录

第一章
资源概念的溯源与变迁

　　"资源"是经济学中最为基础的概念之一。西方出版的各式各样的经济学教材，对经济学研究主题的规定基本上都是一致的：经济学是寻求资源最佳配置的理论。

　　保罗·萨缪尔森1935年毕业于芝加哥大学，随后获得哈佛大学的硕士学位和博士学位，并一直在麻省理工学院任经济学教授，是麻省理工学院研究生部的创始人。他是那些能够和普通大众进行交流的为数极少的科学家之一。他经常出席国会作证，在联邦委员会、美国财政部和各种私人非营利机构任学术顾问。他发展了数理和动态经济理论，将经济科学提高到新的水平，是当代凯恩斯主义的集大成者、经济学的最后一个通才。他是当今世界经济学界的巨匠之一，他所研究的内容十分广泛，涉及经济学的各个领域，是世界上罕见的多能学者。萨缪尔森首次将数学分析方法引入经济学，帮助经济困境中上台的肯尼迪政府制定了著名的"肯尼迪减税方案"，并且写出了一部被数百万大学生奉为经典的教科书。他于1947年成为约翰·贝茨·克拉克奖的首位获得者，并于1970年获得诺贝尔经济学奖。

　　美国当代著名经济学家保罗·萨缪尔森，新古典综合学派的代表人物，1970年诺贝尔经济学奖获得者，《经济学》一书是他最主要的代表作之一，该书由美国麦格劳—希尔图公司于1948年初版，是当代西方最流行的经济学教科书之一，现已出第19版，被译成几十个国家的文字。这本书中对经济学的研究对象是这样表述的："经济学（economics）研究的是社会如何利用稀缺的资源以生产有价值的商品，并将它们分配给不同的个人。"[①]

　　斯蒂格利茨博士先后在耶鲁大学、普林斯顿大学、牛津大学、斯坦福大学和哥伦比亚大学任教。他主讲经济学原理、宏观经济学、微观经济学、公共部门经济学、金融学和组织经济学，包括在该校最受欢迎的《经济学》。他的数十名博士在世界各地任要职。他为经济学的一个重要分支——信息经济学的创立作出了重大贡献。他所倡导的一些前沿理

---

　　① 保罗·萨缪尔森，威廉·诺德豪斯：《经济学》，中译本16版，2页，华夏出版社，麦格劳·希尔出版公司，2003.

论，如逆向选择和道德风险，已成为经济学家和政策制定者的标准工具。他是世界上公共部门经济学领域最著名的专家。他所著的教材是世界上最通行的教材之一，被翻译成多种语言。斯蒂格利茨教授是数以百计的学术论文和著作的作者和编者，包括十分畅销的本科教材《公共部门经济学》（诺顿公司）、与安东尼·阿特金森合著的《公共经济学讲义》。1987 年，他创办的《经济学展望杂志》降低了其他主要经济学杂志所设立的专业化障碍。他曾经担任美国经济协会副主席。斯蒂格利茨博士是美国最著名的经济学教育者之一。

另一位经济学理论大师、美国著名经济学家、1982 年诺贝尔经济学奖获得者，现为芝加哥大学经济和国家研究中心主任的乔治·约瑟夫·斯蒂格利茨在他编写的《经济学》一书中写道："经济学研究的是：我们社会中的个人、厂商、政府和其他组织是如何进行选择的，这些选择又怎样决定社会资源如何被利用。资源稀缺是经济学的一个显著的现象：因为资源稀缺所以选择是必要的。"①

可以看到，西方的主流经济学教材基本上认为，资源稀缺是人类社会普遍存在的客观现实，因为资源稀缺，才产生了资源配置问题。在人类自身发展对资源量需求越来越大的今天，如何处理好有限的资源与无限的人类需要之间的矛盾，以最有限的资源最大限度地满足人类的需要，就是经济学所要研究的基本问题。因此，资源成为经济学的基础性概念之一。

第一节　历史上经济学大师们曾经这么看

如同其他经济学概念一样，目前所使用的"资源"概念也是随经济和社会的发展，在历史中逐步形成的。而且，一个值得注意和研究的现象是，资源概念的内涵还在不断拓展。下面我们先对经济学理论中的资源概念做一个溯源。

①　斯蒂格利茨. 经济学［M］. 中译本上册，10 页，北京：中国人民大学出版社，1998.

一、重商主义：只进不出的国际贸易才能导致国富

"重商主义"是从16世纪初到18世纪末左右的一个经济思想体系。在那个时代，重商主义影响十分广泛，横跨欧洲大陆，是一个由英国、荷兰、西班牙、法国、德国等国家所信奉的学说。

重商主义的资源概念和他们的财富观紧密相联。他们认为：唯有金银是财富，一切财富在于金银。他们将货币与财富相等同，认为财富就是货币，货币就是财富。他们指出，一个国家金银多了，经济就繁荣，贸易就会扩大。除了金银以外，其他的一般商品只能满足一种欲望，而金银这种商品则能直接换取任何商品，所以只有金银才是国家最好的财富，才是真正的财富。增加贵金属数量是国家工商业追求的最大目标。

对外贸易的目的不在于取得一般的商品，而在于取得金银货币。金银货币的增加，又可以降低利息率，诱致国内投资的增加，由此扩大国内生产，增加就业机会。在贵金属货币体制下，按照重商主义者的看法，"财富与货币，无论从哪一点看来，都是同义语。"① 一旦认定财富只能是金银，那么，没有金银矿山的国家只有通过贸易顺差输入金银才能致富。使国家致富的两大手段就是"限制输入"和"奖励输出"，对外贸易顺差是国家致富的重要源泉。

【简评】

他们把金银货币等同于财富，这是典型的贵金属货币时代的财富观。②在这种财富观的支配下，一切经济活动的目的都是获取金银货币，金银货币数量成为衡量一国富裕程度的标准。这一历史时期中，对外贸易顺差是金银货币的直接来源，也就是国民财富的源泉。重商主义的经济分析根本没有触及生产领域，仅仅停留在流通领域。因而，在他们头脑中就没有"生产要素"的概念。这种分析方法无法揭示国民财富的真正来源。

二、重农学派：农业才是国民贮富的根本源泉

重农学派是18世纪50—70年代产生在法国的古典政治经济学学派，其宗旨

---

① 亚当·斯密. 国民财富的性质和原因的研究［M］. 下卷，2页，北京：商务印书馆，1996.

② 亚当·斯密举了一个很好的例子：历史上，当美洲被发现后，有一个时期，西班牙人每到一个生疏的海岸，第一个要问的问题，就是近处有无黄金白银。他们就根据这种情报，判定那个地方有没有殖民的价值，或者有没有征服的价值。

在于倡导发展农业资本主义，以振兴法国经济。弗朗斯瓦·魁奈是重农学派的创始人和领袖人物，他首创了重农主义的理论。杜尔哥是继魁奈之后的重农学派最重要的代表人物，他的《关于财富的形成和分配的考察》是重农主义的重要文献。他发展、修正了魁奈的论点，在他那里，重农主义发展到了最高峰。

弗朗斯瓦·魁奈（Francois Quesnay，1694—1774 年）是资产阶级古典政治经济学奠基人之一，法国重农学派的创始人和重要代表。魁奈的主要著作有：《租地农场主论》《谷物论》《赋税论》《经济表》《经济表的说明》《关于货币利息的考察》。《经济表》全面反映魁奈的经济学说体系和各项基本理论，对以后经济学的发展产生了很大的影响，马克思的再生产理论就受到《经济表》中某些思想的启示。

重农学派认为：农业为国民财富的唯一来源，是社会一切收入的基础，同时认为保障财产权利和个人经济自由是社会繁荣的必要因素。他们宣称，投在土地的农业劳动最为重要，农业才创造财富。反过来，财富的增长可以为人口的增长提供保障，人口的增长使得农业劳动力增加，农业劳动力增加又会促进农业生产扩大；农业的发展会促进社会分工的发展，由此带来商业繁荣，工业兴旺；于是经济和社会可以持续增长下去。重农学派所说的"土地"不仅包括可以耕种的土地，还包括草场、牧场、森林、矿山、渔场等。

【简评】

重农学派较比重商主义在理论分析上前进了一步，把经济研究从流通领域转向了生产领域，但他们走到了另一个极端：他们认为，社会财富就是从土地生产出来的农产品，社会财富的真正来源就是农业。否定货币是国民财富，否定工业创造社会财富。他们认为土地是财富的唯一源泉。因此，他们头脑中的"资源"概念是：土地以及投在土地上的农业劳动。随着工业经济在国民经济中的比重和贡献日益增大，该学说的片面性逐步暴露出来。正如亚当斯密说的那样："这一学说把投在土地上的劳动，看作唯一的生产性劳动，这方面的见解，未免失之偏狭。""这种学说最大的谬误，似乎在于把工匠、制造业工人和商人看作全无生产或全不生产的阶级。"①重农学派把经济分析从流通领域引向生产领域，是经济思想史上第一个从生产过程中寻找价值或财富源泉的经济学流派，可以归纳为"生产—要素思想"。

三、威廉·配第：土地和劳动是国民财富的源泉

威廉·配第是英国古典政治经济学的创始人，是由重商主义向古典学派过渡时期的经济学家。1662 年，威廉·配第出版了名著《赋税论》，为英国古典政治经济学体系的建立铺平了道路。在这本书中，配第对经济的研究已经基本克服了重商主义仅关注流通领域的片面性，把分析的对象深入生产领域。他的《赋税论》比亚当·斯密《国民财富的性质和原因的研究》早一百多年。

威廉·配第（William Petty，1623—1687 年），英国古典政治经济学的创始人，统计学家。威廉·配第一生著作颇丰，主要有《赋税论》（写于 1662 年，全名《关于税收与捐献的论文》）、《献给英明人士》（1664 年）、《政治算术》（1672 年）、《爱尔兰政治剖析》（1674 年）、《货币略论》等。马克思对配第的经济思想给予了极高的评价，称他为"现代政治经济学的创始者""最有天才的和最有创见的经济研究家"，是"政治经济学之父，在某种程度上也可以说是统计学的创始人"。

配第提出："土地是财富之母，劳动是财富之父"。他说："我要指出的是，所有物品都是由两种自然单位——土地与劳动——来评定价值，换句话说，我们应该说一艘船或一件上衣值若干面积的土地和若干数量的劳动。理由是，船和上衣都是土地和投在土地上的人类劳动所创造的……如果这样的话，我们就能够和同时用土地和劳动这两种东西一样妥当地甚或更加妥当地单用土地或单用劳动来表现价值。"他实际上明确了创造财富的两大要素（或者说资源）：土地和劳动。劳动并不限于农业劳动。他进一步分析认为：土地耗费与

---

① 亚当·斯密. 国民财富的性质和原因的研究［M］. 241～244 页，北京：商务印书馆，1996.

人类劳动耗费对于人类来说是根本不同的，因为无论土地怎样耗费其肥力，人类都没有感觉到自身的任何辛劳。因此用人类自身的辛劳程度来衡量物品的价值，是更值得的。人类耗费的辛劳程度越大，物品的价值也就越大。所以配第便将物品价值的衡量尺度更多地转向人类劳动。配第还认为生产所必需的劳动时间是交换价值的决定因素，探讨了价值（财富的衡量）的判断标准。

【简评】

配第是最早关注生产要素的经济学家，他的"生产两要素思想"为后来的"生产三要素"理论打下了基础。

四、亚当·斯密：生产三要素、"看不见的手"创造国民财富

亚当·斯密（Adam Smith，1723—1790 年）是英国古典经济学的伟大代表者，也是近代经济学的奠基人。他的《国民财富的性质和原因的研究》（以下简称《国富论》，1776 年）是一部具有划时代意义的不朽巨著。斯密这部著作的主题就是研究和探讨国民财富的性质和原因，其实也就是要说明怎样以及为什么要发展资本主义的商品生产和市场经济以增进国民财富，即一个国家所生产的商品总量。亚当·斯密所著《国富论》的出版标志着古典经济学体系已经被完整地建立起来，也奠定了亚当·斯密"经济学之父"的地位。

亚当·斯密（1723—1790 年）是经济学的主要创立者。1723 年，亚当·斯密出生在苏格兰法夫郡（County Fife）的寇克卡迪（Kirkcaldy）。18 世纪末至 19 世纪中叶，以亚当·斯密为首，以及马尔萨斯、李嘉图等一批经济学家建立了现代被称为"古典学派"的政治经济学。亚当·斯密于 1759 年发表了《道德情操论》，后又于 1776 年发表的人类历史上第一部政治经济学著作《国民财富的性质和原因的研究》。亚当·斯密是英国资产阶级古典政治经济学的杰出代表人物，被称为"经济学之父"。他的经济学理论对西方经济学乃至现代经济学的发展都有深远的影响。

亚当·斯密认为劳动是财富的源泉。他不仅指出了重商主义只关注流通领域的局限性，还批判了重农学派观点的偏狭："据我所知，把土地生产物看作各国收

入及财富的唯一来源或主要来源的学说，从来未被任何国家所采用；现在它只在法国少数博学多能的学者的理论中存在着。"①他明确宣称任何生产部门的劳动都是财富的源泉。但是他又认为劳动创造价值的原则只适应于劳动作为唯一生产要素的社会。在资本积累和土地私有权产生后，资本和土地也成为了价值的源泉。

亚当·斯密还特别强调"看不见的手"和劳动分工对提高生产率的作用。实际上，斯密在《国富论》中提出了两种经济机制：第一是"看不见的手"的市场调节机制，即市场竞争和价格机制能够使经济资源得到有效配置；第二是分工机制——"劳动分工受市场范围的限制"，并且劳动分工的精细化造成的专业化能够提高劳动生产率，从而增进国民财富。

【简评】

根据约瑟夫·熊彼特的考证，亚当·斯密把产品的价格分解为三个组成部分：工资、地租和利润。就其本身而言，这就足够强烈地暗示了三要素学说。②另外，他还强调了"看不见的手"和社会分工的重要性，这也是第一个提出自由市场制度可以带来国民财富的学者。

五、让·巴蒂斯特·萨伊：土地、劳动和资本三要素是财富的源泉

让·巴蒂斯特·萨伊（Say, JeanBaptiste, 1767—1832 年），法国经济学家，古典自由主义者。他是继亚当·斯密、李嘉图古典经济学派兴起之后的又一个经济学伟人。萨伊生于法国里昂一个商人家庭，有过经商的经历。曾经参加法国大革命，但后来转向反对革命。萨伊的《政治经济学概论》出版于 1803 年，以后作者又修订出版了 4 次（1814 年，1817 年，1819 年，1826 年）。在很长一个时期，这部书被认为是对斯密《国富论》的通俗而有特色的解说，是对斯密学说的继承和发展，成为欧美各国经济学的标准教科书。

萨伊第一个明确了生产三要素的提法。他把亚当·斯密的要素学说进一步

---

① 亚当·斯密. 国民财富的性质和原因的研究 [M]. 下卷，229 页，北京：商务印书馆，1996.
② 约瑟夫·熊彼特. 经济分析史 [M]. 第二卷，276～277 页，北京：商务印书馆，1996.

系统化和逻辑化，明确提出把土地、劳动和资本归结为生产的三个要素，它们缺一不可，只是它们在不同时期的作用不尽相同罢了。他指出：事实已经证明，所生产出来的价值，都是归因于劳动、资本和自然力这三者的作用和协力，其中以能耕种的土地为最重要因素但不是唯一因素。除这些外，没有其他因素能生产价值或能扩大人类的财富。

这样，各种生产要素共同生产的价值就在各个生产要素之间分配。在他看来，各生产要素不外乎是各有关所有者的一种"资本"，把这种"资本"借出是要求回报的，这种回报就是各自的利润。"借出"自己所拥有的要素供别人使用，别人利用这些要素的生产力增加了产品的价值，那么，生产过程结束后，应当给生产要素的所有者以报酬就成了理所当然的事情。

【简评】

萨伊确立了生产三要素学说。在他的著作里面，明确有三要素的论述。后来的西方经济学，都基本上继承了这个学说。生产三要素学说是西方经济学主流的资源理论。

六、约翰·穆勒：各种要素构成的生产力是国民财富源泉

在 1848 年，穆勒发表了著名的经济学著作《政治经济学原理——及其在社会哲学上的若干应用》，他在复述亚当·斯密和李嘉图的古典经济学观点的同时，也加进了他自己的不少引申和修正，穆勒的这部书直到 19 世纪末还是英国、美国等讲英语国家的经济学标准教科书，被西方一些经济学家吹捧为 19 世纪下半期西方国家一本无可争议的经济学的"圣经"。

约翰·穆勒（John Stuart Mill，1806—1873 年），或译约翰·斯图尔特·密尔，也译作约翰·斯图亚特·穆勒，英国著名哲学家、心理学家和经济学家，19 世纪影响力很大的古典自由主义思想家，支持边沁的功利主义。穆勒在 1848 年发表了他名世的经济学著作《政治经济学原理——及其在社会哲学上的若干应用》（以下简称《原理》）。经济理论的调和折中主义是公认的穆勒《原理》的特征。追随者认为，这一特征标志着《原理》作为一承前启后的著作，

总结了从亚当·斯密起到 19 世纪中叶大半个世纪西方经济发展的过程，奠定了政治经济学的完整体系。而批判者则认为，穆勒的调和折中主义只是资产阶级经济学破产的宣告。

穆勒说，生产要素有两种：劳动和适当的自然物品。劳动或是体力的，或是脑力的；说得更明白些，这一区别乃是或是肌肉的或是神经的。……除了这些为数很少且不重要的（不过在人类社会的早期是重要的）情形外，自然所供应的物品仅在由人力进行了某种程度的转化以后，才可用于满足人类的需要。①有些自然要素的数量是有限的，另一些自然要素的数量则实际上是无限的。"除了劳动和自然力这两种基本的和普遍的生产要素外，还有另一种生产要素，若没有它，工业便只能处于最初的原始而简陋的状态，而不可能进行任何其他生产活动。这就是以前劳动产物的积累。这种劳动产物的积累称为资本。②

【简评】

穆勒对三要素理论的阐释更为具体和详细，对三个要素也分别进行了深入探讨。值得注意的是，穆勒提出了"生产力"这个抽象概念。在探讨生产力较高的原因时，穆勒指出：除了有利的自然条件、较大的劳动干劲外，较高的技能和知识、整个社会的知识水平、相互信任程度较高、较高的安全感也很重要。这说明穆勒已经注意到了三要素之外的一些重要因素。

七、马歇尔：除了生产三要素，组织也是国民财富源泉

直至 19 世纪末，穆勒的《政治经济学原理——及其在社会哲学上的若干应用》一直是英国、美国等讲英语国家的大学初级经济学课程的基础教科书。在 1890 年，马歇尔的《经济学原理》出版之后，它的地位才完全为后者所代替。③马歇尔（Alfred Marshall，1842—1924）是 19 世纪末 20 世纪 30 年代欧美国家中经济学的一代宗师，英国剑桥学派的创始人，他的代表作《经济学原

---

①　穆勒. 政治经济学原理——及其在社会哲学上的若干应用 [M] . 36 页，北京：商务印书馆，1997.
②　穆勒. 政治经济学原理——及其在社会哲学上的若干应用 [M] . 72 页，北京：商务印书馆，1997.
③　参见陈岱孙先生为《政治经济学原理》写的中译本序言，约翰·穆勒著，赵荣潜等译，商务印书馆，1991。

理》于 1890 年初版，截至 1920 年出到第八版，是这个时期讲英语国家经济学的标准教科书。

阿尔弗雷德·马歇尔（Alfred Marshall，1842—1924 年），近代英国最著名的经济学家，新古典学派的创始人，剑桥大学经济学教授 19 世纪末和 20 世纪初英国经济学界最重要的人物。在马歇尔的努力下，经济学从仅仅是人文科学和历史学科的一门必修课发展成为一门独立的学科，具有与物理学相似的科学性。剑桥大学在他的影响下建立了世界上第一个经济学系。

"生产三要素"（也可以称为生产三动因、三条件和三工具）理论是 19 世纪中叶前后确立起来的，又因马歇尔的鼓吹而得到新生。[1]按照马歇尔的说法，生产要素通常分为土地、劳动和资本三类。土地是指大自然为了帮助人类，在陆地、海上、空气、光和热各方面所赠与的物资和力量。劳动是指人类的经济工作——无论是用手的还是用脑的。资本是指为了生产物资货物，和为了获取通常被算作收入一部分的利益而储备的一切设备。[2]

然而，即使是马歇尔本人也并不认为仅此三个要素，他还提到了第四个要素组织，有时把组织分开来算做是一个独立的生产要素，似乎最为妥当。[3]马歇尔还说：在某种意义上，生产要素只有两个，就是自然和人类。[4]其实，革命导师恩格斯在《自然辩证法》中也指出："政治经济学家说：劳动是一切财富的源泉，其实劳动和自然界一起才是一切财富的源泉，自然界为劳动提供材料，劳动把材料变为财富。"[5]

---

① 约瑟夫·熊彼特. 经济分析史［M］. 第二卷，276 页，北京：商务印书馆，1996.
② 马歇尔. 经济学原理［M］. 上卷，157 页，北京：商务印书馆，1997.
③ 马歇尔. 经济学原理［M］. 上卷，158 页，北京：商务印书馆，1997.
④ 马歇尔. 经济学原理［M］. 上卷，158 页，北京：商务印书馆，1997.
⑤ 恩格斯. 自然辩证法［M］. 见《马克思恩格斯选集》第 3 卷，北京：人民出版社，1972.

【简评】

马歇尔是一个集大成者，他的经济学讲义融合了各派观点，还较多的用到了初等数学。他对生产要素的论述很灵活，他注意到了"组织"的作用，这就暗示了制度的作用。他在广泛的意义上说，生产要素就两个，自然和人类。这种思路极具启发性。我们创立这个新资源理论，在这个思维上找到了共鸣。

第二节 "白杨理论"：突破三要素资源框架，提出适应 21 世纪新资源观——社会资源观

1999 年初，白钦先教授为了夯实金融资源学说的基础，根据他提出的社会资源观，提出研究"一般资源理论"，也即"新资源理论"这个课题。1999年中旬白钦先教授和正在攻读博士学位的杨涤一起开始了实质性研究。2000年以国家软科学项目"知识创新体系中的资源理论创新——金融资源理论和实践研究"予以立项，历经四年，于 2003 年 4 月最终完成。其后，杨涤博士博士毕业后去上海发展，在上海社会科学院世界经济研究所做博士后研究，继续就该成果与白钦先教授进行持续、系统、专业的交流讨论、修改、补充完善，最终由中国金融出版社于 2006 年付梓出版，书名为《21 世纪新资源理论——关于国民财富源泉的最新研究》。这部专著正式向社会提出一个崭新的、统一的资源理论，是对西方主流三要素理论的修正与拓展，更是针对 20世纪以来世界范围内的经济增长与经济发展实践，尤其是中国蓬勃发展的经济实践做出的与时俱进的理论概括和抽象。白钦先和杨涤以专著发布的"白杨理论"，是地地道道的中国制造，是土生土长的中国经济学者适应中国乃至世界发展的实践提出的创新理论。他们梳理了西方经济学中资源理论发展的脉络，指出了他们的贡献和不足，并对之进行扬弃、改造和创新。

白钦先，1939 年生，辽宁大学经济学教授，金融学和政策性金融学博士研究生主任导师，应用经济学一级学科学术带头人，金融学国家重点学科学科带头人；曾任中山大学岭南（大学）学院特聘教授、博士生导师；中国金融学会常务理事、学术委员会委员，中国国际金融学会常务理事，亚太金融学会（国际）中国理事；国务院学位委员会第四届、第五届应用经济学学科评议组成员；兼任中山大学、山东大学、西南财经大学、对外经贸大学等十多所高校的客座教授或兼职教授；享受国务院特殊津贴的专家，

沈阳市劳动模范。在比较金融学、政策性金融学和以金融资源学说为基础的金融可持续发展理论与战略，以及发展金融学等领域有开拓性、开创性研究，居全国领先地位。在教育战线工作的 40 余年间，先后发表论文 300 余篇、出版专著 40 余部、主持专题报告 300 余场，培养博士、博士后 100 余名。主要学术著作有《比较银行学》《各国政策性金融机构比较》《金融可持续发展理论研究导论》《21 世纪新资源理论——关于国民财富源泉的最新研究》和《白钦先经济金融文集》等。2012 年 6 月 21 日，荣获首届"中国金融研究杰出贡献奖"。2017 年 5 月 20 日，荣获 2017 年度"中国金融学科终身成就奖"。

杨涤，1968 年生，辽宁大学金融学博士，上海社会科学院博士后，上海金融青年联合会委员。主要研究方向和领域：金融体制改革、金融发展理论、汇率理论、新资源理论、国资改革和国有不良资产处置等。曾在上市公司、银行、证券公司、投资公司及国企工作过 10 多年，精通投融资运作和企业运作管理，具有丰富的实践操作经验和较高的理论研究素养。《第一财经日报》《东方早报》《国际金融报》《上海国资》《社会评论》《今商圈》，上海文广外汇理财频道等多家财经媒体的评论员、特约撰稿人、顾问和嘉宾。已公开发布专业论文和经济金融述评文章 100 多篇，许多文章被国内著名财经网站转载。与白钦先教授共同出版专著一部，《21 世纪新资源理论——关于国民财富源泉的最新研究》（中国金融出版社，2006 年 9 月）；译著一部，《价值投资：一种平衡分析方法》（机械工业出版社，2001 年 3 月）。2011 年 12 月出版专著《金融资源配置论》。参加过多项国家级或上海市政府相关金融课题研究。

在对西方经济学中的资源概念进行溯源后，白钦先教授和杨涤博士发现和提出以下观点。

一、资源观变迁：从流通到生产、从单一到多种、从自然到社会

我们已经看到，随着人类经济社会的发展以及科学技术的进步，人们对财富源泉的认识也在不断地加深和扩展。经济学中的资源概念实际上一直处于不断变迁和发展之中。对财富源泉的探索也表现出以下三种趋势：从流通领域转向了生产领域；从单一源泉转向了多种源泉；从自然领域（土地）转向了社会领域（劳动、资本、组织）。

在财富源泉的研究中，新古典经济学的生产要素理论是相对较为完整的理论。无论是三要素理论，还是四要素理论，都是经济学理论上的高度概括和总结。这几种资源要素有的来源于自然界，有的来源于人类社会。[①]正如马歇尔说的那样，所谓生产要素实际上就是两种：自然和人类，这是新古典经济学创始人马歇尔对资源理论的一个突出贡献。令人费解的是，几乎少有研究者沿着这条思路继续探索下去。现代经济学日益抽象化、逻辑化、数学化、符号化，这种情况一方面促进了经济学的传播和扩散，另一方面，由于忽视自然要素的生态性，忽视社会要素的社会性，对资源思想发展所造成的负面作用也日益明显。

现代西方经济理论，一般是默认"生产要素理论"这个前提，很少有研究者在这个方面继续进行深入探讨。美国当代著名经济学家斯蒂格利茨在其撰写的经济学教科书中写道："必须做出选择不仅是针对每个个人而言，而且是针对整个经济而言。不管怎样，选择被做出了——被个人、家庭、厂商和政府做出——这些选择共同决定着这种经济的有限资源包括土地、劳力、机器、油和其他自然资源是如何使用的。"[②]从这段话我们可以看出，机器和油是资本，而土地可以划归到自然资源类别中，劳力就是劳动力。这是典型的生产三要素资源概念。所以，我们可以得出结论，西方经济学的主流资源概念是古典"生产三要素"理论的翻版，只不过现代的理论表述变为："自然资源、劳动力和资本"。我们翻阅了很多英文版本的经济学教科书，所获得的印象的确如此。

关于财富的源泉，一些经济学派也提出了一些极有参考价值的真知灼见，如

---

① 土地来源于自然界，劳动、资本、管理都来源于人类社会。

② 斯蒂格利茨. 经济学［M］. 中译本，上册，11 页，北京：中国人民大学出版社，1998.

制度学派中的"制度"。制度学派的学者把制度作为影响经济和社会发展进程的唯一要素，用制度变迁来解释经济增长和发展，他们甚至用制度解释其他社会现象。

1960 年美国芝加哥大学教授西奥多·舒尔兹提出了人力资本学说，后由罗默和卢卡斯等人把"人力资本"概括进新增长理论，经济学开始对经济增长源泉进行新的探索。新增长理论在研究经济增长时，除了考虑传统的自然资源、资本、劳动（力）三要素外，还把人力资本考虑进来，使它内生为经济增长的一个源泉。

20 世纪末期，以知识为基础的知识经济时代初露端倪。知识促进经济增长和发展的作用日趋明显。同时，作为知识的凝结，人力资本成为重要的资源。正如新增长理论所表明的那样：落后国家之所以落后，不是因为落后国家得不到经济发展所需要的知识和先进科技，而是没有多少人懂得利用这些先进的知识和科技。只有全体劳动者受到良好的教育，先进的知识和科技才能被吸收和运用，最终促进经济增长和发展。

在经济日趋知识化同时，经济也在逐步信息化。这使得信息在经济增长和发展中的作用凸显出来，信息产业成为国民经济支柱性行业之一，信息的资源属性也开始为人们所认知。

另外，经济金融化、经济全球化所导致的金融经济时代也同时来临，金融作为一种核心战略性资源的特征日益突出。无论是经济增长，还是经济发展，不考虑金融因素是不可想象的。适应这种现实和态势发展，金融资源理论应运而生。

最后，在全球市场经济大潮的冲击下，一些曾经长期固守"旧框框和惯例"的国家也开始反思落后的原因，表示在已经进入了新的年代后，要全面研究过去"外国式的旧框框和惯例"，以自己的方式开展所有工作。不能站在以往奠定的基础上按老样式生活，不能为现有的观念所束缚，抱着过去旧的、落后的东西不放，该抛弃的要大胆抛弃。要根据新时代的要求更新其面貌，要根据不断前进的时代要求振兴和发展经济。从这种转变中我们又可以看到，思想观念对经济增长和发展的作用也是巨大的。改革是社会向前发展的动力之一，而改革需要科学的思想观念做先导。

二、提出面向21世纪的新资源理论十分必要，是配合中国和平崛起的中国创新理论

新的经济实践必然要求进行新的理论探索，要求我们重新总结资源概念，在理论上统一分析全部"新的资源"和"旧的资源"的作用；需要一种新的资源理论，拓展西方经济学的"三要素理论"或"四要素理论"，把诸如制度、金融、人力资本、知识、信息、思想观念统一概括到经济分析中来。

本书中所提出的"新资源理论"，就是试图建立起一个新的、拓展了的资源理论。在新的经济时代日益临近的条件下，资源的稀缺性问题面临着前所未有的挑战。在人类社会发展的高级阶段和科学技术日益发展的新条件下，在人类社会财富的创造与积累中，自然资源的作用和贡献日益相对缩小，而非自然资源要素的作用和贡献不断地提高，这一基本事实呼唤资源观的创新与扩展。资源观的更新是人类认识世界的一次历史性升级与飞跃，必然带来价值观、财富观以及一系列理论体系的根本性变革。

提出新的资源理论是必要的，新资源理论并不是一种纯理论性的问题，它在实践中包含实实在在的巨大物质利益。例如，西方发达国家以优惠的条件大量"吸引"发展中国家极为宝贵的人才智力资源，人才流动出现马泰效应；而伴随经济、金融全球一体化和资本大规模国际流动而形成的金融资源的大规模跨国流动和金融资源主权的转移，就是或可能是一国国民财富的净流出、净转移。在新形势下，发达国家已将智力资源和金融资源作为国家的战略性资源来保护、吸引、争夺、掠夺或转移。不同的资源理论会导致不同的经济政策，从而造成不同的发展结局。下图描述了资源观的变迁趋势。

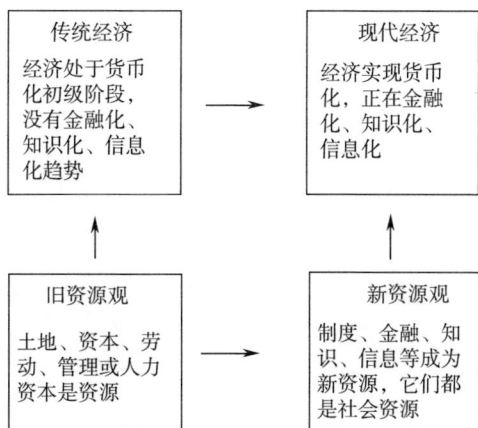

图1-1 资源观的变迁趋势

第二章
新资源要素都有哪些

西方经济学概括出了土地、劳动、资本和组织这四种要素，认为这就是国民财富的来源。20世纪各国的发展实践，无论是成功的案例，还是失败的例证，都证明了还有其他要素应该予以考虑。这就是本书说的新资源要素。

新资源要素与旧资源要素大不相同，它们都是存在于人类社会中的要素，是制度、人力资本、知识、信息、思想观念等。这些对经济增长和发展至关重要的社会要素，可以称为社会资源。下面对这些资源要素进行举例分析。

第一节 制 度

一、制度怎么创造财富

把制度因素与财富创造联系起来研究，西方经济学中早已有之，也就是所谓的制度经济学。居于主流学术地位的新古典学派忽视制度因素，总是把制度因素从经济分析中省略或剔除。早期制度经济学对正统经济学采取批判否定的态度，试图建立一个与正统经济学完全不同的理论体系，但本身又缺乏实证研究的支撑，仅仅停留在逻辑分析阶段，这就是旧制度经济学。

而新制度经济学与旧制度经济学的最大不同就是发展出了一个关于制度和制度变迁的经济理论。新制度经济学以强有力的证据向人们表明：制度在经济增长和发展中至关重要。土地、劳动和资本这些资源要素，只有在一定的制度框架下才能发挥作用。制度对经济的影响应占据经济分析的核心地位。

研究制度在经济增长中的作用，最直接的方式就是考察"当其他因素不变时"，即物质生产要素尤其是技术不变时，制度变动与经济增长之间的关系。用这种方法得出的因果关系一目了然，也最具说服力。道格拉斯·诺斯就是采取这种方式证明了制度对经济增长的显著作用。道格拉斯·诺斯于1968年10月在《政治经济学》杂志上发表了《1600—1850年海洋运输生产率变化的原因》论文，发现在1600年到1850年间，当时的物质要素和技术变动并不大，但这期间海洋运输的生产率却有了大幅提高。如何解释这种现象呢？该文经过对海洋运输成本的多方面的统计分析发现，是由于船运制度和市场制度发生了变化，从而降低了海洋运输成本，最终使得海洋运输生产率大大提高。诺斯因此得出结论：在没有发生技术变化的情况下，运用制度创新也可以提高生产率和实现经济增长。在分析制度创新为什么能提高生产率和实现经济增长的原因时，诺斯指出：好制度的建立减少了交易成本，减少了个人收益与社会效益之间的差异，激励个人和组织从事生产性活动，最终导致经济增长。

诺斯这种微观制度分析案例还不足以突出制度的重要作用。在国民财富这一宏观层面，分析制度对财富创造的影响更具有理论说服力。经济学者研究制度在经济增长中的作用时发现，在缺乏有效率制度的领域或地区，或当一国处在新旧体制转轨时期，通过制度创新产生的积极增长效应最大。

在探讨制度和技术哪个更为重要时，诺斯认为，制度与技术处在不同的层面。制度是导致技术水平发生改变的、人为选择的因素。所以，从人为可选择的角度来看，是制度决定技术水平。即使技术直接作用于经济增长，但经济增长最终是由制度决定的。

诺斯宣称：有效率的经济组织是经济增长的关键；一个有效率的经济组织在西欧的发展正是西方兴起的原因所在。而要保持经济组织的效率，需要在制度上做出安排和确定产权，以便形成一种激励，将个人的积极努力变成私人收益率接近社会收益率的活动。因此，诺斯的基本命题就是：一种提供适当个人刺激的有效的产权制度是促进经济增长的决定性因素。产权不是万能的，但是任何国家的人们在从事经济活动和进行技术创新时都离不开有效率的产权制度，改进技术的持续努力只有通过建立一个能持续激励人们创新的产权制度以提高私人收益时才会出现。不同的经济体系之间的效率存在差异，根本原因在于制度上的差别。因为资源具有稀缺性，不能满足所有希望获得财富的人的需求，所以，资源配置就有可能导致利益冲突，而制度就是在解决利益冲突的过程中形成并发挥作用。创造性地提出相互可接受的制度，是人类能动性的一面。被接受的制度也可以被看做合约，包括个人合约和社会合约。当一个新的合约方式被越来越多的人所仿效，并被社会大多数成员明确地或悄然接受时，一个新的制度体系就诞生了。

制度通过提供一系列规则来界定交易主体之间的相互关系，减少市场环境的不确定性，从而增进生产性活动，使来源于交易活动的潜在收益成为现实。制度作为经济体系的内生因素，通过降低经济活动交易成本来提升经济系统的运行效率，进而促进经济增长。经济增长是由于应用各种先进的现代化技术实现的，但若要保证先进技术的充分运用，必须有相应的制度和意识方面的调整。反过来，好的制度又可以激励人的创造积极性，诱发技术创新和运用从而促进经济增长和发展。

二、制度有哪些特点

1. 制度约束人类行为

制度具有约束力，即制度要求关联方严格按制度约束自己的行为。制度约束性通过法律强制或惯例威信发挥作用。一般而言，制度由有关利益方或利益集团协商制定，即使是一个国家层面的法律（如宪法），实际上也是通过民主政治协商制定，反映了国家中各个方面、各个集团和各个阶层的利益均衡。制度一旦确立就要遵守，违反就要承担相应的责任。维护制度约束性也就是维护制度的尊严和威信，这也是保证制度稳定的关键。如果由于技术进步、知识增长等因素导致社会利益集团分化，利益分配格局需重新界定，那么一般通过有关的民主政治制度重新修改制度规则。如果出现贫富两极分化，多数人活不下去，统治阶级又采取独裁体制不进行制度改革，就有可能引来社会动荡甚至暴力革命，落后的制度被暴力形式突破，直至先进的制度建立起来。

2. 制度调整人类利益

制度的建立就是为了协调利益。追求利益行为是经济社会中的一种客观存在。世界上任何国家在任何时候都有利益集团，这种集团不一定是有组织的，而是基于利益一致客观存在的社会集团或者一个阶层。而且，不同利益集团间的矛盾和冲突是社会常态。利益集团肯定要维护自己集团的利益，一个经济政策的出台，要经过许多有实力的利益集团的谈判和斗争。一种制度得以存在，取决于它是否在利益相关方之间达成妥协和均衡。当制度不能协调利益，出现不均衡时，利益被压制的集团将不再信赖它，利益既得集团则以各种旧教条为其辩护。代表新集团利益的思想家、经济学家或知识界人士就开始反对旧教条，并以适应新形势的新教条来取代它们，一旦得到民众的支持，政治力量对比也随之发生变化。"因为新人是靠着经济增长而获得财富和地位的。他们向老的统治阶级挑战，缓慢地或者以比较激进的方式获得政权，并支持新制度而不是支持旧制度。一旦经济开始增长，它无疑会削弱旧制度，并建立比较适应进一步增长的新制度。"①因此，利益性是制度的一个内在本性，制度是利益妥协的产物。

三、案例

1. 商鞅变法使秦国一统中华

在战国七雄中，秦国是比较落后的国家，"六国卑秦，不与之盟"，当时秦国被称为西戎。公元前 361 年，新国君秦孝公即位。他感到秦国外受强邻的欺压，内有贵族的专横，决心奋发图强，改变国家的落后面貌。秦孝公为了寻求改革贤才，上任伊始，就下令："宾客群臣有能出奇计强秦者，吾且尊官，与之分土。"当时在魏国得不到重用的商鞅"闻是令下"，西入秦国求见孝公，得到重用。

商鞅（约公元前 395 年至公元前 338 年），汉族，卫国（今河南安阳市内黄梁庄镇一带）人。战国时期政治家，思想家，著名法家代表人物。姬姓，卫氏，全名为卫鞅。商鞅应秦孝公求贤令入秦，说服秦孝公变法图强。秦孝公死后，受到秦贵族诬害以及秦惠文王的猜忌，车裂而死。其在秦国执政二十余年，秦国大治，史称"商鞅变法"，并使秦国长期凌驾于山东六国之上，但最后还是死于自己的法。

商鞅到了秦国之后，很快得到了秦孝公的接见。但他并不了解秦孝公的真实意图。一见秦孝公，说了些"帝道"之类不实在的空话，以致秦孝公"时时睡，弗听"。二见秦孝公，说得更多，但也是"王道"之类的大话，均不中秦孝公之意。三见秦孝公，因言及"霸道"，秦孝公终于感到"可与语矣"。四见秦孝公，"以强国之术说君"，秦孝公"不自知膝之前于席也""语数日不

① 阿瑟·刘易斯. 经济增长理论 [M]. 171 页，北京：商务印书馆，1999.

厌"。秦孝公四见商鞅，表现了他求贤若渴的心态，也表现了他的宽容和耐心。同时还可以看出，秦孝公是一个讲究实际的人，不喜欢那种空洞无物的大道理。

公元前359年，秦孝公打算在秦国国内进行变法，又害怕国人议论纷纷，所以犹豫不决。秦孝公召开朝会命臣工商议此事。旧贵族代表甘龙、杜挚起来反对变法。他们认为利不百不变法，功不十不易器。"法古无过，循礼无邪。"商鞅针锋相对地指出："前世不同教，何古之法？帝王不相复，何礼之循？""治世不一道，便国不法古。汤、武之王也，不循古而兴；殷夏之灭也，不易礼而亡。然则反古者未必可非，循礼者未足多是也。"从而主张"当时而立法，因事而制礼"（语出《商君书·更法篇》《史记·商君列传》）。这是以历史进化的思想驳斥了旧贵族所谓"法古""循礼"的复古主张，为实行变法做了舆论准备。

商鞅变法的法令已经准备就绪，但没有公布。他担心百姓不相信自己，就在国都集市的南门外竖起一根三丈高的木头。告示：有谁能把这根木条搬到集市北门，就给他十两黄金。百姓们感到奇怪，没有人敢来搬动。商鞅又出示布告说："有能搬动的给他五十两金（古时的"金"实际为黄铜）。"有个人壮着胆子把木头搬到了集市北门，商鞅立刻命令给他五十两黄金（黄铜）。

变法之争结束后，秦孝公于公元前359年命商鞅在秦国国内颁布《垦草令》，作为全面变法的序幕。

商鞅吸取了李悝、吴起等法家在魏国、楚国等国实行变法的经验，结合秦国的具体情况，对法家政策作了进一步发展，后来居上，变法取得了较大的成效。他进一步废除了井田制，扩大了亩制，重农抑商，奖励一家一户男耕女织的生产，鼓励垦荒，这就促进了秦国小农经济的发展。他普遍推行了县制，制定了法律，统一了度量衡制，建成了中央集权的君主政权。他禁止私斗，奖励军功，制定二十等爵制度，这有利于加强军队战斗力。他打击反对变法的旧贵族，并且"燔《诗》《书》而明法令"，使变法令得以贯彻执行。由于这一切，秦国很快富强起来，奠定了此后秦统一全中国的基础。

经过商鞅变法，秦国经济上，改变了旧有的生产关系，废井田开阡陌，从根本上确立了土地私有制；政治上，打击并瓦解了旧的血缘宗法制度，使封建国家机制更加健全，中央集权制度的建设从此开始；军事上，奖励军功，达到了强兵的目的，极大地提高了军队的战斗力，发展成为战国后期最强大的封建国家，为秦国的下一步战略发展创造了有利的条件，为统一全国奠定了基础。秦国的旧制度被彻底废除，封建经济得到了发展，秦国逐渐成为战国七雄中实力最强的国家，为后来秦王朝统一天下奠定了坚实的基础。

【简评】

变法就是改革，就是重建制度，去掉阻碍强国的旧制度，建立振兴的新制度。这种除旧迎新的变革总会触动既有利益阶层，使得他们反对变法。最终，秦孝公死后，商鞅也被五马分尸。然而，他的变法做法却被留下来，商鞅在秦国也被尊称为"商君"。其思想体系记录在《商君书》，也称《商子》，现存26篇，是战国时期法家学派的代表作之一，是商鞅及其后学的著作汇编。

2. 明治维新使日本崛起

19 世纪中叶，日本仍处在小农经济的封建社会，天皇并无权威，大权掌握在第三个封建军事政权德川幕府手中。德川幕府在日本推行"闭关锁国"政策，将日本通向世界的大门死死关上。外国人中仅有中国和荷兰的商人可以在唯一的开放口岸——长崎从事商业活动，国民没有信仰自由。社会生产力低下，人民生活困苦，幕府的统治者们却仍在加大盘剥和压榨。随着欧美侵略者的相继入侵，日本又陷入更为深重的民族危机。国内外矛盾日趋激化，面临重重危机的日本，急需一场革命来摆脱这种困境。不堪忍受幕府统治和外国侵略者压迫的日本民众纷纷要求"富国强兵"。他们拿起武器，开展了轰轰烈烈的"倒幕"运动。

具有资产阶级色彩的大名（藩地诸侯）、武士，和要求进行制度改革的商人们组成政治性联盟，与反对幕府的基层农民共同形成"倒幕派"的实力基础。1867 年孝明天皇死，太子睦仁亲王（即明治天皇）即位，倒幕势力积极结盟举兵。11 月 8 日，天皇下达讨幕密敕；9 日，幕府将军德川庆喜奏请"奉还大政"。1868 年（戊辰年）1 月 3 日，天皇发布《王政复古大号令》，废除幕府，令德川庆喜"辞官纳地"；1 月 8 日及 1 月 10 日，德川庆喜在大阪宣布"王政复古大号令"为非法；1 月 27 日，以萨、长两藩为主力的天皇军 5000人，在京都附近与幕府军 1.5 万人激战（鸟羽、伏见之战），德川庆喜败走江户。戊辰战争由此开始。天皇军大举东征，迫使德川庆喜于 1868 年 5 月 3 日交出江户城，至 11 月初平定东北地区叛乱诸藩。1869 年春，天皇军出征北海道，于 6 月 27 日攻下幕府残余势力盘踞的最后据点五稜郭（在函馆），戊辰战争结束，日本全境统一。

1871 年，明治政府派出以右大臣岩仓具视为首的大型使节团出访欧美，考察资本主义国家制度。在富国强兵、殖产兴业、文明开化的口号下，政府积极引进西方科学技术，以高征地税等手段进行大规模原始积累，建立了一批以军工、矿山、铁路、航运为重点的国营企业。与此同时，引进缫丝、纺织等近代设备，建立示范工厂，推广先进技术；招聘外国专家，派留学生出国，培养高级科技人才。由于过重的财政负担曾经引起财政危机，19 世纪 80 年代初政府把一批国营企业和矿山廉价出售给与政府勾结因而拥有特权的资本家（即所谓政商），以优厚的保护政策鼓励华族、地主、商人及上层士族投资经营银行、铁路及其他企业。19 世纪 80 年代中期起，以纺织业为中心，开始出现产业革命的高潮。

明治政府首先采取"奉还版籍""废藩置县"的措施，结束了日本长期以来的封建割据局面，为建立中央集权国家和发展资本主义经济奠定了基础。此后，明治政府实施了富国强兵、殖产兴业和文明开化三大政策。富国强兵，就是改革军警制度，创办军火工业，实行征兵制，建立新式军队和警察制度，是立国之本；殖产兴业，就是引进西方先进技术、设备和管理方法，大力扶植资本主义的发展；文明开化，就是学习西方文明，发展现代教育，提高国民知识水平，培养现代化人才。

"明治维新"后，日本经过 20 多年的发展，国力日渐强盛，先后废除了幕府时代与西方各国签订的一系列不平等条约，重新夺回了国家主权，最终进入了近代化。可以说，"明治维新"是日本历史的转折点。日本从此走上独立发展的道路，并迅速成长为亚洲强国，乃至世界强国。明治维新使日本迅速崛起，通过学习西方，"脱亚入欧"，改革落后的封建制度，走上了发展资本主义的道路。同时，日本废除了不平等条约，摆脱了民族危机，成为亚洲唯一能保持民族独立的国家。经过明治维新而渐趋富强的日本，利用强盛的国力，逐步废除与西方列强签订的不平等条约，收回国家主权，摆脱了沦为殖民地的危机；在 1895 年、1904 年分别在甲午战争和日俄战争中击败昔日清帝国与俄罗斯，成为称雄一时的亚洲强国。受到西方列强的注意，成为称雄一时的亚洲强国。福泽谕吉所提出的"脱亚入欧"论也在此时成为正论。

　　值得一提的是，中国的洋务运动和日本的"明治维新"几乎同一时期进行，两国都面临的都是外敌侵略，封建统治危机四伏情况。在两次鸦片战争失利、太平天国起义后，清廷上层为应对内忧外患形成了"洋务派"与"守旧派"两种阵营，以奕訢、李鸿章、曾国藩、左宗棠为代表的洋务派官员主张摹习列强的工业技术和商业模式，利用官办、官督商办、官商合办等模式发展近代工业，以获得强大的军事装备、增加国库收入、增强国力，维护清廷统治。洋务运动是近代中国第一次大规模模仿、实施西式工业化的运动，是一场维护封建皇权前提下由上到下的改良运动。洋务运动引进了大量西方 18 世纪以后的科学技术成果，引入了大量各类西方著作文献，培养了第一批留学童生，打开了西学之门；学习近现代公司体制兴建了一大批工业及化学企业，开启了日后中国的工业发展和现代化之路。

　　然而，洋务运动却失败了，清军水师在甲午海战的覆没使洋务运动最终黯然收场。甲午海战失利后清廷被迫签订马关条约、割让台湾岛等一批领土领海于日本，更加重了清廷的统治危机；日本在中国历史上第一次军事战胜中国，深刻激发了中国国民的民族意识，对后来中日两国的文化思想政治走向以致国运都造成了极为深远的影响。

【简评】

　　和科学技术相比，制度对社会发展的影响更为直接和根本。仅仅学习科学技术是不够的，还必须学习先进的制度，这是符合马列主义原理的。生产关系不改变，就会阻碍生产力的发展。

　　3. 改革开放使中国崛起

　　改革开放以后，中国在十一届三中全会后经济和社会高速发展，经过短短30 余年，已经在 21 世纪初实现经济规模"坐二望一"，成为超级经济体，21 世纪内有可能与美国争夺"老大"的位置。30 多年间，摆脱了一二百年来屈辱落后的被动局面，中华民族真正崛起了！周恩来总理少年时期铿锵有力的"为中华之崛起而读书"的宏愿终于实现了！

　　毋庸置疑，改革开放前，在世界范围内，从经济领域的实践来看，市场经济制度全面优于计划经济制度。虽然并不一定完全准确，直观上看，由于选择的制度不同，西德经济发展远远好于东德，西欧经济发展远远快于东欧，韩国经济发展远远快于朝鲜，美国发展远远快于中国。这就是市场制度适合经济发展，市场制度会带来国民财富。由于改革开放国人比较熟悉，这里不多赘言。通过改革开放、制度变革，中国国民财富取得了爆炸性增长，并且未来仍有巨大的制度改革空间。正如习近平总书记说的：改革开放只有进行时没有完成时。没有改革开放，就没有中国的今天，也就没有中国的明天。改革开放中的矛盾只能用改革开放的办法来解决。中国各族人民将继续在中国共产党领导下，在马克思列宁主义、毛泽东思想、邓小平理论、"三个代表"重要思想、科学发展观、习近平新时代中国特色社会主义思想指引下，坚持人民民主专政，坚持社会主义道路，坚持改革开放，不断完善社会主义的各项制度。坚持不忘初心、继续前进，坚持"四个自信"即"中国特色社会主义道路自信、理论自信、制度自信、文化自信"，发展社会主义市场经济，发展社会主义民主，健全社会主义法治，贯彻新发展理念，自力更生，艰苦奋斗，逐步实现工业、农业、国防和科学技术的现代化，推动物质文明、政治文明、精神文明、社会文明、生态文明协调发展，把我国建设成为富强民主文明和谐美丽的社会主义现代化强国，实现中华民族伟大复兴。①

【简评】

中国的实践为制度经济学认为的"制度在经济增长中很重要"的结论提供了强有力的佐证。好制度就是稀缺的经济资源。当然，我们也不能一概而论就彻底否定计划手段的作用。邓小平说过，计划和市场都是手段。我们需要否定的是计划经济制度或者计划经济体制。

4. 美国废除奴隶制推动了社会进步

在北美殖民地时期，对非洲黑人奴隶的贩卖和奴役构成了资本原始积累的重要内容。黑人奴隶制在北美殖民地发展的直接原因是殖民地急需大批劳动力。从 1686 年到 1786 年的 100 年间，约有 25 万名非洲黑人被贩卖到英属北美殖民地。黑人奴隶在北美殖民地的地位极其悲惨，特别是那些在田间终日劳动的黑奴，被当做"耕畜"使用，每天被迫劳动 18 ~ 19 个小时。到 1860 年，美国黑人奴隶已达到 400 万。

---

① 2012 年 12 月 31 日，习近平在主持十八届中央政治局第二次集体学习时的讲话，2016 年 7 月 1 日，习近平总书记在庆祝中国共产党成立 95 周年大会上的讲话。

亚伯拉罕·林肯（Abraham Lincoln，1809—1865 年），美国政治家、思想家、演说家，共和党人，美利坚合众国第 16 任美国总统，黑人奴隶制的废除者。

其任总统期间，美国爆发内战，史称南北战争，林肯坚决反对国家分裂。他废除了叛乱各州的奴隶制度，颁布了《宅地法》《解放黑人奴隶宣言》。林肯击败了南方分离势力，维护了美利坚联邦及其领土上不分人种、人人生而平等的权利。内战结束后不久，林肯遇刺身亡，是第一个遭遇刺杀的美国总统，也是首个共和党籍总统，多次被评价为最伟大的总统。

最新版 5 美元纸币正面是林肯的照片。2006 年，林肯被美国的权威期刊《大西洋月刊》评为影响美国的 100 位人物第 1 名。2008 年英国《泰晤士报》组织专家委员会对 43 位美国总统分别以不同的标准进行"最伟大总统"排名，林肯排名第一。

19 世纪 30 年代起，废奴主义在美国广为流行。到 40 年代，废奴团体已达 2000 个，形成了声势浩大的群众运动。虽然反动势力多方压制和迫害，但废奴主义者仍坚持开展多种活动。他们出版书籍、报刊并散发传单，到各地宣传演讲，控诉奴隶主的罪行，揭露和抨击奴隶制的罪恶。废奴主义者还组织"地下铁路"，通过隐蔽的方式，经由秘密的路线和食宿站，指引和协助大批黑人奴隶逃离南方。一些废奴主义者开始主张采取政治斗争，推行废奴主义。有人竭力主张开展武装斗争；有人坚持只用道德说教的方式，反对组织废奴政党和武装斗争。

1852 年，一本震撼世界的巨著——《汤姆叔叔的小屋》出版了。全书描写了奴隶制度的罪恶和丑恶，这本书的出版让北方的人民知道奴隶们的辛酸血泪，在社会上引起强烈反响，有力地推动了废奴运动的发展，加速了"废奴令"的颁布。1859 年，废奴主义者约翰·布朗率领 21 名白人和黑人起义，把废奴运动推向高潮。

1861 年，美国南北战争爆发，是美国历史上唯一一次内战，参战双方为北方美利坚合众国和南方的美利坚联盟国，最终以北方联邦胜利告终。战争之初，北方为了维护国家统一而战，后来，演变为一场消灭奴隶制的革命战争。1862 年，美国总统林肯发表《解放黑奴宣言》，宣布黑人奴隶获得自由，从而从根本上瓦解了南方叛乱各州的战斗力，扭转了战局。1865 年 1 月，美国国会通过了《宪法第 13 条修正案》，规定奴隶制或强迫奴役制，不得在合众国境内和管辖范围内存在。1863 年 1 月 1 日又正式命令解放奴隶。虽然黑人没有得到政治权利，也没有得到土地，但"宣言"表明林肯政府已从限制奴隶制转变为完全废除奴隶制，把战争放到新的基础上。其一，奴隶制度不符合当时的社会制度和经济制度。其二，林肯代表当时美国共和党，共和党代表当时美国的资本主义。最终北方资本主义战胜了南方奴隶主义。1865 年 12 月 18日，《宪法第 13 条修正案》正式生效。从此，奴隶制在美国被废除，美国取得了巨大的社会进步。

【简评】

现在的美国在全世界忽悠"民主""人权"，都忘记了自己当年曾经有过不民主和侵犯人权的黑暗历史。即便是现在，美国人权状况仍然没有达到完全的理想状态。

第二节　金　融

各国经济与金融的发展历史与实践，特别是 21 世纪以来频繁爆发的经济金融危机表明：仅仅将资本或资金看做一种生产要素是远远不够的。现代金融活动不但保持和深化了传统的中介作用，而且还在一定程度上逐渐衍生成为一种不依赖于真实商品生产和交换活动的独立行为或独立存在，金融已不局限于资本或资金的借贷功能，而是更广泛、更深刻地对经济和社会的发展发挥着引导、渗透、激发、扩散作用。

金融是一种稀缺的经济资源的观点，是我国资深金融学者、辽宁大学国际金融研究所所长白钦先教授最先提出的。他认为，应当重新思考和定位金融的本质，以及金融在经济运行中的地位和作用。他明确指出："东南亚金融危机的蔓延，使人们越来越认识到金融对经济稳定的重要性，金融越来越成为现代经济运行的核心和灵魂。金融已远远超越原本意义上仅仅作为经济工具的内涵，而越来越成为最具有价值的、稀缺的、战略性的资源。在经济金融一体化、经济日益金融化的今天，必须重新对金融作为资源的本质属性功能进行全面的揭示、阐释和定位。"① 白钦先教授指出："金融是一种资源，是一种稀缺性资源，是一国最基本的战略性资源。"②金融具有资源的属性，不仅仅是我们在从工业经济向知识经济转化过程中的一种直觉，从经济学的发展演变中我们也可以发掘出金融资源论的理论依据。金融是一种稀缺的社会资源。金融本身具有资源属性，只不过这种属性一直处于潜在状态。金融资源属性凸显是市场经济发展到一定阶段，经济货币化完成之后又开始实现金融化后，才被人们所揭示和认识。经济金融化使得金融在经济增长和发展中的作用和地位日益凸显出来。

一、金融怎么创造财富

首先，金融中介导致社会财富日益金融资产化。社会财富日益金融资产化，是指社会财富中，如存款凭证、股票、国债和保险单等多种虚拟金融资产的比重不断加大，以金融资产为主取代了以实物形态为主或以货币存款为主的财富持有形式。这个只要经济增长带来人们收入增长，必然就会出现这种现象。相应地，社会经济生活中彼此间的经济关系越来越表现为债权债务关系、股权股利关系、风险与保险关系这些金融关系。具体体现为金融资产在经济人口中的普及。

以美国为例，20 世纪 80 年代中期美国人口的 1/4 直接持有股票和债券，包括医疗保险基金、社会保障基金和各种投资基金，1997 年底美国各种投资基金总量达 4.49 万亿美元。当然，这条规律较比社会财富金融资产化的趋势还表现得不那么明显，因为社会财富在经济人口中的分配也是不平衡的，甚至出现两极分化，在贫穷的一极极少持有甚至干脆就没有金融资产。在一个稳定增长的经济体中，如果在不牺牲经济效益的前提下，社会财富分配比较公平，在全部人口中多数人富有而贫穷的是少数，可以肯定，在满足了基本生活物资要求下，人们一定会选择多持有金融资产，这就代表金融关系在经济中的拓展，或者说，经济关系日益金融关系化。在西方发达国家，特别是福利制度国家，这种趋势更加明显。

---

① 白钦先. 以全新视野审视金融战略 [N]. 经济日报. 2000 – 07 – 18.
② 白钦先. 白钦先经济金融文集 [M]. 第 2 版，103 页，北京：中国金融出版社，1999.

其次，金融行业直接吸纳就业，贡献国民收入。王广谦教授在其所著《经济发展中金融的贡献与效率》一书中对这个问题进行了系统的研究。由于金融在现代经济中还是一个重要产业，对金融贡献的分析还应包括金融业自身产值的增长。因此，他认为，金融在促进要素投入量增加中的贡献主要通过促进储蓄率、储蓄向投资的转化系数和就业量的增长体现出来。金融业自身产值增长对经济的贡献分析可用金融业产值占国民生产总值的比重变化率来衡量。随着金融业的快速发展，金融业产值占国民生产总值的比重不断上升。发达国家在 20 世纪 60 年代该项比值大约为 10%，到 90 年代初，上升至 15% ~ 20%，平均每年上升约 0.3 个百分点，在国民经济总增长率中的贡献程度约为 8.6%。

最后，金融政策调整金融资源配置，影响财富结构。金融政策是广义的，包括货币政策、汇率政策、国际收支政策、金融监管政策、金融发展战略、金融改革战略、国际金融合作战略等一系列政策。货币主义倡导"单一货币规则"："假如你要控制物价和收入，货币供应就提供杠杆"，这种唯货币政策至上的狭义金融政策已经无法适应复杂的经济现实，广义的金融政策取而代之，在调节产量、稳定物价、促进经济健康运行和持续发展等诸方面起着主导作用。

二、金融有哪些特点

1. 金融具有天然的脆弱性

金融脆弱性的基本内涵是强调脆弱是金融业的本性，由高负债经营的行业特点所决定。通常所说的金融机构负债过多，安全性降低，承受不起市场波动的冲击，就是金融脆弱性的表现。正是这个特性使得金融危机有发生的可能性。

金融资源不像自然资源那样具有相对的价值稳定性，自然资源一般不会完全失去其货币价值，而金融资源则可能在一瞬间完全失去它所代表的货币价值，变成一文不值。这是因为，金融资源是现代信用经济的产物，只有社会信用普遍得以确立，才能保证金融的存在和稳定，而一个国家中的社会信用说到底是需要人们的信心来支撑，例如，金本位货币制度崩溃后，纸货币的接受最终要由社会大众来决定，然后才决定了货币资金资源在经济发展中的作用。同样，人们对金融体系和金融资产的信心是二者发挥功能的前提。历史证明：导致人们对社会信用信心丧失的因素很多，一旦对社会信用产生怀疑且这种怀疑积累到一定程度，就有可能发生金融资源迅速贬值的情况，货币、金融资产失去其代表的价值，而以金融资产为经营对象的金融机构和它们组成的金融体系就会瘫痪，丧失掉整体金融功能，也即发生了金融危机。

金融资源的脆弱性根源就是金融行业负债经营的特点。在追逐利润最大化的过程中，金融机构很可能投机冒险，形成资产负债率极高的局面，如果是普遍现象，就可能造成信用脆弱乃至崩溃的连锁效应，引发金融危机。金融资源这种脆弱性同它作为市场经济核心制度所承担的巨大压力是不对称和不平衡的。这也是为什么现代经济危机多半是从金融危机开始的原因。金融脆弱性是金融固有的本质属性，是经济金融生活的现实。但在不同国家或同一国家的不同时期的表现和起因不完全相同。金融脆弱性让人们时刻对之不能掉以轻心，化解金融风险，防止金融脆弱，对内维护金融稳定，对外注意金融安全就应该成为一个国家经济政策中的核心部分。

2. 先配置金融资源，再配置其他资源

金融既是被配置的资源，又是配置其他资源的机制，也就是说，它既是一种资源，需要被配置，同时也是特殊的资源，可以配置其他资源。具体来说，作为一个整体，金融是创造社会财富的基本要素和源泉，从而体现了金融的资源属性；同时，金融又是社会经济中资源配置的重要机制之一。资源配置还有其他的机制（如财政机制），但随着经济全球化、经济金融化和知识经济的来临，金融机制在资源配置中的重要性越来越突出了。图 2 - 1 描绘出金融资源的配置性。

图 2 - 1 金融资源的配置性

3. 金融是国家战略性资源

金融资源论的核心就是认为金融是一种资源，是一种具有极端战略重要性的资源。"金融是一种社会资源，是一种宝贵的战略资源。认识这一点、承认这一点，实际是认识和承认金融的客观性，即非主观性。而其所以是战略性资源，只是源于它在全球及各国经济与社会发展中的极端战略重要性。"①金融资源在一个国家所有经济资源中居于核心地位，也关系到国家主权和国家安全。在金融经济时代来临之前，一个国家的国家安全和主权维护主要靠军事实力，军事实力强大就有了安全感。而在现今的金融经济时代，特别是在冷战结束后，和平和发展成为世界性主旋律大的背景下，军事力量作用在减弱，经济金融力量在上升。一个国家金融实力强弱，如外汇储备、本币币值的稳定性、本币国际化程度、汇率稳定性、金融政策正确与否等才是事关经济安全乃至国家安全的真正标志。因此，金融资源对于一个国家而言，已经成为具有和军事政治实力类似的功能，因而它的战略性日益突出。

金融资源战略性还体现在经济金融全球化趋势下，它有类似于军事政治进攻的功效。金融的力量是巨大的，应用好了可以振兴国家的经济，相反，如果使用不当或政策失误，金融可以从内部或外部冲垮一个主权国家的经济。所以，防止金融超级大国利用"金融霸权"从事金融侵略，或同其他经济、政治、军事、外交手段综合运用，给某一主权国家造成致命性打击，成为新形势下的一大课题。这些都是在新形势下非常值得警惕与特别重视的问题。对于金融的地位，邓小平同志说过：金融很重要，是现代经济的核心。金融搞好了，一着棋活，全盘皆活。2004 年，在纪念邓小平诞辰 100 周年座谈会上，上海市社会科学界联合会从几十篇文集获选文章中，邀请若干位具有代表性文章的作者登台发言，杨涤博士宣读"金融核心论"的经济学含义一文中，对邓小平金融核心论的观点做了进一步阐发。他归纳出三个结论：金融是现代经济"资源配置的核心"、国民经济"风险集中的核心"、世界各国"经济安全的核心"。这三个结论实际上强调了金融作为一种重要的战略性资源举足轻重的地位。

三、案例

1. 英美世界金融霸主博弈②

19 世纪是英国人的世纪，瓦特的蒸汽机革命使英国的工业生产能力发生

---

① 白钦先. 以全新视野审视金融战略［N］. 经济日报. 2000 - 07 - 18.
② 文字来源于《金融中心：纽约 - 伦敦轴心发展简史》，凤凰财知道，2015 - 07 - 15；《国际金融中心的变化历程》，搜狐财经，2017 - 08 - 04 。

了质的飞跃，蒸汽机的发明使得人类的生活与世界的文明改观了。过去人们用劳力所做的事情，或由牛马、水车、风车等的力量来转动的机器，全部由蒸汽机来替代了。英国的财富迅速累积起来，经济实力令其他国家望尘莫及，这种局面一直持续到第一次世界大战爆发。

伦敦城的发端始于公元 43 年，中间经历过许许多多沧桑变化，尤其是 1665 年的瘟疫和 1666 年的大火给它带来了毁灭性的灾难。但是，大火之后的伦敦城很快就在恢复的同时发展壮大起来。到工业革命之前，伦敦就已经成长为世界首要的金融中心，而伦敦城则是这个中心的硬核，绝大部分的金融机构都集中于此。但是，战后由于英国本身经济的衰退，并且由于伦敦城内的银行家们过于自负，懒于改变他们已习惯的传统做法，再加上别的金融中心的崛起，导致伦敦城在国际上的地位不断跌落。但是，伦敦城内的深厚的国际银行业务的基础，以及在长期操作过程中积累的信用和专业知识相结合的经验使它在 20 世纪 60 年代以后，恢复了其金融中心的领导地位。

由于英国是工业生产和世界贸易的第一大国，殖民地遍布世界各地，英镑就理所当然地成为当时最重要的国际货币，尽管在金本位制下黄金是最主要的国际结算货币和储备货币，但为了方便，40% 以上的贸易结算不是通过黄金而是通过英镑来完成，当各国出现贸易逆差时，英格兰银行作为国际借贷中心向逆差国提供英镑贷款。第一次世界大战前夕，英国的海外投资高达 40 亿英镑，占西方总投资额的一半，英国成为国际资本的供应国，以绝对优势取得了国际金融领域的统治地位，英国伦敦也就成为世界上最大的国际金融中心。

第一次世界大战削弱了英国的政治、军事和经济实力。民族解放运动使英国殖民体系开始瓦解；军事上，战争使英国丧失了原有船舶的 70%；经济上，出口贸易减少了近一半，传统的国际市场被他国占领，同时战争又使英国欠下了巨额债务。屋漏偏逢连夜雨，在战争结束后不久，英国就陷入 1920—1921 年的经济危机之中，整个 20 世纪 20 年代，英国经济都处在长期的萧条状况，到 1929 年英国在世界工业生产中的比重也由战前的 14% 下降到 9%，总之，大英帝国无论从经济实力还是从政治地位都明显表露出颓废之势。在战后恢复金本位制上显得力不从心，英镑在国际贸易、国际金融市场中的主导地位在战后犹如昨日黄花。受其影响，在伦敦驻扎了近百年的国际金融机构也开始寻找新的着落点，伦敦在国际金融市场中的地位开始衰落。

随着 1933 年大危机之后的金融监管加强、罗斯福新政，1944 年布雷顿森林会议之后，IMF 和世界银行相继成立，世界金融的"权力"从华尔街转移到了华盛顿。伦敦并没有任何蓬勃发展和持续繁荣的迹象，在英国和欧洲的经济衰退和第二次世界大战的破坏中艰难挣扎。贯穿 19 世纪上半叶的竞争，纽约最终赢得了国内金融霸主的地位。就在伦敦国际金融市场江河日下之时，纽约在国际金融市场中的地位却犹如旭日悄然上升。美国在第一次世界大战之前就成为名副其实的世界第一生产大国，它提供的产品占世界产品总量的 1/3。面对大英帝国的逐渐衰败之势，美国和西欧其他新崛起的国家一样，按捺不住跃跃欲试的激情，在贸易、殖民地等领域同英国进行竞争。在西欧列强无暇顾及发展经济的空隙，美国大力发展本国经济，使世界经济的中心由英国转到了大西洋彼岸的美国。就在整个世界的对外贸易总值仅为战前的 60% 的时候，美国的出口总值却比战前增加了两倍。到 1929 年，美国在世界工业生产中所占的比重由 1913 年的 38% 上升到 48%，此外，美国的对外投资也大量增加，投资范围从原来的拉美扩展到世界各地。随着美国经济实力的不断聚集，在国际金融领域美国向英国提出挑战，为了打击英镑扶持美元，美国在战后恢复了战前实行的金本位制，美元与黄金保持稳定的兑换关系。由于在保持货币的稳定性方面，没有哪个国家能向美国叫板，这使得美元一枝独秀，得到许多国家的青睐，开始作为国际货币被人们所接受。美国的主要港口城市——纽约也就无可厚非地担负起了向国际市场融通美元资金的任务，成为重要的国际金融中心，与伦敦分庭抗礼、平分秋色。

现在的纽约（New York）最初是荷兰殖民地，是荷兰裔移民的聚居地。普遍将新阿姆斯特丹市政委员会成立的那一年，即 1653 年，当做华尔街童年期的开始。这里曾是

美国大垄断组织和金融机构的所在地，集中了纽约证券交易所、美国证券交易所、投资银行、政府和市办的证券交易商、信托公司、联邦储备银行、各公用事业和保险公司的总部以及美国洛克菲勒、摩根等大财团开设的银行、保险、铁路、航运、采矿、制造业等大公司的总管理处，成为美国和世界的金融、证券交易的中心，一般常把华尔街作为垄断资本集中地，从这里支配着美国的政治、经济。华尔街成了美国垄断资本，金融和投资高度集中的象征。

两次世界大战彻底改变了世界的政治经济格局。虚弱的英国经济已经无力支撑起大英帝国在国际中的地位，没有强大的经济力量支持，英国必须淡出国际政治经济的核心，伦敦城也必须让出"最大国际金融市场"这项桂冠，而战后的美国以其拥有的无与伦比的雄厚经济实力支撑着纽约取代伦敦成为世界上最大的国际金融市场。伦敦只能因自然条件和历史条件保持着一个"重要国际金融中心"的角色。战后初期，美国控制着西方的经济，成为世界上最大的债权国，工业产品占世界总额的一半以上，对外贸易占世界贸易总额的 1/3，黄金储备高达 200 亿美元，占资本主义世界黄金总额的 59%，庞大厚实的经济实力再加上威力无比的军事机器和深谋远虑的政治外交，为美国金融霸主地位的确立扫清了一切障碍。在关于建立战后国际货币新体系的争议上，英国的《凯恩斯法案》让步于美国的《怀特法案》，表明了两国政治经济力量的悬殊。布雷顿森林会议确定了战后的货币体系，美国用国际协议的方式构筑了美元的中心地位，美元成了国际货币，世界贸易的 90% 用美元结算，各国中央银行用美元干预外汇市场，美国政府承担各国中央银行按黄金官价用美元兑换黄金的义务，美元等同于黄金，可以自由兑换成任何一国货币。从此，美元完全取代英镑成为最主要的国际结算货币和国际储备货币，大量的国际借贷和资本筹措都集中于纽约，纽约成为国际最大的国际金融中心。

【简评】

这种状况一致持续到 20 世纪末，随着中国的迅速崛起以及在国际金融领域的逐步发挥影响力，出现了新的变化趋势。人民币登上国际金融舞台，中国人民开始发声音了！可以预见，除了已经回归的香港外，中国新的国际金融中心必将产生。

2. 见缝插针的区域金融中心

从金融中心形成的历史来看，伦敦作为国际金融中心的历史最早最长，东京的历史最短，纽约介于两者之间。伦敦早期凭借强大的经济实力成为大量银行的集聚地，由此获得"世界银行"的美称，金融中心自发形成。在第二次世界大战之后，英国政治经济实力逐渐衰弱，美国逐渐强盛，美元随着美国的强大而强盛，纽约金融中心形成并逐渐取代了伦敦世界独尊的地位。20 世纪80 年代，日本成为全球唯一能大量输出资本的国家，成为亚洲强国，东京继伦敦、纽约之后，挤入了全球性国际金融中心的行列，但是东京因政府干预抑制了金融中心必备的灵活性，而灵活性的缺失则限制了金融创新，因此使东京国际金融中心缺乏足够的活力。

随着世界经济格局的变化，世界金融格局也出现了新的局面：伦敦重新崛起，凭借着庞大的离岸美元市场，伦敦再度成为足以与纽约争雄的金融中心；日本经济从废墟中崛起，带动了东京成为另外一个影响全球的金融中心；德国经济的兴旺也使得法兰克福成为欧洲的金融中心，而欧洲中央银行的落户，更是进一步加强了法兰克福的金融中心地位；香港作为中国与世界联系的重要窗口，加上自由港的独特地位，在中国经济持续繁荣的背景下，也成为在国际上具有重要影响力的金融中心。因此，到目前为止，国际金融市场形成了以纽约与伦敦为主，以东京、法兰克福和香港为辅的格局。此外，还有一些小国，如新加坡、阿拉伯联合酋长国等，依托其天然的地理位置和时差优势，在国际贸易货物流、国际金融资金流两个循环转动中，建立起了结算交易市场，补充了主要金融中心的功能。

【简评】

目前，随着中国经济的崛起以及在世界范围内举足轻重的影响，上海正在逐步迈向国际金融中心的行列，北京和深圳的发展势头也很猛。国际金融中心的形成实际上需要一定的金融市场规模来支撑，还需要有一些天然的地理位置和时差优势，也不能完全靠行政力量，是市场自然选择结果。

日本在 19 世纪中叶明治维新后，金融业向现代资本主义金融制度发展。1872 年，明治政府参照美国银行制度制定了《国立银行条例》。1882 年，又颁布了《日本银行法》，成立了中央银行——日本银行。在此前后，商业银行和储蓄银行也相继建立。19 世纪末，为适应经济发展的需要，明治政府先后创立了一批专门经营长期金融业务和外汇业务的特殊金融机构。现代金融制度在法律上趋于完善，东京金融市场的基础逐步形成。

中国香港是繁华的国际化大都市，是国际重要的金融、服务业及航运中心，也是继纽约、伦敦之后的世界第三大金融中心。香港在全球金融中心指数排名中一直名列前茅，并且连续 18 年获得评级为全球最自由经济体系，经济自由度指数排名第一。香港是中西文化交融的地方，同时为全球最安全、富裕、繁荣和生活高水平的城市之一，有"东方之珠""美食天堂"和"购物天堂"等美誉。香港把华人的智慧与西方社会制度的优势合二为一，以廉洁的政府、良好的治安、自由的经济体系以及完善的法治闻名于世。

法兰克福金融区是欧洲最重要的金融中心之一。法兰克福证券交易所也是世界四大证券交易所之一。欧洲统一使用欧元之后，欧洲中央银行就设在法兰克福，其前身是设在法兰克福的欧洲货币局。如此得天独厚的"心脏"位置决定了法兰克福在金融中心中的地位。

20 世纪上半叶，上海银行业空前发展，全国金融首脑机构云集，各类金融市场发达程度远远高于国内其他城市甚至亚洲其他主要金融重镇。证券市场经营外商公司股票和债券，具有国际性，外汇、黄金等要素市场交易高度活跃，上海外汇市场的活跃性远胜于日本对外汇实行的封闭式管制，黄金和白银市场规模与交易量不仅超过东京、大阪，还远超巴黎黄金市场。上海与伦敦、巴黎、纽约、柏林之间的资金流动广泛，上海的汇市、金银市场，也对国际市场有着密切的关联、互动和影响。到了 20 世纪 30 年代，上海已经是名副其实的远东第一金融中心。现在的上海金融机构聚集度严重不足，特别是外资金融机构和金融中介、非银行金融机构数量存在明显差异，在金融机构质量问题上也存在较大差异，与成熟的国际金融中心伦敦、纽约、法兰克福相比，没有一套健全的金融服务体系和走向国际的发展体系。上海要想成为国际金融中心，还有很长的路要走。

无论是大国金融霸权的争夺，还是小国见缝插针顺势而为建立区域国际金融中心，都会带来财富的增长、就业上升和很多额外利益。值得注意的是，19 世纪英国的金融霸权依托于它的武装舰队占领的殖民地资源、强大的贸易实力，还有英镑金本位。20 世纪金融霸权转移到美国手上，依托强大经济政治军事实力，并根据布雷顿森林体系进行双挂钩安排，也就是说黄金＋美元纸币，已是掺水的金本位了。到了 20 世纪下半叶，美元不再兑换黄金，美国开始开动印钞机，大量美元流入国际金融市场。美国可以"不劳而获"，还美其名曰"量化宽松"货币政策，使得美元一再贬值，无形当中占了巨大便宜。

第三节　人力资本

舒尔茨在 1960 年首次提出了"人力资本投资"。他认为，通过对儿童和成年人的教育，改进他们的营养和健康，通过将劳动力迁移到就业机会较好的地点，通过降低生育率等各种提高劳动质量的支出能提高劳动者的生产率和收入，进而对经济增长作出贡献。这个过程可以被看做一种资本积累的过程。教育投资是生产性投资，对经济发展有巨大影响。通过教育，可以提高人的知识水平和文化修养，从而提高劳动者的工作能力、技术水平和熟练程度。教育有多种形式，包括正规教育、非正规教育和在职训练等。另外，促进劳动力的合理流动，包括劳动力在国内各地区间的流动以及吸引外国人才的流入，也是通过合理地配置人力资本资源达到更好地为创造社会财富服务的目的。

> 西奥多·舒尔茨（Theodore W. Schultz，1946—1961年），美国著名经济学家，芝加哥经济学派成员，芝加哥大学教授及经济系主任。在经济发展方面做出了开创性研究，深入研究了发展中国家在发展经济中应特别考虑的问题，从而获得 1979 年诺贝尔经济学奖。

一、人力资本怎么创造财富

人力资本的主要思想是认为，人口质量可以靠增加投资获得，人口质量的高低与其所带来的社会产出高低是正相关的。一个社会的人力资本存量，常常可以反映一个国家的发展和发达程度。英国经济学家哈比森曾说过："人力资源是国民财富的最终基础。"自然资源是被动性资源，而人力资本是财富创造过程中能动性的资源。一些西方经济学家对经济增长因素分析研究得出的结论是：国民收入增长率大于资源投入增长率。美国经济学家丁·肯德里克对美国的国民收入统计资料进行分析，计算出在 1948 年到 1996 年间，实际净产值年平均增长率为 5.3%，而总投入增长率为 2.31%。据丹尼森计算，从 1950 到 1960 年，美国总量的年增长率为 3.32%，劳动力的质量平均每年提高 0.62%，平均每年的经济增长中有 15% 归功于劳动力质量的提高。同一时期英法等八国总产量年平均增长率、劳动力质量年均提高率和经济增长中劳动力质量提高贡献率情况如图 2 - 2、表 2 - 1 所示。

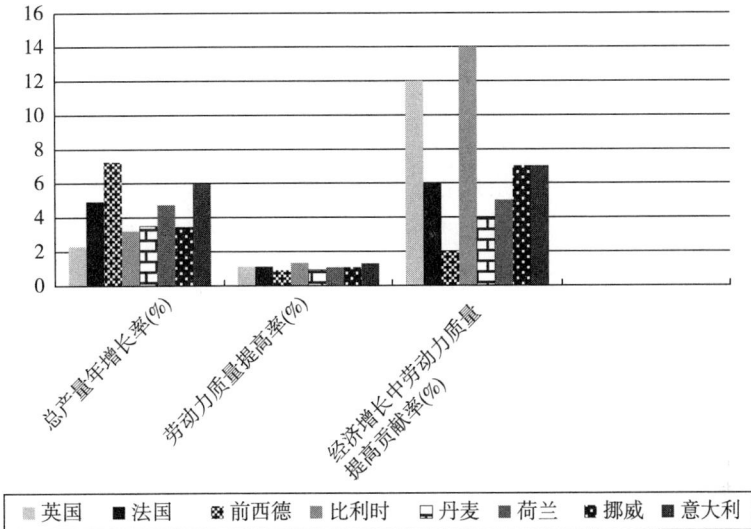

图 2 - 2　经济增长中劳动力质量的贡献

表 2 - 1　　　　　经济增长中劳动力质量的贡献

国家	英国	法国	前西德	比利时	丹麦	荷兰	挪威	意大利
总产量年增长率（%）	2.29	4.92	7.26	3.2	3.5	4.73	3.45	5.96
劳动力质量提高率（%）	0.37	0.37	0.15	0.58	0.18	0.32	0.33	0.55
经济增长中劳动力质量提高贡献率（%）	12	6	2	14	4	5	7	7

上述八个国家中，除个别国家外，这三者之间均呈现较为显著的正相关。特别是在后两个指标间，这种关系更为显著。舒尔茨在长期的农业经济问题研究中发现，从 20 世纪初到 50 年代，促使美国农业生产产量迅速增加和农业生产率提高的重要原因已不是土地、人口数量或资本存量的增加，而是人的能力和技术水平的提高。经济学家认为，导致经济增长快于投入增长的原因有二：一是规模经济的作用，二是劳动者素质的提高，并且后一因素被认为是最主要的因素。

二、人力资本有哪些特点

1. 人力资本具有国别特点

人力资本具有国别特点，即一个国家需要的人力资本和其他国家是不相同的，这主要是因为各国经济社会发展水平和阶段不相同，经济和市场结构也不同，各国历史文化民族背景各异，造成对人力资本特殊的需求。当然，在经济全球化和市场经济全球化的趋势下，各国在某些领域的人力资本要求是趋同的，甚至是一致的。我们常常说，自然科学无国界，自然科学家不论到了哪个国家都可以做实验搞研究，这是因为自然规律不论在哪个国家都是一致的，自然科学家不论到了地球的哪个地方，面对的研究对象都是一个——大自然。社会领域的人力资本就更多地体现出国别性。因为虽然社会发展规律具有普遍性，但更多的时候要体现出特殊性，而恰恰是这种特殊性才应该成为认识各国发展经济的着眼点和出发点。掌握这些特殊点并具有全球化素质的人才是一个国家真正需要的资源。因此，从某种意义上说，经济增长和发展关键在于人力资本资源，也就是有一大批合格的人才，包括投资人才、技术人才、管理人才、市场营销人才等。

2. 人力资本须一代代传承积累

人力资本可以不断累积再造。自然资源，特别是不可再生性自然资源越用越少，但人力资本资源却可以通过教育培训以及社会沉淀积累，不断地再造出来。但这种再造需要一个周期和过程，而且，并不是通过学校教育和培训可以简单地完成。人力资本和一国市场需求相关，各国国家的经济以及各个国家在不同的经济发展阶段对相应的人力资本需求的数量和结构都是不同的。人力资本资源具有累积性的启示是：必须长期、持续和不间断地发展教育和社会培训体系，并建立好的制度使人力资源涌现出来并发挥作用，只有这样才不会出现人才断档的现象，更不用说要彻底否定那种毁灭、摧残人才的运动、政策和制度了。在经济全球化的进程中，各国可以从其他国家引进自己急需的人力资本资源，应付当前经济发展之需要，但从长远来看，还是要注重本国对人力资本的积累。自然资源是资源配置的对象，是被动性资源。制度资源、金融资源是人类在经济社会发展的历史进程中逐步累积建立起来的，是人为选择和设计。知识、思想和观念是形成人力资本的内涵性要素，也是可以选择和积累的。一个国家可能自然资源贫乏，也可能制度落后、金融压抑和落后，但只要重视学习，积累知识，选择先进的思想更新观念，持续积蓄人力资本资源，在全球经济金融一体化的背景下，在不发生世界性战争的前提下，这个国家依靠人力资本资源的能动性，终归有可能迅速发展起来。人力资本资源如果得到充分利用，经济增长和发展更有可能性。①特别是当制定国家发展政策的政府官员也是优秀的人力资源时，对一个国家经济和社会的发展作用就会更大。

3. 人力资本须交流更新

人力资本一旦形成就可以作用于经济增长和发展，但这不代表可以一劳永逸。由于经济和社会发展日新月异，特别是知识经济时代的来临，以前的人力资本如果不及时更新，不断学习提高自己，就有可能被时代淘汰和抛弃，不再是人力资本。所以，人力资本形成时需要一段时间来积累，而发挥作用的时间也是有限的。认识到这个特性，就会认识到知识更新、人才接替的重要性。同物质资本一样，人力资本也可以通过投资获得，人的能力或人口质量可以通过追加投资获得，人力也有一个折旧（老化）的过程，表现在人们的知识不断在老化，不断需要补充新的知识，另外，人都有走向衰老到死亡的过程，最终会丧失人力资本。人力资本的供给则主要是家庭，家庭投资教育是形成人力资本的基础。当然，人力资本的最终形成单靠家庭是不够的，学校教育并不能形成完整的人力资本，以上提到的各个经济组织是形成人力资本的加工厂。一个社会中的人力资本的质量同这个社会经济发展的水平密切相关，因为如果是高水平的经济组织，其培训出来的人力资本水平也是高质量。人力资本的形成还同知识积累、文化和思想观念等密切相关。对人力资本而言，质量比数量更为重要。

三、案例

1. 第二次世界大战结束美苏抢夺德国科学家人才

德国投降后，美国苏联开始疯抢德国科学家。②

美国"回形针行动"

1945 年 7 月，为缩短对日作战和发展战后的军事研究，美国参谋长联席会议下达了一道秘密招募德国科学家的命令。随后不久，美国军方成立了专门

---

①　日本从明治维新后开始国家现代化进程，经过近一个世纪的奋斗，终于步入经济强国的行列，对其成功原因的分析，可以写出许多研究专著。但这里要强调的是日本社会精英在这种危机和变革中所起的作用，正是这种作用最终决定了日本的命运。当时，无论具体政策设计上有什么分歧，但日本有识的社会精英在一个基点上是大体统一的，那就是要保护国体，要避免民族灭亡的命运，就必须富国强兵和全面向西方学习。日本的社会精英缩短了日本现代化的进程。

②　文字来源于《德国投降后的抢人大战：第二次世界大战后美国苏联疯抢德国科学家》，搜狐历史，2017 - 10 - 25。

负责此事的联合情报调查局。第二次世界大战结束后，为了在接下来的美苏冷战中确保美国的优势，特别是军备竞赛和太空竞赛。联合情报调查局招募德国科学家的计划不断扩大，该计划正式命名为"回形针行动"。"回形针行动"的首要目标就是位于波罗的海岸边的德国陆军火箭研究中心，著名的 V－2 火箭就是在此研发成功的。当美军占领该地区后，立刻把该中心的科学家及家人一起安置在德国南部的巴伐利亚，即远离苏联的英美占领区。考虑到部分德国科学家有可能移民到同情纳粹的西班牙、阿根廷和埃及，继续他们的研究工作。因此，美国不惜代价搜索甚至绑架知名度较高的科学家，避免这些高度机密的研究工作在其他国家取得进展。美国还把目光投向了即将成为苏联占领区的萨克森州和图林根州。德国投降前，大批研究人员和设备从柏林撤退到这两个州。美国自然不希望这一切被苏联接管并从中受益。于是，美国人在苏联的眼皮底下悄悄地安排撤退行动，鼓动这些德国科研人员及家人带上必要的行李、财产和文档，乘坐汽车到达最近的火车站，再坐火车到达英美占领区。到1947 年，共有 1800 名德国科学家和技术人员，以及他们的 3700 名家人达到英美占领区。其中具有专业知识和技能的人立刻被美国情报部门扣留和审讯，时间长达数月。情报部门从这些人口中榨取到满意的结果后，释放了他们。最终，联合情报调查局把 1600 多名德国科学家、工程师、技术人员带到美国，包括沃纳·冯·布劳恩和他的 V－2 火箭研究团队。

苏联奥萨瓦根行动

针对美国咄咄逼人的行动，苏联也推出了自己的招募德国科学家的计划，该计划代号"奥萨瓦根行动"。1946 年 10 月 22 日，苏联在一夜之间招募了2000 多名德国科学家和技术人员，并将相关的设备全部运往苏联。苏联内务部甚至绕过当地的苏联占领军政府，直接动用了 92 列火车来运送这些德国专家和他们的家人（大约 1 万多人），包括他们的家具和生活用品，并承诺他们将获得和苏联工作人员一样的待遇。一方面，苏联考虑到德国的科技潜力，担心德国在战后迅速崛起；另一方面，也想把德国的大量科技成果据为己有，特别是与火箭研究相关的内容，因为苏联即将开展自己的火箭研发计划。而且，当时英美和苏联已经达成关于检查德国战争潜力的新协议。为避免英美指责苏联违反了盟军占领委员会关于清算德国军事工业的协定，必须尽快把这一切运回苏联。比如著名的德国光学巨头卡尔蔡司公司，苏联几乎搬空了该公司的设备，把 1 万多台设备中的 9000 多台都搬到了苏联。

【简评】

科学技术无国界，科学家有祖国。然而，纳粹犯下反人类的滔天罪行，德国这些科学家也没有多少选择。美苏争霸的冷战背景下，只能是这个结果。美苏的决策者都很有远见，知道科技人力资本形成不是一朝一夕，这些科技人才非常重要。

2. 中国引进大量乌克兰高级技术人才

自从苏联解体后，我国非常注重乌克兰专家的引进，启动了"引进技术、引进人才"的双引工程。据说当时有指导意见说：这是一批穷十年之力都无法培育出来的优秀人才，对我国而言是千载难逢的好时机，一定不能错过。由于历史上中苏曾经停止过技术协作，不少乌克兰老专家就曾在中国生活和工作，因而当中国启动了双引工程之后，很多乌克兰专家陆续来到了中国，这既是对中国感情上的信任，也是中国朝气蓬勃发展给出优厚条件吸引的结果。乌克兰专家来华后参与了我国多项核心军工项目，比方舰艇、坦克发起机；大型飞机的设计建造；巡航导弹以及空空导弹的研制等。有了乌克兰专家毫无保留的协助，加上我方技术团队的共同努力，我国很多项目得到了突飞猛进的进步。

对此，俄罗斯《独立报》有生动指道：趁乌克兰军工企业瓦解之际，中国比俄罗斯斩获了更多好处。中国为来自乌克兰军工企业的专家在中国工厂旁建造设施完备的小城。数千名乌克兰大型公司的工作人员携家带口迁居中国。可以说，在这轮军工大盛宴中，中国彻底走在了俄罗斯的前面，获得了大量的外来技术。乌克兰来到中国的军工专家主要有两部分，分别来源于航空发动机巨鳄马达西奇公司以及运输机研发巨头安东诺夫集团，除此之外，还有部分军舰等领域的人才。可以说，这是乌克兰内乱之后仅剩的最后一点家产，全部一次性的交给中国了。报道称，来自安东诺夫集团的军工人才及其家眷全部被安排到了陕西省。而陕西省则是中国各种运输机的摇篮，包括中国独立研发的运20 以及运 9 和将来的运 30 运输机全部诞生在陕西省。而马达西奇公司的员工则来到了重庆，因为这里中国正在跟马达西奇共同建造一个相关的产业园区，届时马达西奇所有的产品都将在这里建立生产线，相当于重新开班了一个马达西奇。鉴于乌克兰混乱的局势，说这两家军工企业举家搬迁到中国毫不为过。

【简评】

看到这篇报道，我们想起老夫子孔圣人说的话：危邦不入，乱邦不居。孟子也说过类似的话，知命者不立乎危墙之下。国家穷一点，知识分子可以忍受，并去奋斗努力使得国家变好。可乌克兰发生的是内乱、战乱，有谁愿意在枪炮下生活呢？科学家也有家庭啊。可以说，中国为了引进乌克兰的军工专家下足了血本，只要是人才，来到中国就可以提供难以拒绝的高工资，并能够立即获得新房子的钥匙。而这些则是现阶段俄罗斯无法提供的，而在乌克兰也无法获得的。乌克兰方面缺钱有先进技术，中国缺技术而有大量的资金，中国跟乌克兰的合作将会是互惠互利的，中国和乌克兰的合作将会让中国的军事科技有一个巨大的腾飞，而借此乌克兰可以保全乌克兰的先进军事技术和军事科技人才，日后对乌克兰的发展也会有利。

3. 美国人感叹钱学森可以抵五个师兵力

钱学森 1935 年赴美国留学。十年后，他成为当时一流火箭专家。1950 年之前，钱学森事业有成，婚姻美满，并且作为火箭研究领域的主要发言人享有极高的声誉。1950 年夏天，一次突如其来的调查打破了钱学森平静的生活。钱学森有一位名为威因鲍姆的朋友，年轻时常在家里举行社交聚会，参加聚会的多为各个学科的大学教授，钱学森也在其中。如今，这位威因鲍姆被联邦调查局指控为共产党员，这些聚会也被指控为是美国共产党帕萨迪纳支部 122 教授小组的集会。因此，调查人员怀疑钱学森也拥有共产党身份，前来质询。

1950 年代正值麦卡锡主义大行其道，出于对共产主义的恐惧和对苏联的警惕，联邦政府在内部开展"忠诚—安全审查"行动，用来确保国家安全。所以尽管钱学森否认此事，美国政府还是对他的忠诚产生了疑问，随之吊销了他的保密许可证，也就是说，钱学森不再被允许参与机密的军事项目。

钱学森（1911—2009 年），汉族，吴越王钱镠第 33 世孙，生于上海，祖籍浙江省杭州市临安。世界著名科学家，空气动力学家，中国载人航天奠基人，中国科学院及中国工程院院士，中国两弹一星功勋奖章获得者，被誉为"中国航天之父""中国导弹之父""中国自动化控制之父"和"火箭之王"。由于钱学森回国效力，中国导弹、原子弹的发射至少向前推进了 20 年。

这对钱学森造成了不小的影响。一方面，他所主持的喷气推进研究 90%

都属于保密范畴，没有许可证根本无法进行；另一方面，这样一种对忠诚度的指控极大地挫伤了他的自尊心。在与联邦调查局的人员第二次见面时，钱学森递交了一份声明，陈述他准备即刻离开美国、返回中国的决定。当时一位美国海军的一位高级将领金布尔说："钱学森无论走到哪里，都抵得上五个师的兵力。"还说："我宁可把他枪毙了，也不让这个家伙离开美国！"所以当钱学森一走出他的办公室，金布尔马上通知了移民局。毫不知情的钱学森做好了回国的一切准备，办理好回国手续，买好从加拿大飞往香港的飞机票，把行李也交给搬运公司装运。然而，就在他们举家打算离开洛杉矶的前两天，也就是1950年8月23日午夜，他突然收到移民局的通知——不准全家离开美国。与此同时，美国海关扣留了钱学森的全部行李。这样，钱学森被迫回到了加利福尼亚理工学院。此后，联邦调查局派人监视他的全家和他的所有行动。因此钱学森受到美国政府迫害，失去自由。

1950年9月7日，移民局派出两名特工，在钱学森家中逮捕了他，美国移民局判决将钱学森驱逐出境。但是根据国务院的禁令，技术背景可能为敌国所用的外国人是不能放走的，钱学森无疑就是其中一员。最后美国政府把钱学森软禁了四年之久！

当钱学森要求回国被美国无理阻拦时，中国决定用四位美军飞行员进行交换。当时，中国也扣留着一批美国人，其中有违反中国法律而被中国政府依法拘禁的美国侨民，也有侵犯中国领空而被中国政府拘禁的美国军事人员。

多次谈判后渐入僵局，这时，时任全国人大常委会副委员长的陈叔通收到了一封从大洋彼岸辗转寄来的信。他拆开一看，署名"钱学森"。这封信是钱学森当时摆脱特务监视，在一封写在小香烟纸上寄给比利时亲戚的家书中，夹带给陈叔通副委员长的。周恩来总理当即作出了周密部署，叫外交部火速把信转交给正在日内瓦举行中美大使级会谈的王炳南，并对王炳南指示道："这封信很有价值。这是一个铁证，美国当局至今仍在阻挠中国平民归国。你要在谈判中，用这封信揭穿他们的谎言。"于是，在谈判过程中，王炳南便亮出了钱学森给陈叔通的信件，理直气壮地予以驳斥："既然美国政府早在1955年4月间就发表公告，允许留美学者来去自由，为什么中国科学家钱学森博士在6月间写信给中国政府请求帮助呢？显然，中国学者要求回国依然受到阻挠。"在事实面前，约翰逊哑口无言。美国政府不得不批准钱学森回国的要求。1955

年 8 月 4 日，钱学森收到了美国移民局允许他回国的通知。

中国政府在 7 月 31 日按照中国的法律程序，决定提前释放阿诺维等 11 名美国飞行员，他们于 7 月 31 日离开北京，8 月 4 日到达香港。1955 年 9 月 17 日，钱学森梦终于回到了这片生他养他的热土。由于钱学森的回国效力，中国导弹、原子弹的发射至少向前推进了 20 年。

【简评】

以钱学森为代表的一大批海外人才，在得知新中国成立后，都舍弃了国外优越的物质生活条件，毅然决然回到贫瘠的祖国贡献自己的知识才华，他们的行为真正是中华民族传统文化教育的那种"报国之志""平天下之心"。对比现在的学校教育，很多沦为"鸡血式"的应试教育，还有学校老师明目张胆地提出教育就是为了出人头地、赚钱享受物质生活。和钱学森相比，做人的差距太大了！

4. 刘邦为什么能最终打败项羽

【原文】高祖置酒洛阳南宫。高祖曰："列侯诸将无敢隐朕，皆言其情。吾所以有天下者何？项氏之所以失天下者何？"高起、王陵对曰："陛下慢而侮人，项羽仁而爱人。然陛下使人攻城略地，所降下者因以予之，与天下同利也。项羽妒贤嫉能，有功者害之，贤者疑之，战胜而不予人功，得地而不予人利，此所以失天下也。"高祖曰："公知其一，未知其二。夫运筹策帷帐之中，决胜于千里之外，吾不如子房。镇国家，抚百姓，给馈饷，不绝粮道，吾不如萧何。连百万之军，战必胜，攻必取，吾不如韩信。此三者，皆人杰也，吾能用之，此吾所以取天下也。项羽有一范增而不能用，此其所以为我擒也。"

【译文】高祖在洛阳南宫摆设酒宴。高祖说："各位王侯将领你们不能瞒我，都要说真心话。我之所以能取得天下，是因为什么呢？项羽之所以失去天下，又是因为什么呢？"高起、王陵回答说："陛下傲慢而且好侮辱别人；项羽仁厚而且爱护别人。可是陛下派人攻打城池夺取土地，所攻下和降服的地方就分封给人们，跟天下人同享利益。而项羽却妒贤嫉能，有功的就忌妒人家，有才能的就怀疑人家，打了胜仗不给人家授功，夺得了土地不给人家好处，这就是他失去天下的原因。"高祖说："你们只知其一，不知其二。如果说运筹帷幄之中，决胜于千里之外，我比不上张子房；镇守国家，安抚百姓，供给粮饷，不断绝粮道，我比不上萧何；统率百万大军，战就一定胜利，攻就一定攻取，我比不上韩信。这三个人都是人中的俊杰，我却能够使用他们，这就是我能够取得天下的原因所在。项羽虽然有一位范增却不信用，这就是他被我擒获的原因。"

【简评】

刘邦用了汉初三杰，才取得了天下。无论古今，国家都需要各方面的杰出人才，包括自然科学人才和社会科学人才。

第四节　知　识

知识作为人类认识自然和社会的成果，自古以来一直受到人们的重视。知识对人类社会发展的作用在许多学者的著作中有过论述。较远的可以追溯到17世纪英国的大哲学家培根（1561—1626），他提出了"知识就是力量"的论断。纵观人类力量的历史性表现，不同时期有不同的表现形式，"枪杆子里面出政权"是武力取胜的时代，包括古希腊、古罗马时代的角斗市和开发美国初期的西部牛仔，都是暴力象征权力的时代；工业革命之后，"金钱万能"使金钱成为力量的象征，谁拥有金钱，谁就享有权力，如银行家、石油大王、橡胶大王、汽车大王等；信息时代到来之后，知识和信息成为力量的象征。"知识就是力量"这一格言焕发了新的光芒。

弗朗西斯·培根（Francis Bacon，1561—1626年），第一代圣阿尔本子爵（1st Viscount St Alban），英国文艺复兴时期散文家、哲学家，英国唯物主义哲学家，实验科学的创始人。既是近代归纳法的创始人，又是给科学研究程序进行逻辑组织化的先驱。主要著作有《新工具》《论科学的增进》以及《学术的伟大复兴》等。

一、知识怎么创造财富

在农业经济社会，少数人依靠对土地的控制、对劳动力的剥削获取巨额财富，产生了封建领主、大地主这样的巨富；到了工业经济时代，除了对土地、劳动力的控制外，还依靠自然资源、生产工具、运输工具等积累财富，产生了像石油大王、汽车大王这样的巨富。总的来说，农业经济和工业经济都是以自然资源为依托的经济形式，这也是那时发生的多数战争的主要原因①。在知识经济时代，知识成为最重要的资源和生产要素，依靠对知识和人才的占有和使用创造财富，产生了像微软公司比尔·盖茨这样的全球首富。二十多年来，经济合作与发展组织的主要成员国依靠发展高科技产业，加大对高科技产业和产品的投资，提高传统产业的技术和知识密集程度来建立和发展本国经济，从而形成了 GDP 的 50% 以上是以知识为基础的经济发展格局。可见，知识确已成为经济发展、生产增长、产品增值的最重要的源泉。"知识是资源"的意义并不是说不需要自然资源，仅仅靠知识就能创造出财富，而是说知识渗透在传统资源要素之中，不同程度地提高它们的效率。知识资源通过对传统资源要素的渗透和扩散，推动经济发展。

二、知识有哪些特点

1. 知识越用越多，具有收益递增性

从要素投入与产品产出看，工业经济遵循报酬递减规律。而知识经济则相反，表现为报酬递增趋势，即知识的投入会形成报酬递增，知识越用越多。知识的收益递增性较为突出，远远强于其他社会资源，也正是由于知识资源的这种特性，才使得人们认识到了其他社会资源也具有不同程度的收益递增性。知识这个特点是根本的特性，由此带来了信息、思想这些要素的收益递增性。

2. 知识不能独占，具有共享性

不同于具有排他性（excludability）的私人物品，知识具有共享性（或者说具有共用性），即一个人使用某项知识并不妨碍别人再使用或同时使用该项知识。知识的这种基本性质使得知识的生产和配置不完全由完全竞争的市场法则来主导。同一项知识，大家可以共享和反复使用，从理论上讲，知识使用的次数是无限的。在使用的过程中，新的知识又会产生。当知识与其他的生产要素结合时，可以提高这些生产要素的生产率，从而带来更高更多的报酬。知识

---

① 近现代战争中，资源贫乏的德国、意大利和日本，推行的侵略、扩张、争夺原料产地的战略，是导致世界大战的主要原因之一。德国历史学家弗里茨·费希尔曾经指出，德国发动战争有明确的掠夺原料的目标，即占有法国丰富的铁矿，乌克兰的铁、煤和锰矿以及比利时、土耳其和非洲殖民地的其他资源。而日本对中国发动的历次侵略战争，很大程度上都显示了其对中国丰富的自然资源无耻的垂涎和贪婪。

与知识的结合产生新的知识；知识的使用产生新的知识，知识与其他生产要素的结合也产生新的知识。此外，知识与其他生产要素的结合提高生产率，从而又使更多的人可以从事知识的创造。知识越用越多，这就形成了报酬递增。知识产品的特性在于就其本性来说是非竞争性的，对于知识而言，尽管所有知识都具有共享性，但其排他性却彼此不同。多数知识的排他性源于法律制度的赋予，如制定专利法、著作权法等以保护知识产权。多数发明创造技术更新并不是政府或知识爱好者而是由私人的逐利动机驱动的。由于具有了排他性，可共用的知识也不再是公共物品了，原则上可以由私人部门和市场主导这类知识的生产和配置，政府的主要使命则主要是适度地保护知识产权。知识产权法对其保护的各种知识产权的"保护"程度也是不同的，因而，这些知识的排他性也存在差异，有的较强，有的较弱。一般而言，一项知识由法律赋予的排他性最终也会失去时效，最终为人们所共享。[①]

3. 知识以人力资本为载体

知识资源借助一定物质外壳（物质载体）才能存在。知识不可能、事实上也不能脱离一定的物质形式而存在和流动。知识通过提高人力资本的数量和质量来促进经济增长。通过教育和训练，把知识渗透到"经济人"和"社会人"的头脑中，并在他们的社会实践中体现出来，知识才能发挥作用。知识依附于人，形成的是人力资本。离开经济中追求利益最大化的人而谈知识对经济增长的贡献是虚幻的。根据世界银行的报道，现在世界上 64% 的财富由人力资本构成。美国经济学家丹尼森在对经济增长的来源考察中发现，教育与物质资本存量的增加相比是经济增长的更大源泉，在 1929 年到 1952 年间，美国经济增长约 1/5 是与劳动力教育的增长相联系。可见，以人力资本为载体的知识将成为知识经济时代一国财富的主要来源。在知识经济时代，人是创造知识、传播知识、应用知识的主体，知识作用于"人"形成了人力资本，成为知识经济发展的重要源泉之一。

4. 知识增长呈现爆炸

人类的知识资源总量增加的速度指数级别上升。现在人类知识的总量每三年就可翻一番。知识增长随着人类科学技术知识的增长而逐步加快了速度。时

---

① 知识产权保护一般也是有限度的，如专利和版权都有一定年限和范围。

代发展到今天，电子信息技术的发展日新月异，经过编码的知识——信息可以通过网络以光的速度在全球传递。知识传递有了更好的传递工具和技术，呈现知识爆炸增长态势。

三、案例

1. 画一条线值一万美金

20 世纪初，美国福特公司正处于高速发展时期，一个个车间、一片片厂房迅速建成并投入使用。客户的订单蜂拥而至，快把福特公司销售处的办公室塞满了。每一辆刚刚下线的福特汽车都有许多人等着购买。突然，福特公司一台电机出了毛病，几乎整个车间都不能运转了，相关的生产工作也被迫停了下来。公司调来大批检修工人反复检修，又请了许多专家来察看，可怎么也找不到问题出在哪儿，更谈不上维修了。福特公司的领导真是火冒三丈，那可是钱啊！别说停一天，就是停一分钟，对福特公司来讲也是巨大的经济损失。这时有人提议去请著名的物理学家、电机专家斯坦门茨帮助，大家一听有理，急忙派专人把斯坦门茨请来。斯坦门茨检查了电机，在电机旁边仔细观察、计算了两天后，用粉笔在电机的外壳上画了一条线，对工作人员说："打开电机，在记号处把里面的线圈减少 16 圈。"人们照办了，令人惊异的是，故障竟然排除了！生产立刻恢复了！

斯坦门茨（1865—1923 年），普鲁士籍科学家，哈佛名誉教授。移居到美国后改名查尔斯·施坦敏茨，在通用电气公司工作，是交流电方面的专家，兼任斯克内克塔迪联合大学电气工程专业教授。获得过克雷松金质奖章。

福特公司经理问斯坦门茨要多少酬金，斯坦门茨说："不多，只需要 1 万美元。"1 万美元？就只简简单单画了一条线！当时福特公司最著名的薪酬口号就是"月薪 5 美元"，这在当时是很高的工资待遇，以至于全美国许许多多经验丰富的技术工人和优秀的工程师为了这 5 美元月薪从各地纷纷涌来。1 条线，1 万美元，一个普通职员 100 多年的收入总和！斯坦门茨看大家迷惑不解，转身开了个清单：画一条线，1 美元；知道在哪儿画线，9999 美元。福特公司经理看了之后，不仅照价付酬，还重金聘用了斯坦门茨。斯坦门茨用他的知识挽救了一台电机，这台电机继续工作能创造出几百个、几千个 1 万美元，甚至更多的财富。

【简评】

如果福特公司不花那 1 万美元，这台电机将成为一堆废铁，便失去了它的价值。损失可不是一万美元了！可见知识是世界上最宝贵的财富。知识的宝库是取之不尽，用之不竭的，它是一切物质财富的基础。知识就是力量，虽然看不见，摸不着，力量却最是无比的，它不仅能够推动电机继续运转，还能使卫星上天、原子弹爆炸。这种巨大的力量推动着科学技术的发展，推动着时代的车轮不断前进。

2. 基尔霍夫从太阳上得到了金子

德国著名物理学家基尔霍夫，曾经从光谱实验中证明：太阳上有金子。有位银行家听了他的讲座后说："如果不能从太阳上得到它，那么这样的金子有何用！"后来，基尔霍夫因光谱实验而获得了金质奖章，他把奖章拿给银行家看，说道："您瞧，我终于从太阳上得到了金子。"

【简评】

其实，科学家哪里会看中金子，他看中的是比金子更贵重多少倍的科学知识。

基尔霍夫，德国物理学家。1824 年 3 月 12 日生于普鲁士的柯尼斯堡，1887 年 10 月 17 日在柏林逝世。1847 年于柯尼斯堡大学毕业后去柏林大学任教，1854 年任海德堡大学教授，从 1875 年起主持柏林大学数学物理教研室工作。基尔霍夫的科学著作涉及光学、电动力学及力学等方面。1847 年他解决了分支电路内电流的分配问题（见基尔霍夫定律）。他的著作还涉及对电容器放电和电流感应问题的研究。在力学方面，他主要研究弹性体的变形、平衡、运动及

液体流动等问题。他的《数学物理讲义》对理论物理的发展起过重大作用。1854 年，基尔霍夫与化学家 R. W. E·本生开始研究处于金属盐蒸气中的火焰的光谱，从而为光谱分析奠定了基础，并创立了光谱化学分析法和发现了铯（1860）、铷（1861）两种元素。1859 年，基尔霍夫提出了热辐射定律，并将绝对黑体的概念引入物理学。1860 年，基尔霍夫发现光谱转换定则，第一次正确地解释了太阳光谱中的黑带，并提出了关于太阳大气化学成分的假设。

3. 拿破仑拒绝了蒸汽轮船建议

1803 年 8 月，美国年轻的发明家富尔顿获悉，法兰西皇帝拿破仑正准备越过英吉利海峡对英国作战。于是，富尔顿兴致勃勃跑去向拿破仑推销自己新发明的蒸汽动力船。富尔顿说，可把法国现有战船的桅杆砍掉，撤去风帆，装上蒸汽机，把木板换成钢板，建立一支由蒸汽机舰艇组成的舰队。这样的舰队，不用挂帆，不管刮什么风，也无论什么天气，都可以在英国登陆。然而，拿破仑却认为，军舰没有帆能在海上航行是荒诞不经的，木板换成钢板更会让船沉没。于是，拿破仑赶走了富尔顿。

拿破仑·波拿巴（1769—1821 年），即拿破仑一世（Napoléon I），19 世纪法国伟大的军事家、政治家，法兰西第一帝国的缔造者。历任法兰西第一共和国第一执政（1799—1804），法兰西第一帝国皇帝（1804—1815）。拿破仑对内多次镇压反动势力的叛乱，颁布了《拿破仑法典》，完善了世界法律体系，奠定了西方资本主义国家的社会秩序。对外他率军五破英国、普鲁士、奥地利、俄国等国组成的反法联盟，打赢五十余场大型战役，沉重地打击了欧洲各国的封建制度，捍卫了法国大革命的成果，形成了庞大的拿破仑帝国体系，创造了一系列军政奇迹与短暂的辉煌成就。拿破仑于 1814 年退位，随后被流放至厄尔巴岛。1815 年，建立百日王朝后，再度战败于滑铁卢后被流放。1821 年 5 月 5 日，拿破仑病逝于圣赫勒拿岛。1840 年，他的灵柩被迎回法国巴黎，隆重安葬在法国塞纳河畔的巴黎荣军院（巴黎伤残老年军人院）。

【简评】

后来的历史学家这样评论道：如果拿破仑当时接受富尔顿的建议，用强大的蒸汽机舰队打败英国，那么，19世纪以后的欧洲整个历史，也许是另一个样子。拿破仑为什么拒绝富尔顿的建议呢？根本原因是拿破仑缺乏轮船这方面的专业知识，所以他不相信"军舰没有帆能航行"。

4. 罗斯福接受建造原子弹建议

1939年10月11日，美国白宫进行了一次具有历史意义的交谈。美国罗斯福总统的私人顾问萨克斯受爱因斯坦等科学家的委托，正在说服罗斯福总统重视原子能的研究，抢在纳粹德国之前制造原子弹。萨克斯先向总统面呈爱因斯坦的长信，接着谈了科学家们关于核裂变发现的备忘录，一心想说服罗斯福总统。可是罗斯福总统的反应却十分冷淡，他说："这些都很有趣，不过政府若在现阶段干预此事，看来还为时过早。"

富兰克林·德拉诺·罗斯福（1882—1945年），史称"小罗斯福"，是美国第32任总统，美国历史上唯一连任超过两届（连任四届，病逝于第四届任期中）的总统，美国迄今为止在任时间最长的总统。在20世纪30年代经济大萧条期间，罗斯福推行新政以提供失业救济与复苏经济，并成立众多机构来改革经济和银行体系，从经济危机的深渊中挽救了美国。罗斯福是第二次世界大战期间同盟国阵营的重要领导人之一。1941年珍珠港事件发生后，罗斯福力主对日本宣战。罗斯福以租借法案使美国转变为"民主国家的兵工厂"，后来，在美国协助下，盟军击败德国、意大利和日本。第二次世界大战后期，同盟国逐渐扭转形势后，罗斯福对塑造战后世界秩序发挥了关键作用，其影响力在雅尔塔会议及联合国的成立中尤其明显。罗斯福曾多次被评为美国最佳总统，被美国的权威期刊《大西洋月刊》评为影响美国的100位人物第4名。

萨克斯心灰意冷地向总统辞别。这时，罗斯福为了表示歉意，邀请他第二天来共进早餐。第二天早上七点钟，萨克斯与罗斯福在餐桌前共进早餐。他还未开口，罗斯福就说："今天不许再谈爱因斯坦的信，一句也不许谈，明白吗？"

"我想讲一点儿历史，"萨克斯看了总统一眼，见总统正含笑望着自己，他说："19 世纪初，在欧洲大陆上不可一世的拿破仑，在海上却屡战屡败。这时，一位年轻的美国发明家富尔顿来到了这位法国皇帝面前，建议把法国战舰的桅杆砍断，撤去风帆，装上蒸汽机，把木板换成钢板。可是拿破仑却想，船没有帆就不能走，木板换成钢板就会沉没。于是，他把富尔顿轰了出去。历史学家们在评论这段历史时认为，如果当时拿破仑采纳了富尔顿的建议，19 世纪的历史就得重写。"萨克斯说完后，目光深沉地注视着总统。罗斯福沉思了几分钟，然后取了一瓶拿破仑时代的法国白兰地，斟满了酒，把酒杯递给萨克斯，说道："你胜利了！"

【简评】

罗斯福没有犯拿破仑那样的决策错误，虽然他也没有多少原子弹的相关知识，但他相信这些知识，并做出了正确选择。试想，如果德国纳粹和日本军国主义制造出了原子弹，人类是不是进入黑暗时代了？

5."知识越多越反动"？

在十年动乱期间，有过这样一个口号：知识越多越反动。知识分子遭到迫害和歧视，被称为"臭老九"，学校停课闹革命，高考取消，青年学生上山下乡，还出现了白卷英雄张铁生。现在看来未免荒谬和好笑。可当时可是主流社会价值观啊。现在的人们会疑惑：是谁提出了如此荒唐的口号？有人说这是毛泽东说的。我们查阅了一下，的确如此。不过毛泽东原话是这样的："如果（知识分子）路线错误，知识越多越反动"。

【简评】

实际上毛主席这句话的本意是号召知识分子必须走与工农兵相结合的道路，就是端正知识分子的路线问题，让知识分子为人民服务，这是正确的，他并不是在批知识没有用。"四人帮"属于极"左"路线的代表，他们往往断章取义，做极端理解，给国家造成了巨大的人才损失。

第五节 信 息

现代经济进入了信息时代。信息化已成为世界经济和社会发展的大趋势。

世界银行在 1999 年年度报告中指出，衡量一个国家经济社会发展程度的内涵已发生变化。报告强调人均占有知识和信息总量，并认为国家与国家间发展的差距更多地表现在因信息技术而导致的"知识缺口""信息缺口"上。信息技术的发展，使人类能够将潜藏在物质运动中的巨大信息资源挖掘出来加以利用。信息资源已经成为与物质资源同等重要的资源，其重要作用正在与日俱增。

一、信息怎么创造财富

信息在国民经济中具有很强的渗透力和扩散力，本身也形成了一个行业——信息业。信息业是 20 世纪 90 年代全球最具活力的产业，已成为发达国家经济的主要增长点。信息技术还是优化资源配置、提高产业升级最重要的技术动力。随着知识创新和技术创新的不断推进，物质生产与知识生产相结合，硬件制造与软件制造相结合，传统经济与信息网络技术相结合，将形成推动 21 世纪经济和社会发展的强大动力。信息技术不停地向传统产业渗透，不仅使传统产业可以利用信息化所带来的巨大好处，而且这种渗透也极大降低了企业的营运成本，提高了企业的管理效率和竞争优势。目前，信息产业的硬件基础建设已经基本完成，软件和网络服务业逐渐走到前台。因此，信息经济正处于起步阶段，相信以后的前景将是宽广的。信息经济作为一种直接经济范式，具有减弱信息不对称、降低交易成本的功能。

在如今的美国，信息产业的产值已占到整个经济的四分之一以上，而汽车工业产值只占 4% 左右。1999 年，美国电子商务交易额已占 GDP 的 8%，1999 年互联网给美国经济增加了 5070 亿美元的产值，新增了 230 万个就业机会。信息经济已经超过了电信、民航等传统产业的规模，并在追赶出版业。更重要的是，它还在飞速发展。美国的工业内部结构发生了变化，传统制造业的地位逐步下降，信息产品制造业则占据了相对重要的位置。现在，美国的微软公司和英特尔公司作为新兴产业已经取代了三大汽车公司的地位，成为美国"新经济"的增长点。同时，信息产业领域的投资迅速增加，成为经济增长的投资热点。20 世纪 90 年代以来，信息技术产业已成为中国经济增长最快和最具活力的产业部门，在国民经济中的地位越来越突出。1992—1998 年，信息技术产业占 GDP 的份额从 1.79%

直线上升到 4.8%，增长 1.7 倍。信息技术产业的规模从 476.29 亿元扩大到 3747.98 亿元，增长了近 7 倍。也就是说，我国的信息技术产业正在以高出国民经济 2~3 倍的速度增长。社会对信息技术产业投资和消费的强劲需求，反映出信息技术产业已经成为我国经济的新增长点。例如，在信息技术迅速扩展的影响下，美国的第二产业中的传统制造业也焕发出新的活力，这在汽车工业中表现得很明显。近十年来，美国的汽车行业除进行设备更新外，还将信息技术与生产过程结合起来，从硬件和软件两方面进行高技术革新，取得了显著的成效，在国际市场上又重新夺回了对日本汽车工业的竞争优势。以前有学者认为，促使第二次世界大战后美国经济首次腾飞的重要原因之一就是美国大力发展高速公路网，刺激了汽车工业的发展，进而促进了经济的全面发展。而现在，专家们大都同意"信息高速公路"的硬件建设是促进目前美国经济持续增长的重要原因。这也就是我们国内说的互联网经济开始阶段。

而体现信息创造财富的典型案例可以说在中国层出不穷。中国政府推出了"互联网＋"国策，鼓励互联网经济发展。而阿里巴巴的淘宝网与支付宝，改变了人们的购物习惯和支付方式。同样，腾讯的微信和微信支付，改变了人们的交流习惯和支付方式。还有其他一些互联网公司，如新浪、搜狐和网易等，都极大地改变了中国的经济业态，也提高了经济运行效率，本身也作为企业和行业，吸纳了就业，创造了国民财富。

二、信息有哪些特点

1. 信息不断更新，时效性强

信息具有时效性。作为以物质及其运动为载体的信息，具有明显的时效性。也就是说，在一定时间范围内，信息才会有使用价值，才有可能被人们利用于创造财富。过了时效的信息，价值就会大打折扣。信息的时效性有长、短、强、弱之分。不同的信息具有不同程度的时效性。短时效的信息，是时过境迁的信息；时效极短的信息，仅仅是一些信号；长时效信息常常是凝固成知识的信息。时效性强的信息，是指只有在某一个时间段内才有作用；时效性弱的信息，是指与具体的时间段关系不大的信息。信息资源的时效性大大强于其他社会资源。知识资源和思想观念资源需要积累，并通过交流、扩散保持内容稳定，过了很长时间后，仍然对人们有启发和指导作用。而信息资源更新很快，就内容上看，总是处于快速变化之中，对应于一定时间段，才能创造财富和价值。信息资源的这种特性要求利用信息创造财富的主体或系统应当时时保持开发状态，不断接受外部信息，不断更新信息内容，并根据所掌握和接受的最新信息，对自己的行动或政策作出及时的调整。

2. 信息是知识的来源

人类每时每刻都在同信息打交道，都在不断地接收、加工、利用信息。经济生活中经济个体无论是经济人还是经济组织，相互作用的方式就是信息传递，然后再按照利益或效用最大化的原则决定行动方案。信息与知识的关系极为密切，以信息革命为龙头的新经济又被称为知识经济。这本身并不神秘和有什么奥妙，因为它们指的是一个经济，只不过是从不同的角度来研究而已。一般认为，信息是知识的来源，知识由信息提炼而来。信息是社会个体或社会组织之间作用的方式或作用媒介。1961 年，美国经济学家斯蒂格利茨在《政治经济学》杂志上发表"信息经济学"，把知识定义为经过加工的信息，认为知识是信息的一个部分。世界银行定义的知识是有价值的信息，信息是有意义的数据，因此，数据是最基础的，数据中一部分是信息，而知识只是信息中有价值的部分。所以信息具有知识属性。英国的《牛津字典》认为"信息就是谈论的事情、新闻的知识。"日本的《广辞苑》中说："信息是所观察事物的知识。"尽管说法不尽一致，但是，以知识作为信息的基本内容则是人们对信息的共同认识。

3. 信息必须有存储媒介

信息只有通过传递才能被利用，而信息总是要通过一定的媒介才能转达给接受者。因此，信息资源流动在由信息源、信息媒介、信息接受者构成的一个完整系统内进行。缺少媒介，诸如报纸、杂志、广播、电视、互联网、信息中介机构等，就无法完成信息资源的加工和传播。任何信息都依附于特定的媒介，信息不能独立存在和交流。信息的存储形式决定于载体的特殊性质，信息技术的一个新领域就是信息载体开发。信息可以依附在多种介质之上，因此信息描述也具有多样性。信息可以进行分类、加工、整理、概括、归纳，取其精华，加以浓缩，也可以进行压缩，还可以加密、伪造和掺假。信息可以从一个载体复制到另一个载体，从一种形态转换成另一种形态。从最开始的软盘，到硬盘，再到后来的移动 U 盘，光盘，再到现在出现的云存储，就是这种体现。

三、案例

1. 中国移动支付世界第一①

中国在移动互联网的弯道超车，固然有国家高瞻远瞩的规划，但支付宝等工具功不可没，它们把决策者纸上的决定，变成了实实在在的生意，老百姓得到了实实在在的好处。如今在中国消费到底是一种什么体验？一言以蔽之，就是手机在手，万事不愁！

无论是缴纳水、电、燃气费、充值话费、短途或长途出行，还是医院挂号、日常购物，"移动支付"已像春天无所不在的柳絮，以极高渗透率进入中国老百姓的生活。就连并不固定的烤地瓜、煎饼果子小摊，也无一例外，有醒目的二维码支付标志。"扫一扫"之于中国百姓，似乎已成为一种非常司空见惯的生活模式。

1987 年，中国还没有废除粮票，人民币尚且不能算功能完整的真正货币。30 年后的今天，当大多数欧美国家还停留在信用卡阶段，中国以短时间越过信用卡时期，迅速迈入移动支付时代。数据显示，2016 年，中国移动支付以 38 万亿元人民币（合 5.5 万亿美元）的交易额，占据全球移动支付的半壁江山。这一数字遥遥领先其他国家及地区，哪怕最发达的美国、日本、欧洲都无法企及。2017 中国发展高层论坛上，苹果 CEO 库克称："中国人更愿意接受新的变革"，在移动支付方面，"中国人很有远见"。他表示，"虽然硅谷有移动支付，但你去美国腹地，很多人都不知道什么是移动支付。"

中国是最具实力可以依靠手机和二维码完成近乎零现金的日常生活的国家。相比硅谷精英到了美国腹地的束手无策，中国三线小城沿街卖瓜的老大娘，可能将"扫码支付"用得更风生水起。

为啥移动支付人人爱？对普通消费者而言，移动支付的好处很明显。无须再为琐碎的找零烦恼，还免去了带钱包的麻烦和丢钱包的风险。除此以外，还有用户表示，"使用微信、支付宝等支付时，系统会记录下具体的花销和用

---

① 文字来源于《外国人震惊支付宝的创新，中国移动支付已远超发达国家》，搜狐新闻，2017 - 06 - 26。

途，相当于一个记账本，每月都能清楚地知道自己的钱究竟去哪了。"在这样的情况下，商家的使用动机不言而喻。目前，很多人养成了身上不带现金的新习惯。支持移动支付成为商家"标配"，没有移动支付的商家已变成"不方便"的"落后者"。

随着移动支付在国内日益普遍，对于力图成为中国消费者各时各地——无论是在家、在网上，还是在国外的首选付款方式，移动支付提供商们的下一个阵地，已悄然扩伸至国外市场。支付宝母公司蚂蚁金服目前在 25 个国家和地区有超过 2 亿境外用户，微信支付在十多个国家和地区实现落地。至今，蚂蚁金服已经在印度、泰国、韩国、菲律宾和印度尼西亚等地与合作伙伴发展了当地的电子钱包，超过 2 亿的境外用户都在使用它。

马云，男，1964 年 9 月 10 日生于浙江省杭州市，阿里巴巴集团主要创始人，现担任阿里巴巴集团董事局主席、日本软银董事、大自然保护协会中国理事会主席兼全球董事会成员、华谊兄弟董事、生命科学突破奖基金会董事。

马云 1999 年创办阿里巴巴，并担任阿里集团 CEO、董事局主席。1999 年 3 月，马云正式辞去公职，后来被称为 18 罗汉的马云团队回到杭州，凑够 50 万元人民币创建阿里巴巴，1999 年 4 月 15 日，阿里巴巴网站正式上线。2003 年 5 月 10 日，马云创立淘宝网。2004 年 12 月，马云创立第三方网上支付平台支付宝。

除了电子钱包服务外，支付宝在海外的另外一方向——旅游消费，也有很不错的进展。截至 2017 年 5 月，支付宝已经支持在欧洲的许多机场使用，也可以直接使用它在免税店消费。在德国 21 家 Rossmann 超市都引进了这种支付方式，将来还会普及 2000 家，去德留学和旅游将会更加方便快捷。而美国各大旅游城市包括纽约、洛杉矶、旧金山等地的机场、DFS 免税店、LV 门店也都能刷支付宝，之后还将有 400 万美国商家支持顾客的这一付款方式。

目前，支付宝已经进入欧美、日韩、东南亚、港澳台等 26 个国家和地区，支持 18 种境外货币结算，并接入了 10 万多家线下商户门店，蚂蚁金服的大名逐渐传播到了海外。海外布局至少 10 年的支付宝，目前看来还是不错的，海外旅游和电子钱包双管齐下，都取得了不错的成效。这一方面是基于国人对于支付宝的依赖性，让它的海外旅游方面得以快速发展；另一方面国外当地相对贫瘠的移动支付环境也给了支付宝可乘之机。

【简评】

我们有理由相信，移动支付作为外国朋友评出的中国"新四大发明"之一（其余三项为网购、4G 网络、共享单车），将会带给世界更多便捷和惊喜。

2. 苹果公司被嘲笑不会成功

2007 年 1 月 10 日，在旧金山举行的 Macworld 展会上，时任苹果 CEO 的乔布斯登台发布了第一代 iPhone，并声称要改变世界。当苹果一代手机发布之后，包括诺基亚、黑莓、Plam 等在内的各大品牌手机公司领导都表示其不会成功。

史蒂夫·乔布斯（Steve Jobs, 1955—2011 年），出生于美国加利福尼亚州旧金山，美国发明家、企业家、美国苹果公司联合创办人。1976 年 4 月 1 日，乔布斯签署了一份合同，决定成立一家电脑公司。1977 年 4 月，乔布斯在美国第一次计算机展览会展示了苹果 Ⅱ 号样机。1997 年，苹果推出 iMac，创新的外壳颜色透明设计使得产品大卖，并让苹果度过财政危机。2011 年 8 月 24 日，史蒂夫·乔布斯向苹果董事会提交辞职申请。乔布斯被认为是计算机业界与娱乐业界的标志性人物，他经历了苹果公司几十年的起落与兴衰，先后领导和推出了麦金塔计算机（Macintosh）、iMac、iPod、iPhone、iPad 等风靡全球的电子产品，深刻地改变了现代通信、娱乐、生活方式。乔布斯同时也是前 Pixar 动画公司的董事长及行政总裁。2011 年 10 月 5 日，史蒂夫·乔布斯因患胰腺癌病逝，享年 56 岁。

时任微软总裁的鲍尔默直截了当地表示："iPhone 想进占市场根本没戏，也许它们能挣点小钱，但每年卖出的 13 亿台手机中，大部分依然会搭载微软的系统，而苹果能分得 2%～3% 的份额就不错了。"

那个年代手机大佬之一的诺基亚，更是有趣。据称苹果一代发布之后，当时诺基亚工程师对其进行了搞摔测试，得出的结果是苹果不经摔质量不好，对诺基亚造不成威胁。

时任 Palm CEO 的鲁宾斯坦则表示："烤面包机会煮咖啡吗？这世界上就没有这种跨界的产品，因为这样的组合根本比不上分开来用的舒服。"

当时风光无限的黑莓 CEO 巴斯利则表示："苹果这是泥牛入海，市场上本已非常拥挤，消费者有很多选择。iPhone 无法改变现有市场，有些媒体吹得有点过了。"

当时苹果一代发布，不但这些知名品牌不看好，其实也有很多媒体不看好苹果，可世事就是这么无常，信息经济时代，奇迹就此发生。iPhone 不但成功了，还使得苹果公司成了手机领域举足轻重的巨头。

【简评】

乔布斯是技术人才，更是商业天才。他改变了信息行业。

3. 比尔·盖茨创办微软公司

微软公司 CEO 比尔·盖茨当年创办微软公司的时候也就 20 岁。当时比尔·盖茨正在哈佛大学读二年级，他决定退学创办公司完全是出于对电脑软件的商业性开发，认为如果再不行动就会贻误商机，于是毅然决然地中途退学，同别人合伙创办了微软公司，专门从事计算机软件的编制开发。后来他的 DOS 系统被电脑制造巨头 IBM 所采用，就这样，比尔·盖茨的微软公司福星高照，时来运转，最终成就了微软的软件霸业。

比尔·盖茨（Bill Gates），全名威廉·亨利·盖茨三世，简称比尔或盖茨。1955 年 10 月 28 日出生于美国华盛顿州西雅图，企业家、软件工程师、慈善家、微软公司创始人。曾任微软董事长、CEO 和首席软件设计师。比尔·盖茨 13 岁开始计算机编程设计，18 岁考入哈佛大学，一年后从哈佛退学，1975 年与好友保罗·艾伦一起创办了微软公司，比尔盖茨担任微软公司董事长、CEO 和首席软件设计师。比尔·盖茨 1995—2007 年连续 13 年成为《福布斯》全球富翁榜首富，连续 20 年成为《福布斯》美国富翁榜首富。

后来盖茨描述了当时他选择孤注一掷的感觉，毕竟离开光环围绕的常春藤盟校去创办一家软件公司并不是个容易的决定。"在学校我感觉相当棒"，盖茨回忆他在哈佛的三年时说道。"我上了很多课，每天都受益匪浅。这绝对是个重要的人生体验，我周围都是聪明人。"其实盖茨在高中时就爱上了电脑和软件编程，到了大学后他意识到自己必须成为个人电脑革命的急先锋，如果继续待在学校，就会影响自己在这场革命中的地位。他有些担心，担心这场个人电脑革命发生时已经没了他的位置。"当第一台搭载微处理器的电脑诞生时，保罗（微软另一位创始人）和我就意识到，我们必须先下手为强。"盖茨说道。"这就是我决定离开学校的原因。"盖茨还表示，当时自己给父母做了承诺，如果自己的软件事业不成功，就乖乖回学校继续读书。当然，这个故事就没有然后了。不过，作为知名校友，盖茨 2007 年还是拿到了哈佛的荣誉学位。虽然盖茨没能完成学业，但最近接受彭博社采访时他还是表示"自己依然热爱学生生活""我是个奇怪的退学生，因为在退学前我可是在大学乖乖上课呢。"盖茨说道。即使现在，他一年也要读超过 50 本书。"我还是推荐大多数人乖乖在学校学习四年"。

【简评】

有人拿比尔·盖茨退学创业的例子来证明"读书无用论"，是比较浅薄的认识。他退的是什么学校？是哈佛大学！他为什么退？是因为他自己积累的知识已经超过课堂知识了，并且他准确把握住了信息行业大规模进入家庭消费的商机，开发出了独一无二的视窗操作系统。

4. 中国已跻身 5G "第一梯队"①

2018 年世界移动通信大会（MWC）上，5G 成为最热门的关键词之一。相比于以往更多谈论的 5G 概念、框架和可能性，2018 年的大会中，多款重要突破性中国 5G 产品"抢鲜"亮相，同时一些日渐成熟中的技术和应用场景也在展会中进行了集中展示，为迎接 5G 时代的到来开启倒计时。

作为全球通信领域规模最大的年度展会之一，本届世界移动通信大会上不乏来自中国企业的声音和亮点。展会期间，华为发布了首款基于 3GPP 标准 5G 商用芯片和终端，中兴通讯等公司也展示了各自的科技实力。分析认为，这些

---

① 文字来源于周利彩《三大运营商确定 5G 时间表 5G 手机有望明年面世》，TechWeb. com. cn，2018 – 03 – 11；《中国已跻身 5G "第一梯队"》，载《北京青年报》，2018 – 03 – 05。

新产品意味着中国企业在 5G 领域正在走向领先。据悉，华为此次发布的 5G 芯片——Balong5G01，是该公司旗下首款支持 3GPP 标准的 5G 网络产品。同时，华为还发布了基于该芯片的首款 3GPP 标准 5G 商用终端华为 5G CPE。据介绍，该产品分为低频（Sub6GHz）CPE 和高频（mmWave）CPE 两种，其中 5G 低频 CPE 不到 1 秒即可下载一集网络剧，可以支持未来基于 5G 网络的各类 VR 高清在线视频、VR 网络游戏等高清视频和娱乐应用，同时兼容 4G 和 5G 网络。华为首款 3GPP 标准 5G 商用芯片和终端的发布，被业内认为是 5G 产品的突破性进展之一，同时也标志着 5G 时代在产业层面的渐进开启。

中兴通讯本次大会期间也重点展示了有关 5G 的商用技术、网络以及行业应用方面的端到端解决方案，包括新一代 5G 全系列基站产品在大会中亮相。据介绍，中兴通讯此次发布的新一代 5G 高低频 AAU，支持 3GPP 5G NR 新空口，支持业界 5G 主流频段，采用多项 5G 关键技术，可满足 5G 商用部署的多样化场景及需求，并已在国内 5G 测试以及多个国家和地区运营商的 5G 测试中应用。

在三大运营商中，中国移动是最早布局 5G 的。日前，在 2018 世界移动大会（MWC）上，中国移动围绕 5G 技术、物联网、数字家庭、国际业务、终端等领域，在大会中展示了最新技术和产品，并宣布将在 2018 年建设世界规模最大的 5G 试验网。

根据中国移动最新公布的 2018 年 5G 规模实验计划，该公司今年将在杭州、上海、广州、苏州、武汉五个城市开展 5G 外场测试，每个城市将建设超过 100 个 5G 基站；还将在北京、成都、深圳等 12 个城市进行 5G 业务和应用示范。预计到 2020 年，中国移动物联网连接数量将达到 50 亿。

3 月 9 日，中国联通在北京召开政企客户新产品发布会，会上披露了联通 5G 的时间进度表。联通表示，在 2018 年将进行 5G 的大规模试验，计划率先在北京、天津、上海、深圳、杭州、南京、雄安 7 城市进行试验。2019 年预商用，2020 年正式商用。

中国电信技术部副总经理沈少艾在 2017 年 7 月的中国电信智能终端技术论坛上披露，将在 2017—2018 年开展小规模外场试验，2018 下半年到 2019 年开展规模及预商用试验，2020 年实现 5G 正式商用。

"中国已成为 5G 舞台上最耀眼的明星""全球看 5G，5G 看中国"，中国通信技术经历了 2G 时代跟随，3G 时代参与，到 4G 时代的突破，在 5G 时代，中国已成功跻身第一梯队。

【简评】

现在的科技竞争，不是个人行为，是团队行为，是大企业行为，是跨国公司行为，也可能是国家行为。发展中的国家力量必须介入，才能赶超发达国家的水平。

四、通常说的知识经济、信息经济和金融经济是什么①

这三个概念虽然是从不同的角度、不同的侧面来概括当代经济的新特征，但彼此又有着内在的联系。

图 2 - 3 描述了从不同角度研究经济的不同特征：

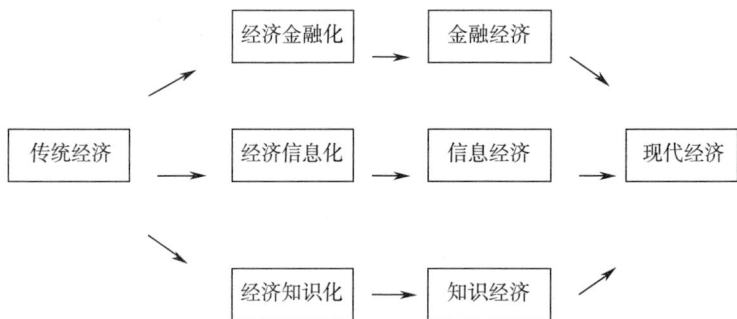

图 2 - 3　经济的不同角度和不同特征

现代经济具有知识经济、信息经济和金融经济的特征，这些发展趋势对传统资源要素理论产生了巨大冲击，同时，对经济学理论也有广泛而深刻的影响。其中最重要的影响是对生产要素理论的影响。生产要素包括自然资源、劳动力和资本。人们对新的资源要素的认识取决于自然科学和社会科学的发展水平。资源理论应当随着社会的发展而发展。一方面，表现在传统资源因素内涵的扩展上；另一方面，也表现为资源要素种类在不断增加中。除传统的三要素外，知识、信息与金融等新资源要素被人们逐步发现并开始深入研究。

① 杨涤. 知识经济、数字经济和金融经济 ［N］. 辽宁日报. 新知板，1999 - 11.

第六节　思想观念

一、思想观念怎么创造财富

思想观念是人类对自然和社会规律认识的一种直接反映。能成为经济资源的思想观念往往建立在一定的科学理论和知识基础之上，也只有这样的思想观念才有可能获得承认、认可和接受并付诸社会实践。当一种思想观念被人们普遍接受并用于指导自己的行动时，在经济和社会发展中就会发挥出强大的力量，也只有获得广泛的认可和接受，思想观念才能通过人们的社会实践活动作用于经济和社会发展。当然，如果某种思想观念所依赖的理论和知识本身不是科学的，甚至是很偏激的，没有理性思考和科学数据作支撑，那么，这种思想观念多半也是错误的、偏激的，它们一旦被广泛地用于指导实践就会产生巨大的负面影响，不利于经济和社会发展。判断思想观念正确与否的标准同验证社会科学理论的标准是一样的，最终是社会实践。而选择思想观念则不必都从头开始探索和实践，因为人类的社会实践的经验和教训是可以共享和相互借鉴的。所谓"前事不忘，后世之师"以及"他山之石，可以攻玉"说的就是这个道理。

先进的思想观念对人类社会的发展所起的作用无与伦比。当然，落后的、陈腐的甚至反动的思想观念起的反作用也同样巨大。思想观念不是天上掉下来的，是人类社会实践的产物，也是掌握现代科学知识、自然与社会发展规律的结果。先进的思想观念转化为实际行动，就可能带来巨大的成功效应。革命时代如此，在国家建设方面，更是如此。思想观念是能动的，这一点学过认识论的人都知道。所谓能动性就是指它们可以对人们的社会实践起到指导作用，进而通过这种过程促进经济增长、发展以及社会进步。有什么样的思想观念就有什么样的社会实践活动，特别当一种思想观念普遍为人们接受、认同、采纳并赋之于共同的实践时，思想观念的能动性就会充分体现出来。思想观念也正是因为这种能动性才成为一种促进经济增长和发展的战略性资源。

二、思想观念有哪些特点

1. 思想观念总有对立

每一种思想观念一般都有其对立和相反的思想观念，这是由于人们运用自己掌握的知识对社会实践进行考察而得出相反的结论所致。这有认识能力上的差别、知识背景上的差别、个人阅历上的差别等，但最重要的大概还是受所在社会集团利益的制约和影响。思想观念并不是凭空产生的，总能在所处的社会时代以及不同的利益集团背景中找出根源。思想观念正是在争论、辩论、对立中发展起来最终成为经济资源的。所以，存在不同的思想观念是社会现实的常态，对此不应大惊小怪，思想观念统一或者高度一致并不正常。正视思想观念的对立性对于科学，特别是社会科学的探讨研究是有益的，对于在实践中探索和试验新的领域也是有益的。在学术研究中，以思想观念是否与政府现行政策、制度相符合、相一致来评判研究者学术水平的高低，是不客观的标准，学术研究应当客观、公正，不受个人感情、政治立场等非客观因素影响。

2. 思想观念传播性强

思想观念可以被传播，强于知识的共享性。思想观念是对自然和社会的发展规律的认识，代表着人类对自然和社会所进行的科学的或不科学的，深刻的或肤浅的认识。思想观念不是直接给出一个具体的结论，而是促使人类继续深入思考发挥作用，哪怕是从这种思想观念的反面来着手。思想观念的共享性也是人类文明交流的基础。古典政治经济学亚当·斯密的自由竞争观念和信奉"看不见的手"的思想尽管已经被现代市场经济的实践做出了修正，但丝毫不会减损它带给后人的持久启发和深刻性。中国古代诸子百家思想不仅在当代中国，而且在世界上其他国家中也有着信徒在追随。在信息化和互联网时代，思想观念的共享性体现得更突出了。这种特性同时也说明，用一种思想观念、用一种理论指导全部社会实践的做法是不妥当、不现实的。另外，在思想文化领域采取封锁打压、抵制外部文明等闭关锁国和愚民政策也是行不通的。思想观念本性就如水流下山一样，封锁阻挠其传播的做法越是严厉，最终反而来得更猛烈。在思想观念的流动上①，唯有不压制传播，允许争论、研究、鉴别才能促进思想观念的活跃，才能促进科学的思想观念产生。同知识一样，思想观念要通过形成制度、人力资本才发挥作用，但是，思想观念强烈依赖于人力资本。对经济增长而言，它本身并不是独立发挥作用的要素。对经济发展而言，它的作用效应比较明显，即它是在相对较为长期的一个过程中，对经济发展发挥作用和产生影响。思想观念的产生需要时间，思想观念流动传播也需要时间。而最终要形成一系列制度，再到被广大人民接受则更需要一个过程。因此，思想观念属于"发展型"资源。

3. 思想观念具有能动性

思想观念是能动的，这一点学过认识论的人都知道。所谓能动性就是指它们可以对人们的社会实践起到指导作用，进而通过这种过程促进经济增长、发展以及社会进步。有什么样的思想观念就有什么样的社会实践活动，特别当一种思想观念普遍为人们接受、认同、采纳并赋之共同的实践时，思想观念的能动性就会充分体现出来。思想观念也正是因为这种能动性才成为一种促进经济增长和发展的战略性资源。

三、案例

1. 100 个教授登报联名声明相对论是错误的

在爱因斯坦相对论理论创立之前，牛顿力学统治着物理学界，而当相对论提出后仍有许多物理学家反对它。1930 年，德国出版了一本批判相对论的书，书名叫做《一百位教授出面证明爱因斯坦错了》。爱因斯坦闻讯后，耸耸肩道："100 位？干吗要这么多人？只要能证明我真的错了，哪怕是一个人出面也就足够了。"科学反映的客观规律终归不会以人数多少为决定对错的因素，真理往往掌握在少数人手中，在自然科学中这种例子很多，社会科学中就更举不胜举。

---

① 这里所允许传播流动的思想观念主要是指与现代市场经济密切相关的经济、政治、文化等先进的思想观念，不包括那些明显愚昧落后、反动"激左"、威胁社会稳定和国家安全的"思想观念"。

阿尔伯特·爱因斯坦（Albert. Einstein, 1879—1955年），出生于德国符腾堡王国乌尔姆市，毕业于苏黎世大学，犹太裔物理学家。爱因斯坦1879年出生于德国乌尔姆市的一个犹太人家庭（父母均为犹太人），1900年毕业于苏黎世联邦理工学院，入瑞士国籍。1905年，获苏黎世大学哲学博士学位，提出光子假设，成功解释了光电效应，因此获得1921年诺贝尔物理奖。1905年，创立狭义相对论。1915年，创立广义相对论。1955年4月18日去世，享年76岁。爱因斯坦为核能开发奠定了理论基础，开创了现代科学技术新纪元，被公认为是继伽利略、牛顿以来最伟大的物理学家。1999年12月26日，爱因斯坦被美国《时代周刊》评选为"世纪伟人"。

【简评】

崔健有一首歌曲《不是我不明白》，里面有一句歌词：不是我不明白，这世界变化快。实践永远高于理论，多数情况下，实践也变化在理论之前。能先知先觉者，那都是应被点赞的。更何况，真理往往掌握在少数人手中，别说是100个教授，就算是再乘个100倍，凑个1万人，也没用啊。

2. "以阶级斗争为纲"还是"以经济建设为中心"？①

这两种思想观念的理论基础就不一样。最终实践证明了后一种观念是正确的，提高了生产力和人民群众生活的水平，可前者给中国的经济和社会发展造成的损失也是巨大的。

1949年10月，中华人民共和国的成立标志着我党带领人民完成了民族独立和人民解放的任务，也标志着党已经从领导人民为夺取全国政权而奋斗的党，成为领导人民掌握全国政权并长期执政的党。中国共产党成为执掌全国政权的执政党，党的中心工作是什么？这是执政党必须解决的首要问题。毛泽东在中共七届二中全会的报告中指出："从我们接管城市的第一天起，我们的眼睛就要向着这个城市的生产事业的恢复和发展。无须避免盲目地乱抓乱碰，把

---

① 这一案例的文字基本转引自陈述教授《从"以阶级斗争为纲"到"以经济建设为中心"》，载《北京日报》，2008 - 09 - 08。陈述，中共中央党校党史部教授、博士生导师。

中心任务忘记了。"党的八大强调了执政党的中心任务是建设一个伟大的社会主义强国，在党的八大关于政治报告的决议中指出："我们国内的主要矛盾，已经是人民对于经济文化迅速发展的需要同当前经济文化不能满足人民需要的状况之间的矛盾。"党和全国人民的主要任务，就是要集中力量来解决这个矛盾，把我国尽快地从落后的农业国变为先进的工业国。这一时期的认识是清醒和正确的。

但是，1956 年国际社会主义运动中出现"波匈事件"，特别是 1957 年中国出现"右派进攻"事件之后，党对社会主义社会主要矛盾的认识开始出现了波折。1957 年 10 月，党的八届三中全会讨论了中国社会主要矛盾问题，会上虽有较大争论，但毛泽东在会上强调："无产阶级和资产阶级的矛盾，社会主义道路和资本主义道路的矛盾，毫无疑问，这是当前我国社会的主要矛盾。"随后，毛泽东的意见逐渐占据主导地位。1962 年 9 月，党的八届十中全会再次强调阶级斗争，1969 年党的九大确定了以阶级斗争为纲的基本路线。

在"文化大革命"期间，周恩来始终抓紧全国的工农业生产，针对当时干部不敢抓生产的实际情况，他鼓励各级干部理直气壮地抓生产、抓业务；同时，又对各种破坏国民经济发展的社会思潮和错误行为进行了顽强的抵制和斗争，防止了国民经济的崩溃，保证了广大人民群众最基本的物质生活需求。

1975 年，邓小平在毛泽东、周恩来等的支持下，主持了全面整顿工作。他强调把毛泽东关于理论问题、安定团结和把国民经济搞上去这三条指示，"作为今后一个时期的纲"。要求全党讲大局，把国民经济搞上去。邓小平还组织理论工作者有力地驳斥了"文化大革命"以来影响极坏的所谓"唯生产力论"、规章制度是"管、卡、压"、按劳分配是"物质刺激"、讲求经济效益是"利润挂帅"、对外引进是"洋奴哲学"、学习科学文化是"白专道路"等谬论，在一些重要问题上把被颠倒了的思想理论是非纠正过来，在可能的条件下开始有限度的拨乱反正。

我党是一个具有强烈的自我纠错意识和强大的自我调整能力的执政党。"文化大革命"结束后，具有强烈历史使命意识和执政责任感的中共中央领导人，开始反思中国共产党执政的重大问题。1978 年 5 月在党内及理论界开展起来的真理标准问题大讨论，是一场为中国社会主义新时期改革开放和现代化建设提供精神动力的思想解放运动，是一场关系整个中国政治大局，为党的十一届三中全会实现工作重心转移，进而实现伟大历史转折作思想理论准备的思想解放运动，标志着我党开始对自己执政及如何执政进行认真的反思。

1978 年 9 月，中共中央副主席邓小平从朝鲜访问回国。在东北各城市及天津、河北唐山等地，邓小平发表了著名的"北方谈话"。他从唯物史观的高度指出："按照历史唯物主义的观点来讲，正确的政治领导的成果，归根结底要表现在社会生产力的发展上、人民物质文化生活的改善上。"特别值得注意的是，在这次谈话中，邓小平从执政的高度指出："如果在一个很长的历史时期内，社会主义国家生产力发展的速度比资本主义国家慢，还谈什么优越性？（外国人议论中国人究竟能够忍耐多久，我们要注意这个话。）我们要想一想，我们给人民究竟做了多少事情呢？"他强调："社会主义要表现出它的优越性，哪能像现在这样，搞了二十多年还这么穷，那要社会主义干什么？""我们一定要根据现在的有利条件加速发展生产力，使人民的物质生活好一些，使人民的文化生活、精神面貌好一些。"邓小平这次北方之行的多次讲话，集中地反映了他在历史转折前夕的理论思考，其重要观点后来形成为第一个解放思想、实事求是的宣言书，也就是实际成为党的十一届三中全会主题报告《解放思想，实事求是，团结一致向前看》中的主要内容。

1978 年 12 月，中共中央副主席叶剑英也指出许多同志对"从经济基础到上层建筑的深刻革命"思想准备不足。说这些人"前怕狼后怕虎，墨守成规，因循守旧，思想就是不解放，不敢往前迈出一步。"他继续说："为什么不怕两千多年来遗留下来的手工业生产方式继续保存下去，不怕中国贫穷落后，不怕中国人民不答应这样的现状？"陈云也尖锐地指出当时的情况，他说："革命胜利三十年了，人民要求改善生活。有没有改善？有。但不少地方还有要饭的。这是一个大问题。"

以上言论我们可以看出，中国共产党对自己执政 30 年的认真反思。可以说，经过这种反思，以邓小平为代表的中国共产党人执政为民的思路已经清晰，这就是要解放思想、实事求是，要以社会的主要矛盾为依据实现党和国家工作重心的转移，集中力量发展社会生产力，要通过改革开放提高人民的物质文化生活水平，进而实现中华民族的伟大复兴。

党的十一届三中全会及中央工作会议根据邓小平的提议讨论了关于党的工作重心转移这个根本性的问题。在这次决定党和国家前途命运的会议上，许多人对在社会主义时期"无产阶级专政下继续革命"的理论和"以阶级斗争为纲"的方针提出质疑，认为并不是任何阶级斗争都是进步的，其是否进步的客观标准，就是看它是否为解放和发展生产力创造条件。许多与会者在讲话中指出：从历史考察，工作重心应当转移到社会主义建设上来，本来不是一个新问题，早就应该开始这个转移。经过认真、郑重的讨论，全会在这个重要问题上达成共识，决定停止使用"以阶级斗争为纲"的口号，作出"把全党工作的着重点和全国人民的注意力转移到社会主义现代化建设上来"的战略决策，实现了党的八大已经提出却一直没有完成的工作重点的历史性转变，从而确定了党在新的历史时期以经济建设为中心的政治路线。这表明中国共产党对什么是社会主义、怎样建设社会主义的认识已经提高到一个新的水平，已经走出20年"左"倾错误的误区，开始进入社会主义现代化建设的正确轨道。这就为开辟建设社会主义新道路奠定了牢固的基础。

【简评】

以党的十一届三中全会为标志，中国共产党实现了从"以阶级斗争为纲"到"以现代化建设为中心"的伟大转折。就这样，我党以"以经济建设为中心，坚持改革开放，坚持四项基本原则"为主要内容的基本路线开始形成，并付诸实施。从此，党带领全国人民开始进行全面的社会主义建设，并开辟了中国特色社会主义建设的新道路。

3. "闭关锁国"还是"对外开放"？

在中国历史上，强盛与对外开放，衰败与闭关自守，交替出现。唐王朝实行对外开放政策，交通畅达，方物来自四面八方。唐朝设有鸿胪寺等机构专门接待外国使节和来宾，许多地方设有商馆接待外商，另设有互市监、市舶司等掌管对外贸易，唐政府接受外国的留学生，又将大批的使臣、僧侣派往国外进行回访，首都长安被外国人称之为"天可汗的世界"。唐朝还实行开放的人才策略，将当时东亚以及中亚地区的人才引进到唐帝国的庞大统治机构中来，使得唐帝国前期能够在其辽阔的疆域里人尽其才、物尽其用。

与之相反，清王朝至康熙年间开始进入中国封建社会最后一个盛世期；而同时期的法国出现了著名的路易十四改革。康熙帝和路易十四在经济政策、对外政策方面存在明显的差异，对各自国家经济产生重大影响：康熙实行重农抑商、闭关自守政策，路易十四实行重商主义、殖民扩张政策；康熙帝的政策阻碍了中国资本主义萌芽的发展，路易十四的政策则促进了资本主义发展。马克思在1853年所写的《中国革命和欧洲革命》一文中曾说："清王朝的声威一遇到不列颠的枪炮就扫地以尽，天朝帝国万世长存的迷信受到了致命的打击，野蛮的、闭关自守的、与文明世界隔绝的状态被打破了。"正如马克思所言，闭关锁国，锁住了中国的发展，也锁住了中国文明的发展进程。①

【简评】

中华帝国当世界老大太久了，加上以土地为主要资源的封建社会固有的封闭性，更容易导致夜郎自大、故步自封。近百年多来，逐步被以技术和制度为主要资源的西方资本主义社会甩在身后，落后就要挨打，贫穷就要被欺负。而今，中华睡狮已经醒来了！试看天地翻覆！

4. 林则徐：第一个开眼看世界的中国人

林则徐在广州主持禁烟期间，为了了解西方国家的历史与现状，让幕僚把英国人慕瑞所著的《世界地理大全》翻译出来，亲自加以润色、编辑，撰成《四洲志》一书。《四洲志》是林则徐主持编译的一部世界地理著作，简要叙述了世界四大洲（亚洲、欧洲、非洲、美洲）30多个国家的地理、历史和政治状况，是近代中国第一部相对完整、比较系统的地界地理志书。在林则徐的影响下，后来产生出一批研究外国史地的著作。此书实为开风气之先的创举，而作者林则徐也被后人称为近代中国"开眼看世界的第一人"。

【简评】

林则徐升任两广总督后，曾在总督府衙题写了这样一联：海纳百川，有容乃大；壁立千仞，无欲则刚。他明确表态：若鸦片一日未绝，本大臣一日不回，誓与此事相始终，断无中止之理。1841年，由于投降派的陷害，林则徐被以"办理不善"的罪名革职降级，充军伊犁。1842年途经陕西西安与家人告别时作七律一首，其中两句：苟利国家生死以，岂因祸福避趋之。林大人真乃当今中国做人、做官应效法的楷模啊！

---

① 案例文字转引自韩宇. 以史为鉴可以知兴替［N］. 学习时报. 2018 – 01 – 15.

　　林则徐（1785—1850 年），清朝时期的政治家、思想家和诗人，官至一品，曾任湖广总督、陕甘总督和云贵总督，两次受命钦差大臣。因其主张严禁鸦片，在中国有"民族英雄"之誉。1839 年，林则徐于广东禁烟时，派人明察暗访，强迫外国鸦片商人交出鸦片，并将没收鸦片于1839 年 6 月 3 日在虎门销毁。虎门销烟使中英关系陷入极度紧张状态，成为第一次鸦片战争、英国入侵中国的借口。尽管林则徐一生力抗西方入侵，但对于西方的文化、科技和贸易则持开放态度，主张学其优而用之。根据文献记载，他至少略通英语、葡萄牙语两种外语，且着力翻译西方报刊和书籍。晚清思想家魏源将林则徐及幕僚翻译的文书合编为《海国图志》，此书对晚清的洋务运动乃至日本的明治维新都具有启发作用。

5. "师夷之长技以制夷"思想对中国和日本的影响

　　1840 年，闭关锁国的清王朝在第一次鸦片战争中，被西方列强用洋枪洋炮轰开了封闭的大门。这场战争引起了许多仁人志士的反思，他们认为是清政府对世界局势的无知造成了惨败的恶果。魏源（1794—1857）便是其中最重要的代表人物。魏源是林则徐的好友，曾先后任江苏布政使和巡抚的幕僚，也是当时坚决主张"睁眼看世界"的著名文人。鸦片战争中，魏源是主战派，亲自参加了这场战争。在战争期间，他曾到宁波亲自审问英国战俘，并根据战俘所述，写出《英吉利小记》一书。魏源将这本书广泛散发，希望国人可以通过它来了解英国。

　　魏源（1794—1857 年），清代启蒙思想家、政治家、文学家。近代中国"睁眼看世界"的首批知识分子的优秀代表。魏源认为论学应以"经世致用"为宗旨，提出"变古愈尽，便民愈甚"的变法主张，倡导学习西方先进科学技术。并提出了"师夷长技以制夷"的主张，开启了了解世界、向西方学习的新潮流，这是中国思想从传统转向近代的重要标志。他依据林则徐所辑的西方史地资料《四州志》，参以历代史志、明以来《岛志》及当时夷图夷语编成《海国图志》50 卷，后经修订、增补，到咸丰二年（1852）

成为百卷本。它囊括了世界地理、历史、政治、经济、宗教、历法、文化、物产。对强国御侮、匡正时弊，振兴国脉之路作了探索。提出"以夷攻夷""以夷款夷"，和"师夷之长技以制夷"的观点，主张学习西方制造战舰、火械等先进技术和选兵、练兵、养兵之法，改革中国军队。

　　鸦片战争的失败，使魏源悲愤至极，也使他认识到"欲制外夷者，必先悉夷情"。更重要的是，外国的先进技术也打开了他的眼界，让他跳出了儒学经世的小圈子。1841 年 6 月，已被革职的林则徐在镇江与魏源见面，两人"万感苍茫"，彻夜长谈。林则徐将自己组织人手翻译的《四州志》《澳门月报》和《粤东奏稿》等资料交给魏源，让他编纂《海国图志》，以唤醒国人、放开眼界、了解世情、挽救危亡。魏源编书的举动得到了当时开明人士的支持，他们认为"知西洋之强，察西洋之症，此为济国强国之举"，于是纷纷出手相助。有的人将复制的有关资料送给他，有的人将被俘英军所画的英国地图寄给他……为使内容更为真实，魏源还亲自向曾到过海外的人请教各国的情况。1842 年，魏源完成了 50 卷本《海国图志》的撰述。1843 年，《海国图志》正式出版，成为第一部由中国人自己编写的介绍世界各国情况的巨著。魏源在书中写道，编撰《海国图志》的目的是"为师夷之长技以制夷而作"。可以说，《海国图志》涵盖了当时西方国家的政治、经济、军事、历史、地理、文化等方面的内容。魏源在《海国图志原叙》里指出："是书何以作？为以夷攻夷而作，为以夷款夷而作，为师夷长技以制夷而作。"这样，魏源就在中国近代史上第一次明确提出了向西方学习的思想和口号，从此以后，中国人开始了向西方寻找真理的伟大而漫长的历程。

　　《海国图志》是一部划时代的著作，其"师夷之长技以制夷"命题的提出，打破了传统的夷夏之辨的文化价值观，摒弃了九州八荒、天圆地方、天朝中心的史地观念，树立了五大洲、四大洋的新的世界史地知识，传播了近代自然科学知识以及别种文化样式、社会制度、风土人情，拓宽了国人的视野，开辟了近代中国向西方学习的时代新风气。

1851 年，一艘中国商船驶入日本长崎港，日本海关官员在对这艘船例行检查时，从船上翻出三部《海国图志》。在日本人看来，这三本书简直就是天照大神送给他们的礼物，因为此书令他们大开眼界，使他们第一次如此详尽地了解了西洋各国。很快，这些书便被如获至宝的日本官员和学者买去。此后的几年里，《海国图志》仍不断"偷渡"日本。由于《海国图志》极受欢迎，1854 年，日本人干脆在国内翻印了《海国图志》，引起了更大规模的阅读热潮。此后，《海国图志》在日本被大量翻印，一共印刷了 15 版，价钱一路走高。到 1859 年，这部书的价格竟然比最初时飙升了 3 倍之多。

1854 年 2 月，美国将军佩里率舰队抵达日本，逼迫日本德川幕府签订了《日美亲善条约》。此后，西方列强蜂拥而至，日本被迫签署了一系列丧权辱国的条约，一步步向半殖民地国家滑去。国难当头，日本的有识之士苦苦探寻着解救国家的良方。《海国图志》的出现，为日本维新变革人士擦亮了眼睛。当时著名的维新思想家佐久间象山在读到《海国图志》"以夷制夷"的主张后，不禁拍案感慨："呜呼！我和魏源真可谓海外同志矣！"在魏源思想的引导下，佐久间象山在思想上实现了从排斥西方人到发展与西方的关系的重大变化，他主张从全球的形势出发思考日本的方略。另一位维新志士横井小楠，也是在读了《海国图志》后得到了启发，与佐久间象山共同提出了日本"开国论"的思想。他们在吸收归纳《海国图志》的精髓后指出，日本发展之路必是"东洋道德与西洋技术的结合"。

日本的维新派人士认为，《海国图志》的核心内容是"制夷""制夷"的核心思想是"调夷之仇国以攻夷，师夷之长技以制夷"。唯有"师夷之长技"才能抵制其殖民扩张。要做到"师夷之长技以制夷"，就不仅要发展本国的工业，开展对等的对外贸易，更重要的是推行民主制度，推翻德川幕府的封建统治。1868 年 1 月，日本的维新派势力在"王政复古"口号下，发动了对德川幕府的战争，由于装备了大量西洋新式武器，维新军队虽然人数远远少于幕府军队，但依靠武器优势连战连捷，最终包围了德川幕府的老巢江户。1858 年 4

月，德川幕府的最后一任将军德川庆喜见大势已去，被迫向兵临城下的维新派军队投降，德川幕府对日本长达 200 多年的统治画上了句号。

1868 年 7 月，日本新政府宣布将江户改称东京，并定为日本首都。此后，以天皇睦仁为首，由改革派武士掌握的明治政府，开始着手实行维新，推进变革，日本逐渐摆脱了西方列强的肆意欺辱，并一跃成为东亚第一强国。半个世纪后，梁启超先生在回顾这段明治维新的历史时，曾这样评价说，日本维新派前辈"皆为此书（《海国图志》）所刺激"，最终完成了改革图新大业。

【简评】

《海国图志》名垂青史，魏源也没有辜负林则徐的期望和期待，国士无双！

6. 十月革命一声炮响，给中国送来了马列主义①

1917 年 11 月俄国发生的十月革命，是震撼世界的伟大的历史事件。俄国无产阶级在以列宁为首的布尔什维克的领导下，组织广大农民、士兵，以革命暴力推翻资产阶级统治，成功地建立起世界上第一个无产阶级专政的社会主义国家——苏联。它不仅对世界社会主义运动，而且对东方被压迫民族的解放斗争都起到了巨大的推动作用。正如毛泽东所说的："十月社会主义革命不只是开创了俄国历史的新纪元，而且开创了世界历史的新纪元，影响到世界各国内部的变化，同样地，而且还特别深刻地影响到中国内部的变化……"那么，在当时十月革命是怎样传到中国的？这个反应又有多大呢？

俄国十月革命，是俄国工人阶级在布尔什维克党领导下联合贫农所完成的伟大的社会主义革命，又称布尔什维克革命，是 1917 年俄国革命中第二个也是最后的重要阶段。因发生在俄历（儒略历）1917 年 10 月 25 日（公历 11 月 7 日），故称为"十月革命"。

① 文字来源于《十月革命的炮响是怎样传到中国的》，中共河北省委党史研究室主办的河北党史网。

1917 年 11 月 7 日，列宁和托洛茨基领导的布尔什维克武装力量向资产阶级临时政府所在地圣彼得堡冬宫发起总攻，推翻了临时政府，建立了人类历史上第二个无产阶级政权（第一个是巴黎公社无产阶级政权）和由马克思主义政党领导的第一个社会主义国家——俄罗斯苏维埃联邦社会主义共和国，简称苏俄。十月革命的胜利开创了人类历史的新纪元，为世界各国无产阶级革命、殖民地和半殖民地的民族解放运动开辟了胜利前进的道路。

中国驻俄使馆从一开办就经常向我国北洋政府外交部发回当时俄国的各种消息。1917 年俄国"二月革命"后，中国驻俄国公使刘镜人奉北洋政府之命，于 3 月 30 日在俄首都彼得格勒（今圣彼得堡）会见了俄国临时政府外交部副部长，宣布承认临时政府。这之后，刘镜人不断从彼得格勒发回关于俄国政局的电报。

1917 年 11 月 7 日，"十月革命"爆发当天，刘镜人在致北京政府外交部的电报中说："近俄内争益烈，广义派势力益张，要求操政权，主和议，并以暴动相挟制。政府力弱，镇压为难，恐变在旦夕。"发报时起义正在酝酿中，尚未爆发。电报中说的"广义派"，就是布尔什维克。

11 月 8 日，刘镜人又发了一个电报，报告了起义的消息："广义派联合兵、工反抗政府，经新组之革命军事会下令，凡政府命令非经该会核准，不得施行。昨已起事，夺国库，占车站……现城内各机关尽归革党掌握，民间尚无骚扰情事。"这封电报对起义经过作了详细的报告。

在此后的一段时间里，刘镜人连续发电报给外交部，报告俄国革命进展。刘镜人在 11 月 30 日发出的电报中，通报了俄国立宪议会选举的结果，但北洋政府追随各协约国政府的政策，拒绝承认苏维埃政府。1918 年 2 月 26 日，刘镜人根据北洋政府的命令撤离彼得格勒。北洋政府这时就没有从苏俄直接来的消息了。后来，他们从驻其他国家使馆，得到一些消息，但这是间接的。

此后，北洋军阀政府继续承认克伦斯基政府旧俄国的外交代表。并派军队封锁与苏接壤的东北边境，阻断中俄交通，隔绝布尔什维克与中国革命者的联系。1918 年 5 月同日本政府签订了关于反对苏俄的秘密军事协定，不久就加入了帝国主义各国对苏维埃远东和西伯利亚地区的武装干涉。为了把外蒙变成对苏俄进行敌对活动的基地，中国政府于 1918 年 10 月将军队开入外蒙境内。

这时的俄国西伯利亚也发生了革命，建立了远东共和国，和苏俄欧洲部分还是不统一的。

中国政府通过驻俄公使的电报，对俄国政局的变化有了一个大致的了解。但这些电报的内容，只有少数官员知道。大多数老百姓并不知道，他们主要靠随后的报刊，从当时的《民国日报》《申报》《晨钟报》和一些杂志等发表的报道，了解俄国发生的十月革命。

1917 年俄国十月革命爆发后第三天即 11 月 10 日，国民党的上海《民国日报》，以"突如其来之俄国大政变，临时政府已推翻"为标题，对俄国爆发十月革命作了简要的报道。长沙《大公报》在 12 月 6 日的新闻栏中，对"俄国政变中心之兵工委员会"作了进一步的介绍。《广东中华日报》12 月 28 日的新闻报道了《李宁（列宁）取得胜利的原因》。《劳动》杂志还刊载《俄罗斯社会革命之先锋李宁（列宁）事略》。当然，当时中国报刊关于十月革命的报道，是零星的、断断续续的。俄国十月革命爆发后一段时间，中国各界对此褒贬不一，有的表示难以接受，有的却大加赞扬。

最积极地宣传俄国十月社会主义革命的代表人是李大钊。李大钊在俄国二月革命后就写了许多文章，分析了这场革命的原因及意义。《甲寅》1917 年 3 月 19 日至 21 日、3 月 27 日、3 月 29 日刊登了李大钊《俄国革命之远因与近因》《俄国共和国政府之成立及其政纲》《俄国大革命之影响》三篇文章。李大钊密切注视俄国二月革命以后的形势的发展，写了《暴力与政治》。这时，他已接近于无产阶级国际主义的观点。后来对十月革命经验的研究促进了他向马克思主义的转变。

李大钊在 1918 年 7 月 1 日发表了《法俄革命之比较观》，表明了他对十月革命的态度。他认为俄国事件不是"布尔什维克的阴谋"，而是一场真正的政治和社会革命，"俄国革命最近之形势，政权全归急进社会党之手，将从来之政治组织、社会组织根本推翻。"他认为这两次革命是人类历史上的两个转折阶段。法国革命奠定了新时代的基础，决定了 19 世纪文明的发展，而十月革命则为已经到来的时代奠定了基础。1918 年 11 月 15 日，北京大学在天安门前举办演讲大会，许多人在演讲中反复强调所谓"公理战胜强权"。李大钊于 11 月末在北京大学与中央公园举行的演讲会上，发表了《庶民的胜利》的演说。1918 年 11 月 15 日，李大钊在《新青年》上发表了《Bolshevism 的胜利》，他认为："这件功业，与其说是威尔逊（当时的美国总统）等的功业，毋宁说是列宁的功业，是列卜涅西（即卡尔·李卜克内西）的功业，是马客士（即马克思）的功业。""自今以后，到处所见的，都是 Bolshevism 战胜的旗，到处所闻的，都是 Bolshevism 的凯歌的声""试看将来的环球，必是赤旗的世界。"他明确主张："吾人对于俄罗斯今日之事变，唯有翘首以迎其世界的新文明之曙光，倾耳以迎其建于自由、人道上之新俄罗斯之消息，而求所以适应此世界的新潮流，勿徒以其目前一时之乱象遂遽为之抱悲观也。"

李大钊，字守常，河北乐亭人，生于 1889 年 10 月 29 日。1907 年考入天津北洋法政专门学校，1913 年毕业后东渡日本，入东京早稻田大学政治本科学习。李大钊同志是中国共产主义的先驱，伟大的马克思主义者、杰出的无产阶级革命家、中国共产党的主要创始人之一，他不仅是中国共产党党早期卓越的领导人，而且是学识渊博、勇于开拓的著名学者，在中国共产主义运动和民族解放事业中，占有崇高的历史地位。

此后，李大钊在《新青年》《每周评论》等刊物上发表了《我的马克思主义观》《马克思主义历史哲学》《马克思主义的经济学说》等一系列介绍和宣传马克思主义的文章。李大钊在为了传播马克思主义而呕心沥血奋斗的一生中，实践了他的誓言："勇往奋进以赴之""断头流血以从之"，"殚精瘁力以成之""虽至势穷力尽，卒无变志灰心"，为共产党人树立了光辉的典范。

1919 年 7 月 14 日，毛泽东在《湘江评论》创刊号《创刊宣言》中，也热烈地赞扬了十月革命。

最早表示欢迎俄国平民革命胜利的，是一批无政府主义者。他们鉴于俄国无政府主义代表人物克鲁泡特金与布尔什维克合作，以及劳农政府高度重视工农利益的特点，率先发表了支持俄国十月革命的言论。到 1918 年 5 月 27 日，中华革命党人主办的《民国日报》也开始改变对苏俄的态度，6 月 17 日社论首次称俄国为"民主友邦"，称布尔什维克为"新派"。1918 年春，孙中山在会见日本和印度记者时要求承认苏俄，并号召广泛宣传十月革命思想。同年夏天，《政治周报》第 5 期，孙中山从上海向列宁发了贺电，祝贺革命取得了胜利。贺电说：

"中国革命党对贵国革命党所进行的艰苦斗争表示十分钦佩，并愿中俄两党团结共同斗争。"孙中山已和苏维埃政府通信，并打算派遣数人去俄国学习。

中国的先进分子为什么选择了俄国革命的道路呢？这一点，毛泽东同志作了最好的概括。

他说："十月革命一声炮响，给我们送来了马克思列宁主义。""自从一八四〇年鸦片战争失败那时起，先进的中国人，经过千辛万苦，向西方国家寻找真理。洪秀全、康有为、严复和孙中山，代表了中国共产党出世以前向西方寻找真理的一派人物。那时，求进步的中国人，只要是西方的新道理，什么书也看。向日本、英国、美国、法国、德国派遣留学生之多，达到了惊人的程度。国内废科举，兴学校，好像雨后春笋，努力向西方学习。我自己在青年时代，学的也是这些东西。那时候，俄国是落后的，很少人想学俄国。这就是十九世纪四十年代全二十世纪初期中国人学外国的情形。"

"帝国主义的侵略打破了中国人学习西方的迷梦。很奇怪，为什么先生老是侵略学生呢？中国人向西方学得很不少，但是行不通，理想总是不能实现。多次奋斗，包括辛亥革命那样全国规模的运动，都失败了。国家情况一天比一天坏，环境使人们活不下去。怀疑产生了，增长了，发展了。第一次世界大战震动了全世界。俄国举行了十月革命，创立了世界上第一个社会主义国家。过去蕴藏在地下为外国人所看不见的伟大俄国无产阶级和劳动人民的革命精力，在列宁、斯大林领导之下，像火山一样突然爆发出来了，中国人和全人类对俄国人都另眼相看了。这时，也只是在这时，中国人从思想到生活，才出现了一个崭新的时期。中国人找到了马克思列宁主义这个放之四海皆准的真理，中国的面目就起了变化。""走俄国人的路——这就是结论！"自此，中国人民走上马克思列宁主义道路，中国共产党成立，中国革命焕然一新，最终，新中国于 1949 年成立。

【简评】

辛亥革命推翻了封建腐朽的清王朝，扫平了中国崛起的制度障碍。可是，新制度没有建立起来。民国时代，各方军阀拥兵自重，各霸一方。相互征伐，民不聊生。国民党号称统一了中国，实际上是名义上的，党内国内派系林立。国民党中央内部也不团结，还用特务手段，分化离间手段，去谋各大诸侯。更执行"攘外必先安内"之反共国策，导致国家四分五裂。最终引来了日本入侵。抗战胜利后，国民党自恃实力强大，有美国支持，发动"戡乱剿共"，内战由始。最终人民作出了历史选择，也是正确的选择！

第七节　新资源要素可从马克思主义理论中找到依据

我们提出，制度、金融、人力资本、知识、信息、思想观念这几种新资源，这些都是社会中的要素，因此称之为社会资源。所谓的"新资源"，是与旧的自然资源或三要素资源相对而言。自然资源加上社会资源，三要素资源拓展为多要素资源，才构成了完整的资源系统。

一、自然资源系统和社会资源系统彼此之间辩证相互作用

资源系统内的各个资源要素又是什么关系呢？资源系统由自然资源系统和社会资源系统构成。自然资源系统是被动性系统，社会资源系统是能动性系统。从财富创造角度来看，自然资源是财富原材料的来源，是被作用和加工的对象，自然资源是社会资源形成的物质基础或终极来源。没有自然资源，没有自然界最基本的物质和能量供给，人类就不能生存，更谈不上社会资源。因此可以说，自然资源是社会资源的基础；反过来，社会资源是自然资源的能动性主体。自然资源系统和社会资源系统彼此之间是辩证、相互作用的关系，其中的联系纽带就是人类，这里的"人类"并不是抽象意义上的人类，不仅是自然界的人类，而更主要的是指社会中的人类，是指在一定制度框架下的实践着的人类，是处于一定经济发展阶段和时代的人类。

制度在财富创造过程中发挥着重要的作用，好的制度总是稀缺的。由于经济总是在向前发展，利益总是需要重新分配，制度也就需要不断调整和变迁。制度有很多，都是人类建立起的行为规范和约束条件，用于克服不确定性、信息不对称以及道德风险等。金融是一种制度，是现代市场经济资源配置的核心制度，金融制度主要的功能是资源配置。现代资源配置明显的特征之一就是，金融资源配置在先，非金融资源配置在后，金融资源配置的效率决定着整个资源配置的效率。人力资本、知识、信息、思想观念等资源要素之间有着很强的相关性。人力资本是后三者的集中、统一、累积和凝结，知识、信息、思想观念关系密切。知识相对稳定一些，信息和思想观念相对活跃一些，这三个要素又相互渗透，相互促进，相互影响，各自处于不断地创新和发展之中，这些因

素发展的结果最终会影响到制度资源（包括金融制度资源）和人力资本资源的发展水平。总而言之，在社会财富创造过程中，自然资源和社会资源相互结合，共同发挥作用，形成一定的生产力并创造出社会财富。

二、社会资源与生产关系、上层建筑的关系

实际上，自然资源系统、社会资源系统和社会中的"人类"三者之间的关系在马克思的政治经济学中已经得到了科学的论证，也就是我们所熟知的生产力和生产关系、经济基础和上层建筑之间的辩证关系。经济基础是指由社会一定发展阶段的生产力所决定的生产关系的总和。上层建筑是指建立在一定经济基础之上的意识形态以及相应的制度、组织和设施。经济基础和上层建筑是辩证统一的。经济基础是上层建筑赖以产生、存在和发展的物质基础，上层建筑是经济基础得以确立统治地位并巩固和发展不可缺少的政治、思想条件。任何上层建筑的产生、存在和发展，都能直接或间接地从社会的经济结构中得到说明。经济基础的性质决定上层建筑的性质，有什么样的经济基础就有什么样的上层建筑。经济基础的变更必然引起上层建筑的变革，并决定着其变革的方向。反过来，上层建筑对经济基础具有反作用。集中表现在：为自己的经济基础的形成和巩固服务，确立或维护其在社会中的统治地位。统治阶级总是利用和依靠自己政治上、思想上的统治地位，通过国家政权和意识形态的力量，排除异己势力及其思想，意图将社会特别是经济关系控制在"秩序"的范围之内，维护自己经济基础的统治地位和根本利益。上层建筑这种反作用的后果可能有两种：当它为社会生产力发展要求的经济基础服务时，就成为推动社会进步发展的进步力量；反之，就会成为阻碍社会发展的消极力量。

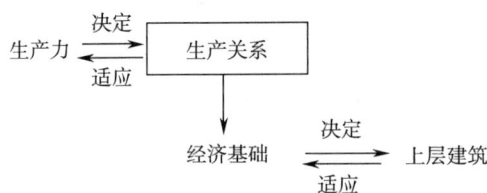

图2-4 马列主义社会发展基本理论

从某种角度观察，制度（包括金融制度）可以算做生产关系范畴，人力资本可以算作是生产力范畴，而知识、信息和思想观念可以算作是上层建筑范畴。马克思政治经济学认为生产关系对生产力、上层建筑对经济基础有着巨大

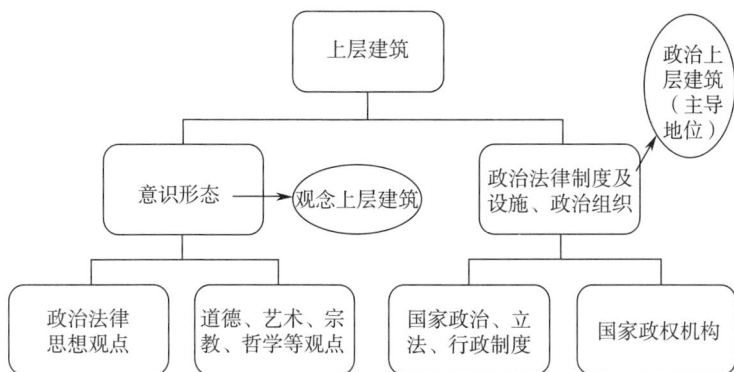

图 2 - 5　上层建筑的构成

的反作用，这个光辉的、科学的思想曾经对新制度经济学的发展影响很大。我们认为制度、金融、人力资本、知识、信息、思想观念等在财富创造中很重要的观点与之是一致的。因此，新资源虽然是我们针对新时代、新发展、新阶段、新特征而提出的新理论，但仍然可以从马克思主义的政治经济学的基本原理中得到印证和支持。

归纳总结出新资源要素是必要的，有助于我们直接把握新时代下新经济的新特征，有助于我们充分认识社会资源要素的重要作用。我们应当自觉地、可持续地开发利用好这些要素，更好地为中国和平崛起而服务。发现新资源要素，并揭示其特征和开发规律，类似于门捷列夫用其发明的元素周期表来预测未知元素，是一件有趣且利国利民的事，希望有更多的研究者加入此研究中，再去发现新的资源要素来。

三、案例：门捷列夫发明元素周期表并预测出新元素

宇宙万物是由什么组成的？古希腊人以为是水、土、火、气四种元素，古代中国则相信金、木、水、火、土五种元素之说。到了近代，人们才渐渐明白：元素多种多样，绝不止于四五种。18 世纪，科学家已探知的元素有 30 多种，如金、银、铁、氧、磷、硫等，到 19 世纪，已发现的元素已达 54 种。

人们自然会问，没有发现的元素还有多少种？元素之间是孤立地存在，还是彼此间有着某种联系呢？

1865 年，英国化学家纽兰兹把当时已知的元素按原子量大小的顺序进行排列，发现无论从哪一个元素算起，每到第八个元素就和第一个元素的性质相近。

这很像音乐上的八度音循环，因此，他干脆把元素的这种周期性叫做"八音律"，并据此画出了标示元素关系的"八音律"表。显然，纽兰兹已经下意识地摸到了"真理女神"的裙角，差点就揭示元素周期律了。不过，条件限制了他作进一步的探索，因为当时原子量的测定值有错误，而且他也没有考虑到还有尚未发现的元素，只是机械地按当时的原子量大小将元素排列起来，所以他没能揭示出元素之间的内在规律。可见，任何科学真理的发现，都不会是一帆风顺的，都会受到阻力，有些阻力甚至是人为的。当年，在英国化学学会上，主持人以不无讥讽的口吻问纽兰兹："你为什么不按元素的字母顺序排列？"

1850 年，家境困顿的门捷列夫开始了他的大学生活，后来成了彼得堡大学的教授，开始了元素规律的研究。幸运的是，门捷列夫生活在化学界探索元素规律的卓绝时期。当时，各国化学家都在探索已知的几十种元素的内在联系规律。

原来，元素不是一群乌合之众，而是像一支训练有素的军队，按照严格的命令井然有序地排列着，怎么排列的呢？门捷列夫发现：元素的原子量相等或相近的，性质相似相近；而且，元素的性质和它们的原子量呈周期性的变化。门捷列夫激动不已。他把当时已发现的 60 多种元素按其原子量和性质排列成一张表，结果发现，从任何一种元素算起，每数到八个就和第一个元素的性质相近，他把这个规律称为"八音律"。

1869 年 2 月底，门捷列夫终于在化学元素符号的排列中，发现了元素具有周期性变化的规律，终于发现了元素周期表。1871 年，门捷列夫在发表元素周期表的同时科学地预言了三种新元素的存在，其预言竟然与后人的发现取得了惊人的一致，其预言的依据就是元素周期律理论。

德米特里·门捷列夫，19 世纪俄国化学家，他发现了元素周期律，并就此发表了世界上第一份元素周期表。他的名著、伴随着元素周期律而诞生的《化学原理》，在 19 世纪后期和 20 世纪初，被国际化学界公认为标准著作，前后共出了八版，影响了一代又一代的化学家。

【简评】

门捷列夫在元素周期表上留出了若干空位，并根据他发现的原子量顺序规律，预言了新元素的存在。读者会在后面看到，我们现在这个新资源理论，也留出了空位，即未来一定会发现新的资源要素，会被列入资源行列中来。对此，我们深信不疑，拭目以待。

第三章
资源的统一理论

在本章中，我们试图建立起一个全新的、现代的、统一的新资源理论。

第一节　资源概念

资源作为客观存在的自然要素或社会要素，是人类经济社会中特有的概念和范畴。人类逐步从自然界脱离开来建立起社会，特别是经历漫长的进化演变，经过原始社会、奴隶社会、封建社会，一直到资本主义社会市场经济的确立，才提出了资源的概念，资源配置也因此成为经济学的研究课题。尽管资源是经济学的一个基础性概念，在经济学论著中使用得非常广泛，但一直缺乏统一的定义。

一、传统资源观：要么是自然资源观，要么是三要素资源观

关于资源这一概念的使用，在大量的经济学论著中，有相当多研究者把资源等同于自然资源，并在这种资源概念基础之上形成了所谓的"资源科学"。"资源科学"研究对象是狭义的资源，即自然资源。[①]美国经济学家阿兰·兰德尔在其《资源经济学》一书中，通篇谈的是自然资源。中国社会科学院语言研究所词典编辑室编撰出版的《现代汉语词典》中，资源概念表述为："生产资料或生活资料的天然来源"[②]。而中国的《辞海》中又写道："资源：资财的来源，一般指天然的财源。"[③] 一些经济类的词典也采取类似定义，"资源是指生产资料和生活资料的天然来源。"[④]无疑，这些资源定义主要是指自然资源。

另外一种资源概念就是指"三要素资源"。英国的《简明不列颠百科全

---

① 在我国，"资源主要指自然资源"是主流观点。2002 年 5 月，中国科学院资源环境科学信息中心与资源环境科学信息门户项目组联合推出的《国家科学数据图书馆资源环境科学信息门户》将《资源科学》列入其第四部分《400 环境科学技术》的其他学科（404）之中。包括以下学科：Resources Sciences（资源科学），Resources Survey and Exploitation（资源调查与开发利用），Resources Geography（资源地理学），Resources Ecology（资源生态学），Resources Economics（资源经济学），Resources Information（资源信息学），Resources Law（资源法学），Land Resources（土地资源学），Water Resources（水资源学），Mineral Resources（矿产资源学），Energy Resources（能源资源学），Climate Resources（气候资源学），Forest Resources（森林资源学），Grassland Resources（草地资源学），Plant Resources（植物资源学），Animal Resources（动物资源学），Medicine Resources（药物资源学），Oceanic Resources（海洋资源学），Tourist Resources（旅游资源学），Population and Human Resources（人口与人力资源学）。可以看出，资源科学研究对象也主要是自然资源。

② 《现代汉语词典》，1662 页，商务印书馆，2002。

③ 《辞海》，1436 页，上海辞书出版社，1980。

④ 何盛明主编. 财经大辞典［M］. 87 页，北京：中国财政经济出版社，1989.

书》认为，资源分配是指生产性资产在不同用途之间的分配。所谓生产性资产也就是指生产三要素。在西方经济学文献或教科书中，"资源"这个频繁被使用的概念主要是指构成一个经济体或一个企业的供应能力的生产要素。赫迪（E. O. Heady）认为资源与生产要素（factors of production）同义，是指使用生产过程中的任何原动力（agent）。古典经济学和新古典经济增长理论都一直假定：在任何时刻，一种经济的最大生产能力决定于劳动、资本和自然资源总量。正是由于新古典经济学派逐步取得了主流的经济学地位，所以三要素资源理论就习以为然地流传了下来。应该说，三要素资源理论对于经济的潜在生产能力同资源之间关系的认识具有一定的合理性，但其局限性也很明显——它不加分析地接受了新古典经济学的生产理论，自觉或不自觉地舍掉了制度的作用，使得经济运行似乎是在一个类似于真空的市场环境之中（不考虑交易成本），这和牛顿惯性定律①一样，揭示的仅仅是一种理论上存在的极端现象，现实中并不存在。

资源科学的建立或完善必须跳出自然资源观和生产要素理论的篱笆，把视野拓宽到社会领域中的更多要素，这才是全面认识、解释并有效解决全球性或地区性资源问题的突破口。在国内，随着改革开放的迅速推进，我国一些经济学者也开始对资源观进行拓展，"资源指的是一个国家用于生产商品和劳务的一切东西。包括劳动力、土地、能源、地下矿藏、原材料、资本等人力和物力资源。"②20 世纪 90 年代，有研究者指出，以资源为研究对象的资源科学，是一门研究资源系统结构与功能及其优化配置的综合性科学，它由自然资源学、社会资源学与知识资源学 3 大部分组成。资源科学的主要任务就是揭示自然资源与劳动力资源这对基本矛盾的相互关系和运动规律，研究各类资源系统的结构和功能及系统内部和系统之间的相互关系。全面地看，资源科学应当包括自然资源学、社会资源学和知识资源学。可以看到，这种观点把自然资源、社会资源与知识资源等不同资源在资源属性的基础上统一起来，构成了一个具有整体性观念与多源性特点的资源学科群。2000

---

① 物理学中的惯性定律表述为：物体在不受外力作用下，将保持匀速直线运动状态或静止状态。但是在现实中，没有不受外力的物体。所以，这条物理定律虽然正确，但主要是指逻辑上的正确。在实验中，只有在平衡力作用下，物体才保持匀速直线运动状态或静止状态。

② 于建玮主编. 经济发展辞典［M］.39 页，成都：四川辞书出版社，1987.

年出版的《中国资源科学百科全书》进一步明确：资源科学的研究对象是资源，资源既包括自然资源，又包括社会资源；既包括全球资源，又包括特定国家或地区的资源；既包括现实资源，又包括潜在资源；既包括单项资源，又包括复合资源和一定地域的资源系统、资源生态系统和资源生态经济复合系统。我国理论界对资源概念内涵的理解已经开始突破自然资源观的束缚，尽管没有和主流的经济学理论统一起来，但是这些探索为新资源理论的创立提供了丰富的思想原料。

二、现代资源观：除自然资源及三要素外，资源还包括社会多要素资源

资源概念有狭义和广义之分。狭义的资源概念就是指自然资源，而广义的资源概念是一个多元复合概念，一切有利用价值、在一定科学技术条件下可以转化为社会财富的、稀缺的自然要素和社会要素都可以被概括为资源。撇开资源的形态和类型，对自然资源和社会资源进行统一抽象的分析，概括其资源属性，我们就会得出一个一般结论：资源是指自然界、人类社会中能创造财富的稀缺要素或稀缺源泉。要理解资源概念，需要把握以下要点。

第一，资源与人类社会创造财富的过程有关。创造财富是人类社会特有的现象，没有人类社会，只有自然界，是无所谓财富的，也就无所谓创造财富的过程。创造财富需要物质原料，这来源于自然资源；同时，创造财富也需要社会中的要素，这来源于社会资源。因而，资源的概念具有人类社会的特征，深深打上了人类经济和社会的烙印。

第二，资源可以是自然资源，也可以是社会资源。资源概念内涵丰富广泛，一切可用来创造财富的稀缺要素和源泉，不管其来自大自然，还是来自人类社会，也不论其存在形式是有形的，还是无形的，都可以纳入资源概念中来。过去那种仅仅把自然资源看成是资源的观点不能解释当代经济增长和发展的根本源泉。以往，人类过度开发利用自然资源来满足人们对财富无止境贪婪的需求，已经给人类社会造成了诸如环境污染、生态环境恶化、自然资源浪费乃至为争夺自然资源发生一系列战争等巨大的负面影响。另外，这种片面性还导致不重视社会资源的作用和贡献，甚至破坏、浪费、损害社会资源，同样造

成社会发展的不可持续。①这里注意的是，我们所说的"社会资源"不是以往各种书籍或论著中提到的概念，那些"社会资源"的含义还是指自然资源，而我们的"社会资源"概念应当是"社会类的资源"，是人类社会中的"软资源"，是无形资源；而自然资源是"自然类的资源"，是自然界中的"硬资源"，是有形资源。

第三，资源不等于财富，仅仅是财富的源泉，是潜在的财富。资源能否创造出财富，或者能创造出多少财富，都依赖于一定的自然、社会、经济和政治等一系列约束条件。没有资源固然创造不了财富，有了资源也并不一定能创造出财富，有时候甚至会出现由于资源开发利用失误，白白破坏、消耗资源。人类在认识、开发和利用资源的过程中，只有不断寻求和实现不同资源的最佳组合点，才能用有限的资源创造出更多的财富。

第四，资源概念没有时间性。这一点同经济理论中的"均衡"概念一样。也就是说，资源既可以用于分析短期经济增长，也可以用于分析长期经济发展，这就是后文资源层次理论中把资源划分成为增长型资源和发展型资源的原因。

第五，资源是稀缺的要素和源泉。资源被归结为财富创造过程中的稀缺要素和源泉，这意味着资源概念应当是指主要的因素，不是任何无关紧要的因素。另外，资源是稀缺的，不是无限的。稀缺性是资源概念最为本质的属性，不具有稀缺性的因素不能被称之为资源。经济学中提出资源概念，无非就是认为资源具有稀缺性，不能无限制"滥砍滥伐"，不能没有约束地开发利用。资源稀缺性是资源配置的理论前提。

第二节　资源有哪些共性

资源性质就是指资源具有哪些根本性的特征。由于资源是一个系统性概念，可以划分出众多的资源层次，所以，资源性质可以分为资源共性和资源特

---

① 例如，在"十年动乱"中，知识和知识分子被贬得一文不值，遭到不公正对待甚至残酷打击，甚至到了改革开放初期，知识分子物质待遇低下，社会上流行知识无用论、知识贬值论，最终造成我国市场经济建设人才断档和匮乏，对我国现代化建设进程负面影响极大。随着改革开发的深入，尊重知识、尊重人才的政策得以贯彻实施，知识和知识分子在市场经济建设中发挥出巨大的能量和作用来。对于国家而言，知识和知识分子就是宝贵的社会资源。

性。资源共性是指各种资源共有的性质和特征，资源共性不区分资源种类，而把它们统一起来，进行抽象分析。另外，各种资源除了具有资源的一般共性外，还具有其内在的特性，这种特性是该种资源区别于其他种类资源的本质特征。下面我们先论述资源共同的性质。

一、资源都是稀缺的

资源在数量上是有限的，这就是资源的稀缺性。稀缺性是各种资源的共性，也可以说是资源最为本质的特征。"经济学的精髓在于承认稀缺性的现实存在，并研究一个社会如何进行组织，以便最有效地利用资源。这一点是经济学独特的贡献。"①

对资源稀缺问题的探讨可以追溯到公元前 7 世纪的古希腊时代，那时已经产生了市场经济思想的萌芽，赫西俄德在《工作与时日》（*Works and Days*）一书中指出，人们所追求的"黄金时代"现已经一去不复返了，尽管他们整日苦心劳作，终不能满足其全部欲望。之所以如此，是由于在经济生活中存在着稀缺性，恰当的选择和资源配置的有效性对增进人类的福利关系重大。关于资源稀缺，他认为这是因为"诸神将人们的生活手段隐藏起来了""不仅人这类由黑铁铸就的人种'生就要同苦难斗争，而宙斯又因受普罗米修斯盗火的欺骗，愤怒地把粮食隐藏起来，给人以劳苦和悲哀'。既然自然资源是稀缺的，人类就必须有选择地进行活动。"赫西俄德区分了两类选择活动：一类采取不正义手段进行巧取豪夺，但这只能把人类引向灾难的深渊；另一类就是为了财富而工作，再工作。赫西俄德对资源稀缺原因的研究是从神学理论出发的，并不正确。但他最早注意到稀缺、选择和效率这几个重要的概念。②

从经济学角度出发，较早研究资源稀缺性的学者是马尔萨斯，他提出了资源的"绝对稀缺"说，主要体现在《人口原理》这本名著中。马尔萨斯的《人口原理》最初发表于 1798 年，以后虽几经再版，但其关于人口与资源关系的核心观点没有改变。概括起来，表现在三个方面：（1）马尔萨斯认为人口的增长在数量上可以是无限的。而且，这种增长的速度是呈指数型的，这就

---

① 保罗·萨缪尔森，威廉·诺德豪斯．经济学［M］．中译本 16 版，2 页，北京：华夏出版社，麦格劳·希尔出版公司，2003.

② 晏智杰主编．西方市场经济理论史［M］．15 页，北京：商务印书馆，1999.

使得人口的数量增长呈加速之势。（2）从另一个方面看，自然资源的数量却是一定的、有限的。而且，其增长是缓慢的，不具指数型的加速特征。（3）静态地看，现时的人口与资源之间的矛盾并不十分突出。但动态地看，人口的指数快速增长和自然资源的非指数平稳增长在经过一段时间后，或早或迟，人口数量将超过自然资源所能够承受的水平。如果人类不认识到自然资源的有限性，不仅自然环境与自然资源将遭到破坏，而且人口数量将以灾难性的形式（如饥荒、战争、瘟疫等）而减少。所以，在马尔萨斯看来，资源数量的有限性，即资源稀缺性是必然存在的，而且是绝对的。它不会因技术进步和社会发展而有所改变。马尔萨斯的这一思想，在以后的资源经济学分析中，被概括为资源的绝对稀缺（absolute resource scarcity）。[①]

1968 年 4 月，来自 10 个国家的科学家、教育家、经济学家、人类学家、企业家、政府和国际组织官员约 30 人，聚集在罗马，在意人利经济学家、企业经理奥莱里欧·佩切依博士召集下举行了一次国际会议，产生了后来闻名于世的"罗马俱乐部"——一个非正式的国际组织。自 1970 年夏天起，这个国际组织全面研究了限制和最终决定地球发展的基本因素：人口、自然资源、环境污染、工业和农业生产，最后于 1972 年公开发表了其研究报告——《增长的极限》（*The Limits to Growth*）。这个报告的发表在世界上引起了巨大的震动，引起广泛注意。报告的主要观点是：人类可利用的资源是有限的，以耗竭自然资源来获取最大利润的生产目的，以传统工业为第一支柱的工业经济，在人口增长、资源耗竭和环境污染的重压下，不可能持续发展。因为传统工业企业所必需的自然资源——煤、铁和石油，以至于土地、水和森林，都已成为短缺资源，其中煤、铁和石油都是"不可再生资源"，越用越少，按传统模式生产即便把利用最先进科学技术可能增加的储量计算在内，也不过可以用 100～200 年。因此，在人口迅速增长的情况下，人均资源有限，人均产量不可能再增加，增长是有极限的，最终达到"零增长"。"罗马俱乐部"的结论和马尔萨斯的思想基本是一致的。"资源绝对稀缺"的观点有一定的科学理论依据，它对于人类如何开发利用自然资源有重要的警示性作用，为后来提出的"可持续发展"观念奠定了基础。

---

① 潘家华. 持续发展途径的经济学分析［M］.92 页，北京：中国人民大学出版社，1997.

稀缺性更为现实的涵义是指在一定时间内、一定空间下，相对于人们的资源需求而言，资源是不足的。经济学中的稀缺并不是指资源和物品的绝对数量，而指有限的资源相对于人类无限的欲望而言是稀缺的。稀缺性是个相对的概念（relative resource scarcity）。资源稀缺是人类社会要进行资源配置的根本原因，没有资源稀缺，也就没有什么"资源配置"，也就没有对此进行研究的经济学。因此，所谓资源配置，就是在有限的稀缺资源中进行选择，以求达到最有效地满足人类的物资需求。"鉴于欲望的无限性，就一项经济活动而言，最重要的事情就是最好地利用其有限的资源。这一点使我们不得不面临效率（efficiency）这一关键概念。"主流经济学的理论建立在资源相对稀缺性原理基础之上。①

在逻辑上，先有资源概念后有资源稀缺性，但由于所有资源都有此属性，因而，我们又可以用稀缺性来判断一种要素是否是资源。具有稀缺性的要素，不论是来自于自然界还是来源于人类社会，都是一种资源。自然资源的稀缺性主要表现在"数量相对稀缺"，而社会资源的稀缺性主要表现为"质量相对稀缺"。稀缺性成为任何一个经济社会都必须面对的客观约束。科学技术解决不了资源稀缺，因为人类的需要欲望是无限的。只要存在稀缺性，人类追求资源最优配置是必然的。②

二、资源是创造财富的源泉

资源在各种辞典中的通常定义为：资财之源。也就是说，资源概念与财富创造密切相关。能称之为资源必定都是创造财富的源泉，与财富创造无关的因素不能被称之为资源。资源和财富创造密切相关的性质，我们称为资源的财源性。这里所说的财富不是指个人财富，而是指国民财富，国民财富定义为：一个社会或一个国家在一定时期所拥有的经过劳动创造和积累起来的物质产品和精神产品，亦称社会财富。人们要创造财富，就必须进行劳动，劳动是创造财富的重要源泉。但劳动绝不是财富的唯一源泉，同时还必须有财富的自然源

---

① 保罗·萨缪尔森，威廉·诺德豪斯．经济学［M］．中译本16版，2页，北京：华夏出版社，麦格劳·希尔出版公司，2003.

② 迄今为止，市场价格是稀缺性的最佳描述方式，市场也是配置稀缺资源的最佳方式。在一定历史时期中，克服稀缺的最佳方式就是市场。市场经济制度是克服稀缺的最有效制度安排。

泉，即自然资源，以及财富的社会源泉，即社会资源。因此，自然资源和社会资源共同构成财富的源泉。①资源的财源性促使人们重新思考经济学的研究对象，这对于缺乏资源的后发展国家而言尤为必要。

三、资源概念是动态发展的

人类社会进步的历史是一部不断寻求新资源以满足自身不断增长需要的历史。在此过程中，人类对资源的内涵的认识也在不断深化，同时也在不断纠正着对资源概念的片面理解。资源内涵是随时间维发展而变化的增函数，资源内涵随着自然界、人类社会的发展以及科学技术水平的提高而不断拓展。知识进步和人类认识能力的提高，开辟了认识和利用资源的新视野、新领域和新途径。所谓资源具有动态性，是指资源的内涵不断在拓展。

自然资源内涵具有动态性，是一个动态发展的概念。不同的历史阶段，由于科学和技术发展水平以及人们认识水平上的差异，能成为自然资源的自然要素也大不相同。即使同一种自然资源，由于上述差异，其开发利用的程度也不相同。随着人类社会的进步和发展，成为资源并能创造财富的自然要素日益增多，自然资源概念的内涵也在动态地拓展和扩大，同一种资源的用途也随着人类认识的深化而增加、延伸。地球上存在的自然资源早在亿万年前已经形成，但大量地被开发和利用，则是近百年的事。自然资源的开发与利用程度，始终是与技术、知识和资金联系在一起的。自然资源作为自然界赋予人类的自然财富，储量一般是固定的。但是，它的开发和利用，在很大程度上要受人类认识和改造自然的能力的限制。我们所讲的自然资源，一般是指已被人们认识或利用了的自然资源。这一含义是动态可变的，而且随着人类社会的发展有巨大的变化。②

---

① 财富概念也具有动态性。重商主义者认为，货币是财富的唯一代表，财富源泉是贸易；重农主义者则认为，货币只不过是交换的媒介，财富的源泉只能来自农业生产；亚当·斯密指出，国民财富就是本国劳动的直接产物，或是用这类产物从外国购进来的物品，各种劳动都可以创造财富；新古典学派进一步明确，生产三要素共同创造财富。

② 在人类较早时期，气候、土壤、森林、水及动植物等直接决定人类生存条件的资源，具有特别重要的意义。到了更高级的阶段，矿产资源的作用显得格外突出。而今，社会资源的作用不容忽视。

自然资源概念内涵在不断拓展，这个事实本身具有很大的启发性。[①]它说明资源概念的内涵不是固定不变的，资源概念具有动态性。从人类社会不同发展阶段的变迁，我们也可以看到资源概念动态拓展的趋势，如表 3 - 1 所示。"因此，当我们说一个国家资源丰富，这只是根据当代知识和技术而言。同样，一个国家今天被认为资源贫乏也许在一段时期后却被认为资源极其丰富，不仅仅是由于发现了未被发现的资源，而且是由于已知的资源有了新的用途。"[②] 自然资源具有多种用途，不仅取决于人类活动有多种需求，而且也由社会、经济、科学技术，及其环境保护等多种因素决定。自然资源概念的内涵在不断拓展的现象也为新资源理论提供了合理依据之一。时代向前发展，资源概念应当继续拓展。

表 3 - 1　　　　　　　　不同发展阶段资源概念情况表

	原始社会	农业社会	工业社会	信息社会
主要技术手段	原始技术（石器、木器等）	农业技术（青铜器、铁器、犁、耕作制等）	工业技术（机器、电器、社会化生产）	高技术、清洁技术、信息技术
利用的主要资源	天然食物（野生动植物）	农业资源（主要是耕地、淡水等可再生资源）	工业资源（主要是不可再生的矿产资源）人力资源和资本资源	制度、人力资本，知识、信息、思想观念及可再生资源
主要财富	无	土地，谷物，家畜	各种物质商品	金融财富、知识财富
主要生产活动	采集，渔猎	农业	工业	服务性第三产业

① 以自然资源中的能源资源为例，最初，人类"钻木取火"，以薪柴为主，这是第一代能源时代；后来，煤的发现和利用使人类从以"生物质"为主的能源时代，进入到以"化石燃料"煤为主的第二代能源时代；随后，石油的发现和利用，使能源结构发生了质的飞跃，石油成为主要能源资源，人类迈入第三代能源时代且持续至今。目前有核能、煤、天然气和氢气，有可能在未来替代石油，成为人类第四代能源资源。

② 阿瑟·刘易斯. 经济增长理论［M］. 58 页，北京：商务印书馆，1999.

在不同的经济和社会发展时代，社会资源的内涵也在动态拓展。在市场经济早期，资本、劳动和土地是财富的源泉，于是，产生了资本家、工人和地主等。知识和专业技能在经济增长中的贡献还不明显，因而，那时不会有人力资本概念的提出。同样，20世纪末前的相当长的历史时期内，尽管知识一直在经济增长和发展中发挥着重要作用，但只有到21世纪初知识经济初现端倪，人类才真正把知识提高到经济资源的高度。而只有当市场经济从商品经济经过货币经济阶段，过渡到金融经济时代，才使得人们认识到金融资源的重要性，才有可能提出金融资源理论。所以，如同自然资源一样，社会资源也是随着经济和社会的进步和发展，随着人类对社会认识的深化而动态展开的一个概念。

四、资源是一个多要素的系统

资源是一个系统性、多要素的矩阵，各种资源构成了一个资源系统。要理解资源必须把它理解为一个系统。资源系统又可以被划分为各种资源子系统。按照一定的标准和条件，资源又可以划分出各种资源层次或种类。在资源系统中，作为其组成成分的每一种资源都不是孤立的，不能单独发挥作用，必须和其他资源一起共同创造财富。各种资源彼此关联构成了一种相互作用、环环相扣的资源系统，不过，这不意味着各种资源在创造财富的过程中作用和重要性是一样的。自然资源和社会资源是一种辩证的关系，而各种层次的自然资源和社会资源也彼此关联，相互影响，地位各异。资源的系统性表明，过分强调和依赖一种资源的做法是片面的，有可能导致资源开发利用失衡，从而损害整个资源系统的和谐和稳定。资源系统内部各个子系统应当协调、均衡发展。

五、资源分布总是不平衡

资源在空间上分布不平衡。自然资源在地球上的分布是不平衡的。过去历史上的战争多数是为了争夺自然资源。[①] 不过，随着世界的文明、进步，由单纯通过军事控制和战争争夺资源让位于通过经济斗争为主、军事控制为辅争夺资源。经济竞争包括科学技术、贸易、金融和管理等方面的竞争。由于经济全球化，形成了全球统一的市场，包括资源、资本在内的生产要素可以在世界范

---

① 即便是到了90年代，西方发达国家为了维护廉价利用海湾石油资源，不惜动用武力对同样打算攫取科威特石油资源的伊拉克进行打击。

围内自由流动和配置。各国、各地区可以在世界资源市场上进行公平交易获得资源开发权，买卖资源，通过资源市场调剂余缺、互通有无，利用国际市场弥补自身资源短缺。

社会资源在各国和各地区的分布也是不平衡的。发达国家拥有的社会资源，诸如知识、人力资本、金融资源等，无论是数量还是质量，都比发展中国家超出甚多。社会资源比自然资源流动性更强一些，而且其流动遵循"马泰效应"，即社会资源越丰富，经济越发达；反过来，经济越发达，产生或吸引的社会资源也就越多。[1]

第三节　资源怎么分类

在我们的新资源理论中，资源被划分为两大类：自然资源和社会资源。前者也可以形象称之为"硬资源""有形资源"；后者称为"软资源""无形资源"。

一、自然资源

自然资源是指在一定的技术和经济条件下，能够被用来创造财富的自然环境要素和条件的总和。《辞海》中自然资源是指"天然存在的自然物，不包括人类加工制造的原料。如土地资源、水利资源、生物资源和海洋资源等。是生产的原料来源和布局场所。"[2]《英国大百科全书》把自然资源定义为："对人类可以利用的自然生成物及生成这些成分的源泉的环境的功能，前者如土地、水、大气、岩石、矿物、生物及其群集的森林、草场、矿产、陆地、海洋等，后者如太阳能，地球物理的环境功能（气象、海洋现象、水文地理现象），生态学的环境功能（植物的光合作用、生物的食物链、微生物的腐蚀分解作用等），地球化学的循环功能（地热现象、化石燃料、非金属矿物生成作用等）。"[3] 联合国教科文组织给自然资源下的定义是：自然资源是从自然环境中得到的、可以采取各种方式被人们使用的任何东西。广义地讲，自然环境中除了人以

---

① 例如，中国是个人力资本短缺的国家，经济上需要大量的人才。可是，每年都有许多优秀的人才流入美国。中国除了正在成为世界商品的"加工厂"外，还成为世界人才的"加工厂和输出国。"

② 《辞海》，上海辞书出版社，1897，1979。

③ Encyclopedia Britannica（Ⅴ），39～62页，Encyclopedia Britannica Inc. Chicago，1978。

外的所有要素都可看作为自然资源，但通常只是把它局限于对人有潜在用途的自然要素和自然条件。联合国环境规划署认为，所谓资源，特别是自然资源，是指在一定时间、地点、条件下，能够产生经济价值，以提高人类当前和未来福利的自然环境因素和条件。2000 年，《中国资源科学百科全书》按照对自然资源的传统认知，即自然资源是人类可以利用的一部分天然物质和能量，概括为"自然资源是人类可以利用的、自然生成的物质与能量。它是人类生存与发展的物质基础"，主要包括土地、水、矿产、生物、气候和海洋 6 大类资源。

自然资源的种类分类标准很多，按其本身能否再生或恢复的特性，可以分为再生性资源和不可再生性资源两大类。按照化学性质，又可以分为有机资源和无机资源。按照自然形态，分为动物资源、植物资源和矿藏资源。按照地理位置，分为陆地资源、海洋资源和空间资源甚至宇宙资源等。自然资源构成了最为基础的经济资源，是资源配置的物理对象，也是创造和生产物质财富的原始材料。

1. 自然资源是一个生机勃勃的生态系统

自然资源构成了一个复杂的生态系统。自然资源的生态性表现为大自然不是静态循环而是动态增长的，在人这种复杂生命形式出现以前，地球上的各种植物与微生物不断进行光合作用，吸收和转化太阳的能量，将其积累在地球上，地球日趋肥沃，使其他生命形式得以繁衍。自然资源的组成部分，如水资源、土地资源、生物资源、气候资源等之间既相互联系，又相互制约地构成了一个有机的整体。其中任何自然资源的变动都会引起其他资源的连锁反应以至整体结构发生变化。岩石圈、水圈、大气圈和生物圈等是资源系统的载体或成分，各圈层互相连接、叠加、耦合，构成统一的、不可分割的自然资源体系。①总之，地球的各个圈层的自然资源都有自己的独特性，它们是全球资源

---

① 如生物资源就是一个最好的例证，它寓于岩石圈（主要是土壤圈）、水圈和大气圈之中，与土地、水、大气、海洋等资源密切相关。岩石圈板块的构造运动，不仅可以引起火山爆发、岩浆活动和矿产资源的形成，而且还会使已形成的矿产资源遭受破坏、触发或引起地震等自然灾害。又如，近几十年来，极地地区大气环流加强，较暖气团流向高纬度地带，使两极气温变暖、冰雪融化，一些地方被水淹没。大气圈、水圈的改变，促使生活在一定环境的生物为了适应新的生存条件而发生变化。各种资源之间相互作用、相互联系。生物圈中生物活动使岩石圈、水圈和大气圈发生变化；岩石圈、土层的土壤的发育必须有生物的活动；地壳中的石灰岩软泥和矽土都是各种动物的骨骼形成的；水圈中，生物活动改变了水体的化学成分；植物的光合作用改变了大气的成分。从生物圈中进化、分离出来的人类圈，由于其活动的能量不断增强，范围不断扩大，对地球圈层的影响更为重要。在工业发达的今天，工业废水、废气，污染了大气、水圈和土壤。

系统的组成部分，彼此影响，相互制约，共同构成了一个复杂的有机生态系统。自然资源生态系统内部有着自我平衡、自我调整、自我恢复、自我生长的机制，这种生态性是建立在一定的生态环境条件之下的，如果遭到破坏，有机的生态圈就会日益失去自我调整功能，甚至会造成生态灭绝。这种情况一旦发生，必然会累及和威胁到人类社会自身的生存和发展。自然资源的生态性是地球上一切有机生命物种获得生存的先决条件。

地球生态圈

2. 自然资源基本上已被各个国家圈定了归属

自然资源的分布和组合有严格的区域性。一般而言，自然资源存在于一定国家领土区域中。不同国家中的自然资源，其结构、数量、质量、特性等都有很大差异，表现出不同的区域特征，并在一定程度上决定着该国家的经济结构。目前，除了局部为了争夺自然资源的战争外，地球上的自然资源基本上已经被各个国家圈定了归属，划定了资源区域。经济理论中抽象地探讨自然资源概念时，并没有注意到自然资源的这种特性。自然资源这种特性从一定意义上决定了经济学理论不是纯粹的公理性研究，经济学具有国家利益性、民族利益性，即各国经济学要反映国家民族利益。另外，自然资源这种特性还决定了国际贸易的存在。国际经济学中的"资源禀赋论""互通有无论"的客观基础就在于此。随着经济全球化，自然资源也在全球范围内流动配置，亦即资源配置的国际化。在经济全球化的宏观背景下，包括自然资源在内的各种资源在全球范围内自由流动，优化组合，有效配置。资源开发、利用和保护具有全球性特点。经济全球化和资源全球化使国家主权面临一定的考验和冲击，传统意义上的国家主权内容发生了改变，各国经济活动越来越多地遵循国际条约、协定、规范和惯例。世界经济全球化和资源全球化削弱了传统意义上的国家主权，增强了国际组织如区域性经济集团、跨国公司等非国家行为主体的协调功能。全球性及地区性经济组织的运营以参与国家主权的让渡和转移为条件，在特定的领域内主权国家必须服从国际机构的领导和协调。随着科学、技术的迅猛发展和经济全球化的不断深入，原来属于本国国内范畴的问题逐渐成为全球性问题。一个国家或地区资源禀赋条件已不可能成为国家综合实力强弱的重要条件，经济实力强的国家可以通过跨国公司、跨国经营、对外投资、对外贸易等方式控制非本土的资源。

◎ 案例：南海九段线以内自古就是中国领海

中国南海九段线最早是十一段线，当时的中华民国政府在 20 世纪 30—40 年代就已经勘定，并绘制成图，得到了当时世界上所有国家及其合法政府的承认，各国地图上都已明确标明南海十一段线内为中国所有。在 20 世纪的众多国际公约和条约中都明确指出和体现。

越南、菲律宾、文莱、马来西亚等国声称九段线内的众多岛礁是无人岛礁，但无人不等于无主权，早在 19 世纪末 20 世纪初，众多的西方列强掀起了争夺岛屿的斗争，占领了许多远离本土的岛屿（英国有马岛等，法国的海外岛屿更是遍布全球），如果南海诸岛，包括西沙、南沙、东沙、中沙、曾母暗沙曾是无人岛、无主权岛屿，哪还等得到 19 世纪末的东南亚等国来发现并占领?! 而事实上，西方列强在扩张的过程中确实有侵占南海诸岛，但是由于中国政府的抗议并声明中国对诸岛拥有主权，西方国家在岛上也确实发现了中国渔民活动的痕迹，故而保住了南海诸岛的主权。

在第二次世界大战时期，日本一度占领南海，但第二次世界大战结束后，依照《波茨坦公告》将南海并台湾等诸多侵占的中国领土交还中国，这也再一次印证了中国对南海拥有不可争议的主权。而南海周边国家最早到 20 世纪 70 年代因为南海发现大量资源才纷纷向中国提出领土要求，这在法理上是没有任何理由的。在 20 世纪 60—70 年代，中国本着同志加兄弟的关系，为了越南政府能有效地抗击帝国主义，允许越南在中国南海领土上建设雷达站等军事设施，将十一段线改为了九段线，这就是今天我们看到的南海九段线。在1948 年中国正式公布了南海疆界的"断续线"之后，一直到 20 世纪 70 年代，没有任何一个国家提出过异议，甚至很多国家的地图上都沿用了这条线。但是为什么在 20 世纪 70 年代后，南海的一些周边国家开始质疑这条线，这些国家的行为与南海石油的发现直接相关。"1968 年，联合国亚洲及远东经济委员会下属的一个机构在南沙海域海底进行了资源勘探，提供了一个报告，揭示出南沙海域的海底蕴藏有丰厚的油气资源。这个报告发布之后，引起了周边国家的强烈关注。加上一些南海域内外国家联手推动南海问题扩大化和国际化，九段线也成为南海法理论战的众矢之的，某些国家对九段线的质疑和攻击更是变本加厉，而这其中的美国因素及其影响首当其冲。美国尽管一贯声称在南海争议中不持立场，但美国少数官员和学者的有关言论却往往大相径庭。美国还派军舰不时进入我国岛屿 12 海里进行挑衅，这不禁令人感到愤慨和警惕。

【简评】

在南海问题上，我国以前之所以被动应对，主要是缺乏一个长期、稳定、明确的海洋发展战略。历史上，中国对海洋一直重视不够，不知道海洋在国家的整个发展战略中处于什么样的位置。中国几千年来，产生过很多伟大的陆地战略家，但从来没有产生过一个像马汉那样的海洋战略家。当然，这也和国家经济实力、技术水平有关。亡羊补牢，未为迟也。近年来，在以习近平同志为核心的党中央和中央军委统筹下，我国南海战略逐步清晰，维护领土主权立场日益坚定，斗争策略也灵活多变。相信不久的将来，包括台湾在内的中国领土最终会尘埃落定。以中国为核心的经济圈会逐步形成，通过"一带一路"将使得欧亚经济一体化进程加快，促进各国经济搭上中国发展的快车，互惠互利，共同发展。

✍ 案例：南极新大陆被瓜分完毕，美苏强权强力重启①

从世界历史的发展进程来看，世界历史的走向永远是强权政治，大国说了算，小国是没有话语权的。因此，我们看到无论第一次世界大战，还是第二次世界大战后的世界新秩序，都是几个大国来划分和决定的。而下面这个例子就

---

① 案例文字来自搜狐网历史频道，2018 - 03 - 01。

足以说明问题，一块新大陆，列强争相瓜分势力范围，当美国和苏联赶到时已经基本瓜分完毕，于是来晚了的苏联和美国，直接宣布"重启"，瓜分无效。

这块新大陆就是我们熟悉的南极洲，在《西游记》中，南极洲那是南极仙翁的领地。但是这块土地最早还是在大航海时代被发现，总陆地面积超过1200 万平方公里，因为南极洲那是一望无际的冰川，平均温度常年低于零下25 摄氏度，不适合人类居住，因此，起先也没有国家关注。

但是，近代以来，海洋、石油资源不断被发现，而且南极冰川不断融化，有一天整个南极大陆将会融化。于是其价值开始凸显，这引起了列强们的注意，于是先后有英国、法国、澳大利亚、新西兰、挪威等国家竞相来到南极洲，在此大笔一挥开始划分势力范围，后来还有智利、阿根廷参与进来。

到第二次世界大战结束后，南极洲被瓜分完毕，剩下的就是南极洲西南部的冰川地区，但是这里远离国际主要航道，列国都看不上，因此成为无主地。第二次世界大战结束后，苏联和美国也开始意识到南极洲的重要性，于是派人到南极洲，一看，好地方全部被瓜分了。如果是一般的国家，也只能自认倒霉，谁让自己来晚了呢！

而美国和苏联，那是当时最强大的国家，它们虽然来晚了，但是它们是游戏规则的制定者。因此，此时一向对立的美国和苏联，开始联手起来，摆明的态度是，你们瓜分的土地，我们不承认。于是美国开始在新西兰瓜分的地盘上建了麦克默多站，苏联在澳大利亚地盘上建了两座南极科考站，丝毫不考虑新西兰和澳大利亚的感受。

而这些举动，自然遭到了新西兰和澳大利亚的反对和抗议，而美国和苏联就当没听见。而且在 1959 年，两国联合一起，将这些瓜分南极的国家召集在一起，直接开门见山地表示，我们要重启，你们的瓜分无效。最后还逼迫这些国家，签订了一个《南极条约》，规定南极是不属于任何国家的，任何国家都不能在南极洲拥有领土，也不能驻扎军队，直接将这些国家几十年的劳动成果废除。面对美国和苏联的态度，这些国家都自认倒霉，谁让自己弱小呢。

【简评】

在国际政治领域，从来都是讲究实力的。大国的作用举足轻重，小国只能是跟随和服从。小国如果敢和大国叫板，那背后一定有另一个大国的影子。

3. **自然资源是看得见的森林、湖泊、石油、矿产**

无论何种自然资源，都是物质的，即都是看得见、摸得着，具备一定形态的物质。这些形态可以是固态、气态和液态。可以是地表物质，也可以是地下物质，等等。大自然经过千百年的进化，构成了一个复杂多样的生态系统，人类社会矗立其上，依托自然资源进行财富创造，解决衣食住行和更高的社会发展目标。自然资源的物质性给人们度量、计量它们提供了可能性。

◎ 案例：全场齐唱《我的祖国》，震惊台湾学者

一段2016年10月7日台湾学者龙应台在香港大学的演讲视频开始在网络上热传。这个视频据说在网络上被转发2万多次。很多网友含泪转发，倒不是因为演讲内容本身，而是演讲过程中的一个小插曲。

讲座的名字叫《一首歌，一个时代》。龙应台说："一首歌能够经历数十年依然不被忘记，是因为它是时代，是历史，更是每一个人的回忆与安慰。"然后再打比喻："歌有自己的脚然后它走自己独立的路。"接着，龙应台问台下观众："你们的启蒙歌是哪一首呢？"

一位中年男士（香港浸会大学副校长周伟立）拿到话筒说："我想起进大学的时候许多师兄带我们唱《我的祖国》。"

龙应台不敢相信地反问了一句："真的？《我的祖国》怎么唱？"

于是，听众席上突然有人开了个头，"一条大河波浪宽""风吹稻花香两岸"，第一句唱起的时候歌声还很单薄有点怯生生地，但越往后唱，现场加入的人也越多，歌声也越大！连唱了五六句，最后高潮来了！全场听众齐声大合唱！瞬间点燃了全场的爱国热情。

【简评】

这样一首美丽的歌，我们都知道来自经典电影《上甘岭》。不仅表达了对中华大地广袤的锦绣山河的热爱，还表达了中国人民爱好和平，不惧怕强盗入侵的决心和勇气。每当我们听到这首歌，无不被歌词里面描述的祖国大好河山、丰富的自然资源和秀丽风光所感染，感到身为炎黄子孙值得自豪！

《我的祖国》乔羽作词，刘炽作曲

一条大河波浪宽　风吹稻花香两岸/我家就在岸上住/听惯了艄公的号子/看惯了船上的白帆/这是美丽的祖国/是我生长的地方/在这片辽阔的土地上/到处都有明媚的风光。

姑娘好像花儿一样/小伙儿心胸多宽广/为了开辟新天地/唤醒了沉睡

的高山/让那河流改变了模样/这是英雄的祖国/是我生长的地方/在这片古老的土地上/到处都有青春的力量。

　　好山好水好地方/条条大路都宽敞/朋友来了有好酒/若是那豺狼来了/迎接它的有猎枪/这是强大的祖国/是我生长的地方/在这片温暖的土地上/到处都有和平的阳光。

　　4. 自然资源是被开发利用、加工制作的对象

　　自然资源是被动性资源。虽然自然资源系统是有机的，但在财富创造过程中，自然资源基本上居于被动地位。自然资源是人类社会通过各种手段开发利用、加工制作的对象。由于人类本身就是一种高级动物，是自然中的一个部分，所以，自然资源系统也可以反作用于人类社会，但这种反作用要依赖人类社会对资源开发利用的适度性。人类社会在资源开发利用过程中具有主动性。如果对自然资源滥砍滥伐，自然资源就会用各种方式惩罚人类，但这种惩罚也是被动性的。

◎ 案例：神农尝百草[①]

【原文】民有疾，未知药石，炎帝始草木之滋，察其寒、温、平、热之性，辨其君、臣、佐、使之义，尝一口而遇七十毒，神而化之，遂作文书上以疗民疾，而医道自此始矣。

【译文】人民有了疾病却不知道用药物来治疗，炎帝就开始种植草木，观察它们的寒、温、平、热之性状，辨别它们君、臣、佐、使的组方原则，曾经一天遇到七十多种毒，都神奇地被化解。于是炎帝把他的观察和实践结果写成文书，并以此来治疗百姓，医学之道也就从此开始。

炎帝，是中国上古时期姜姓部落的首领尊称，号神农氏。传说姜姓部落的首领由于懂得用火而得到王位，所以称为炎帝。从神农起姜姓部落共有九代炎帝，传位五百三十年。炎帝所处时代为新石器时代，炎帝部落的活动范围在黄河中下游一带。相传炎帝牛首人身，他亲尝百草，发展出用草药治病；他发明刀耕火种创造了两种翻土农具，教民垦荒种植粮食作物；他还领导部落人民制造出了饮食用的陶器和炊具。传说炎帝部落后来和黄帝部落结盟，共同击败了蚩尤。

【简评】

中华民族老祖宗非常了不起，江山代有才人出。那些上古时代美丽的传说，并不完全是捕风捉影，而是部落没有文字之时的口口相传。他们战天斗地，华人（不仅汉族）自称炎黄子孙，将炎帝与黄帝共同尊奉为中华民族人文初祖，成为中华民族团结、奋斗的精神动力。

5. 自然资源在财富创造过程中遵循"收益递减"

自然资源在财富创造过程中遵循"收益递减"的规律。也就是说，假如其他因素不变，随着自然资源投入数量的增加，其带来的财富总量却不会随之

---

① 《纲鉴易知录》，主编清代学者吴乘权，又名吴楚材，曾与吴调侯合编《古文观止》。

扩大，达到一定阶段还将减少。这是因为，在技术不变的条件下，自然资源投入比例相对是固定的，整个自然资源量的投入也存在一个生产可能性边界，受此条件约束，继续增加自然资源投入量无法继续推动财富增长。

案例：中国三农领域中的"边际效益递减"现象

用西方传统经济学的观点看，中国农业已经被"边际效益递减"规律所支配。对于多数传统农业生产项目而言，更多的投入所增加的产出，实际已经不足以弥补投入的价值。这就使得国家补贴成为必须，否则农民将不会增加自身的投入。

三十年前因分田而名扬四海、三十年后因贫穷而知名天下的小岗村，已经在展示这种现象。据一篇报道说，尽管国家给予小岗村每亩高达数千元的补贴，村民们种植的葡萄仍然没有多少利润，因此他们在生产中花完国家给予的农业补贴后，不愿意再投入个人的资金。这个事例说明：即使国家投入巨量农业补贴，也无法抗衡市场经济的巨臂；农业边际收益持续下降，将是中国农业发展的长期趋势。这必然诱使农业生产资源流向比较收益更高的部门。近年来，农村劳动力资源向城市流动已经成为"三农"领域的重要现象。

【简评】

城市化进程必然导致这种现象，这在各国农业发展过程中都存在。农业是国民经济基础，国家要予以补贴和支持，政策性金融就是一个好的路径。

二、社会资源

假如只有自然生态系统，没有人类社会，就不会有创造财富的生产活动，当然也就不会有资源的概念。不过，一个国家即使国土上的自然资源数量十分丰富，如果没有高效率的制度（包括金融制度），人力资本匮乏，不重视知识积累，思想观念落后，那么，不仅不能有效利用自然资源，还可能造成配置不当，出现资源浪费和经济增长缓慢。这一切都和社会资源的开发和利用密切相关。

资源和创造财富相联系，也只有能被用于创造财富，才能被人们认可为资源。自然资源的范围随着科技的进步在不断地扩大，社会资源也一样。随着社会的进步，一些社会要素在经济社会发展中作用日益突出，创造出的财富不断增大，引起了人们的注意和研究，把它们列入经济资源范畴中来。因而，社会资源具有时代的特征、地域的特征。不同的时代和不同的社会发展阶段，能成为社会资源的社会要素也不尽相同。社会资源也可以被称为在创造财富的过程中除了自然资源以外的社会要素，社会资源存在于社会中。人类利用社会资源，也如利用自然资源一样需要具备可持续发展的观念。除了人与自然之间协调发展外，人与社会也应当协调发展。社会资源具有以下特性。

1. 社会资源具有鲜明的社会属性

社会资源存在于人类社会中，形式上是主观的，内容却是客观的。社会资源是无形的"软资源"，社会资源具有鲜明的社会属性。离开特定的社会，就无法理解这个社会对社会资源特殊的需求。人类的生存和发展，以及所进行的一切活动都是在复杂的社会关系中得以实现的。人们用以创造社会财富的一切社会资源也是在一定的社会关系中积累起来的，即一切社会资源都是社会活动的产物，都带有社会的烙印。这种烙印表明，在人类发展历史的不同阶段，社会资源的种类、数量和质量都不同，而且在不同的社会氛围、民族氛围和文化氛围下，社会资源的种类、数量和质量也不同。也就是说，不同的氛围所造就的民族性、国别性和时代性等都是社会性的具体体现。社会资源具有社会性还突出地表现在，它没有地域、种族和性别的歧视，由此转化为财富不受这些因素的限制。[①]

2. 社会资源通过人能动地配置自然资源

在创造财富的过程中，社会资源必须依赖于自然资源。但是，这种依赖不是被动性的，社会资源对自然资源具有能动性。社会要素之所以是经济资源，是因为这些社会要素参与了财富的创造过程，而且，社会资源的数量越适度、质量越优质，在自然资源投入量不变的条件下，越可以创造出更多的社会财富来。但是，社会资源是不能离开自然资源而独立创造出财富的，必须作用于相关的自然资源对象，才能够实实在在创造出财富来。即便是金融资产——这种符号化的社会财富，也实际上要有可以支配的物质对象来支撑其内在价值。现有的社会资源，如制度、金融、知识、信息、思想和观念等，它们固然是创造财富过程中重要的要素，但却不能脱离利用自然资源的社会生产过程。自然资

---

① 刘宗超等. 生态文明观与全球资源共享 [M] .35 页，北京：经济科学出版社，2000.

源是被动性资源，是社会资源配置的对象。从根本上来看，社会资源通过更有效地组织配置自然资源，扩大了财富创造的可能性和现实性。当然，社会资源本身也有一个配置问题，配置的主体就是人类。

3. 社会资源在形式上是无形的，具有主观性

社会资源在形式上是无形的，具有主观性。它们的存在不像自然资源那样具有自己的实体，必须依托一定的载体才能存在。例如，制度中的惯例规则一般存在于人的观念、文本中，而有形的制度一般形成了法律条文。人力资本也是无形的，只有在发挥作用时才能被人们所感知。知识和思想观念的主观性更是明显。社会资源的主观性使得人们难以对其进行度量或计量，或者，我们可以说，社会资源没有量纲，我们不能用吨、公斤、摩尔、米等自然资源的计量单位来度量社会资源的稀缺和数量，① 社会资源的稀缺也不主要体现为数量稀缺，而体现在质量稀缺。例如，当我们说制度稀缺时候，不是指制度数量稀缺，而更主要是指有效率的制度稀缺。从数量上来看，制度并不稀缺，因为无效率的制度实在是太多了，稀缺的是有效率的制度。

4. 社会资源具有客观性，不是可以任意创造的

虽然社会资源在形式上具有一定的主观性，但是，社会资源的内容却是来源于客观现实。形式上的主观性和内容上的客观性，导致形式和内容呈现出"背反性"。社会资源在财富创造和经济增长发展过程中确实是起作用的。自然资源的存在，就它的物质内容、实质与外在表现形式而言，一般来讲都是客观的，几乎不受或较少受到人类社会的主观影响。而社会资源的情况就比较复杂，应当承认，社会资源受人类主观意志和民族社会历史的制约与影响较多。这种情况可能会造成一种错觉，仿佛社会资源的内容与实质如同它的外在表现形式一样，也是主观的、可以任意创造的，从而否认和排斥社会资源的客观性。就社会资源的内容与实质而言，它是客观的（例如金融资源的价值储藏、累积的特征），而它的外在表现形式却往往具有某种主观性，但也绝不意味着是可以任意创造的。社会资源的客观性是其本身固有的，而非人为"赋予"

---

① 这类似于经济学中的效用分析，经济学消费理论认为，人们表面上是在购买商品，实际上是在购买效用，消费商品是为了满足效用，然而，效用是人类为了经济学分析而设计出的一个用于衡量满足程度的分析单位，可以排序，却无法真正计量，尽管如此，效用分析基本正确。

的或强行"嵌入"的，但只是在特定科技与社会条件下才被发现、认识的。①

5. 社会资源在财富创造过程中收益递增

社会资源在财富创造过程中遵循"收益递增"的规律，也就是说，假如其他因素不变，虽然社会资源投入量继续增加，其带来的财富总量却仍然可以继续扩大，财富创造量可以一直保持增加状态。这是因为，社会资源可以改变技术约束的条件，改变自然资源投入比例，有可能突破对自然资源量而言的生产可能性边界，把边界外推，带来新的财富创造效应。社会资源的这个特性说明了社会资源质量的重要性。从表面上看，社会资源数量增加，收益也增加，实际上，是质量好的社会资源替代了质量差的社会资源，由此产生了收益激励，带来了收益递增的财富效应。

三、自然资源和社会资源比较

自然资源和社会资源可以用表 3 - 2 比较。

表 3 - 2　　　　　　　　自然资源和社会资源的比较

	自然资源	社会资源
存在形态	有形（液态、固态、气态），本身是物质的，存在于自然界中	无形，必须有载体，存在于社会中
是否能动	被动性因素	能动性因素
收益特性	收益递减	收益递增
属性差别	具有自然生态特性	具有社会属性

第四节　资源系统

资源是一个系统性概念。只有当人类充分认识到自己是自然系统的一个组成部分时，才可能实现与自然的协调发展。只有当人类把各种资源都看成资源大系统中的一个子系统，并正确处理资源子系统之间关系时，人类才有可能高效率配置各种资源。这就要求人类以科学知识为指导，根据经济增长和发展的需要，对资源进行开发利用。因此，必须有一系列对资源进行管理的政策和法律法规体系。资源系统包括自然资源系统和社会资源系统这两个巨系统。

---

① 白钦先. 知识经济时代的新金融资源观［N］. 金融时报 .1999 - 04 - 03.

一、自然资源系统

自然界这个系统，或可以称之为自然资源系统，可以按照一定的标准，划分出许多子系统。如可以分为土地资源系统、水资源系统、海洋资源系统、矿产资源系统、能源资源系统、森林资源系统、草地资源系统、物种资源系统、气候资源系统等。自然资源系统是经济增长和发展的基础性物质要素，是人类财富的原材料来源。没有自然资源系统，人类社会的发展就会成为无本之木、无源之水。自然资源系统是一个有机生态系统，自然资源是稀缺的和有限的，各种自然资源都是密切相关的，而不是彼此孤立的、无关联的。"自然资源"实际上是从经济角度看待"自然界"而得出的概念，从逻辑上说，"自然界"存在于"自然资源"之前。大自然本身遵循着自身的进化发展规律，其组成部分相互联系、相互制约地构成一个有机整体，具有联动性。任何自然资源的过分开发和利用都会招致其他自然资源的连锁反应，甚至影响到整个自然资源系统的平衡和稳定。所以，现代经济理论倡导环境保护和自然资源可持续发展。

二、社会资源系统

人类社会这个系统，或可以称之为社会资源系统，也可以按照一定的标准划分出许多子系统。如可以分为制度资源系统、金融资源系统、人力资本资源系统、知识资源系统、信息资源系统和思想观念资源系统等。社会资源系统由社会性要素构成。社会资源形式上是主观的，但内容上却是客观的。社会资源有许多种类，它们在社会资源系统中也是密切相关的。例如，制度会作用于社会中的"经济人"和"社会人"，发挥制度的激励和制约等功能；制度可以形成人力资本资源，促进知识资源的增长。反过来，知识、信息和人力资本的增长会形成先进的思想观念，促进社会精英分子或人民大众觉悟和觉醒，推动他们采取先进的社会经济制度，如市场制度、金融制度等。所以，社会资源各要素之间很难说清楚谁决定谁，或者哪个产生在先、哪个产生在后。有一点是可以肯定的，即这些社会资源通过社会中的主体——人类，共同促进了经济增长和社会发展。只有当人类充分认识到自己是社会资源系统的一部分的时候，才有可能真正实现社会资源可持续发展。

三、两大资源系统之间的关系

无论是自然资源系统，还是社会资源系统，其中的每一个子系统都可以继续划分下去，形成更小的子系统。从上面分析我们可以看到，资源可以划分为自然资源和社会资源。因此，资源是一个系统概念，包括自然资源系统和社会资源系统。其中，自然资源系统和社会资源系统又分别包括许多种类的资源。如图 3 - 1 所示。

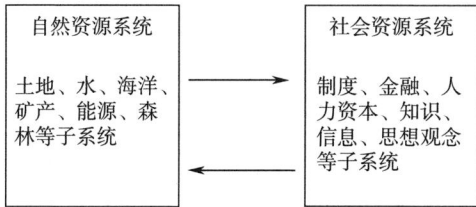

图 3 - 1 自然资源系统和社会资源系统

自然资源系统和社会资源系统也是彼此密切相关的。从自然资源到社会资源，实际上是生产力和生产关系、经济基础和上层建筑相互作用、相互影响的具体体现。两大系统和谐相处、共同发展正是环境保护战略，经济和社会协调、可持续发展战略的基本着眼点。

自然资源系统和社会资源系统相互联系，相互作用，共同构成了人类社会的资源系统。在资源系统中，自然资源系统是被动性系统，社会资源是能动性系统。自然资源系统创造的财富要依赖于社会资源系统对自然规律的认识程度，社会资源系统又不能超越自然规律，对自然资源系统滥砍滥伐，进行掠夺式的开发利用。相对而言，社会资源系统本身开发和利用更为关键，我们分析经济增长和发展，重点应当放在社会资源系统的开发和利用上。

第四章
新资源要素
与经济增长理论

资源和财富创造相关，而财富创造总是同经济增长联系在一起。探索经济增长是整个经济学中最有趣、最迷人、最具有挑战性的课题之一。几乎每一个经济学家都试图提出自己对经济增长的解释。探索经济增长的秘密实际上就是在探索创造财富的源泉，也就是在探讨资源问题。一方面，随着时代的变迁，资源概念本身的内涵正在不断动态地拓展；另一方面，实践中不断展开的资源层次也逐步拓展着人们的视野，丰富着经济增长理论的自变量。

本书是大众版，考虑到大多数人不了解经济增长理论，所以，我们去掉复杂的公式，只简明扼要介绍理论观点。实际上，经济增长理论是一种系统化的知识，更多的是经济学者学术交流的内容，也是方便大学课堂教学传承知识的一种框架。本质上，国民财富的增长与资源要素之间的函数因果关系，就构成了经济增长理论。

第一节　经济增长理论回顾

传统的经济增长理论把一国经济增长归因为生产要素投入量的增长。由于土地等自然资源的绝对数量是不能增长的，因此，早期经济增长理论把注意力主要放在资本和劳动力的增长之上，主要代表理论是哈罗德—多马模型。[①]

一、哈罗德—多马模型突出了现代经济增长中资本的重要性

罗伊·福布斯·哈罗德（Roy Forbes Harrod，1900—1978 年）是当代英国有名的经济学家。他早年毕业于牛津大学，获文学士学位。1922 年受聘于牛津大学基督学院，任讲师和研究员。他在相当长的时期中，任《经济学杂志》的副主编。

---

① 在哈罗德和多马各自提出经济增长模型之前，西方经济学并无完整的经济增长理论。

20 世纪 40 年代前后，英国经济学家哈罗德和美国经济学家多马针对凯恩斯的短期方法提出了修正。他们认为，社会经济长期稳定增长下去的必备条件是一国的一定时期的储蓄应全部转化为投资，从而强调储蓄即资本积累、资本投资在经济增长中的作用。哈罗德—多马模型所阐述的经济保持长期稳定增长的条件，实质上说明了储蓄转化为资本积累、资本投资的重要性。没有资本积累就没有现代经济的增长。正如萨缪尔森在总结现代经济增长理论时所指出的那样："古典学派致力于研究稀缺的土地问题，但是，自从 19 世纪初期以来的经济增长史，是资本而不是土地居于支配地位的历史""在斯密—马尔萨斯模型中，劳动相对于土地而增长。在更为现代的模型中，却是资本相对于劳动而增长"①，资本积累成为驱动经济增长的动力。这个模型在生产三要素理论基础之上，突出了资本对经济增长的重要性。

【简评】

从资源理论来看，哈罗德—多马模型的自变量包括资本和劳动，但它以资本为经济增长的主要推动力量。早就有经济学家指出，资本具有收益递减的特征，指望依赖投资不断增加而推动的经济增长必然是不可持续的。

二、索洛模型中的"索洛余数"隐藏着什么

美国经济学家索洛（R·Solow）在 1956 年明确指出，哈罗德模型隐含着一个在实际经济生活中并不现实的假定：资本和劳动不可替代。索洛在深入研究哈罗德增长模型之后，突破了哈罗德模型的局限性，放松了资本与劳动不可替代的假设，于 1950 年在《经济增长的一个理论》论文中首先提出了一个具有新古典色彩（所谓新古典色彩，就是不考虑制度的作用，只考虑生产要素配置）的经济增长模型。这个模型推导后发现，除了劳动和资本外，经济增长还有一个"剩余部分"没法解释。索洛模型不能解释所有的经济增长。在他的这一模型中，生产的投入要素只有资本与劳动，索洛在 1957 年提出全要素生产率分析方法，并应用这一方法检验新古典增长模型时发现：资本和劳动的投入只能解释 12.5% 左右的产出，另外 87.5% 的产出不得不被归结为一个外生的"余数"（residual）。索洛发现的"余数"引起了一大批经济学家的注

---

① 保罗·A·萨缪尔森，威廉·D·诺德豪斯. 经济学［M］. 中文 12 版，下册，1323 页，北京：中国发展出版社，1992.

意。余数中包括的是不能被直接观察的所有因素所带来的增长，故索洛把余数称为"我们无知的度量"。

罗伯特·默顿·索洛，1924 年 8 月 23 日生于美国纽约的布鲁克林，1947 年获哈佛大学经济学学士学位，1949 年获哈佛硕士学位，1951 年获哈佛哲学博士学位。从 1949 年起，索洛一直在麻省理工学院任教，1950 年任统计学助教，1954 年升为教授。索洛除了做教授外，还在学术界和政界兼职。1975 年至 1980 年担任波士顿联邦储备银行董事，后出任该银行董事会主席。在肯尼迪总统任内，任白宫首席经济顾问。在约翰逊总统任内，任收入委员会主席。1968 年任美国经济学会副会长，1979 年任会长。1973 年至今任麻省理工学院客座教授。索洛主要因他在 20 世纪五六十年代对资本理论和增长理论的开拓性研究而著名，但是近年来，他也对宏观经济分析和非再生资源经济学做过可能不太决定性的贡献。他的众多的论文中的两篇——《对增长理论的贡献》，载于《经济学季刊》1956 年 2 月号，和《技术变化与总生产函数》，载于《经济学与统计学评论》1957 年 8 月号，已经成为经济增长理论方面的经典之作。

按照新古典的生产理论，"余数"的大小仅仅应该来源于外生的、中性的技术进步。然而，新古典理论不能解释索洛"余数"除了技术进步之外的其余部分。实际上，"余数"既应当包含技术进步，也应包含人力资本增长，还应当包括其他不可观测的因素的贡献。也就是说，所谓全要素生产率实际可能包括各种东西，如技术进步、生产组织的变化等。所以说，余数更像一个"箩筐"，不属于资本（K）和劳动（L）的东西都可以放在其中。

【简评】

从新资源理论的角度看，影响"余数"大小的因素必然是复杂的，也是为数众多的。除了技术进步外，制度变迁、金融发展、人力资本存量提高、知识累积、思想观念解放和更新等因素，都会对"余数"产生影响。当我们对经济增长的源泉做更细致的划分和识别，并"各就各位"予以分离时，"余数"部分就会随之变小。在那些经济体制相对较稳定的发达国家里，"余数"

中包含的制度因素可以被忽略，但是在中国这样正在经历体制改革和变迁的国家，制度因素对"余数"的影响则是不可忽视的。"余数"的存在其重大的理论意义在于：它明确显示导致经济增长的资源要素不仅仅限于生产三要素，还存在着其他重要的但还没有被概括进增长模型中新的资源要素。

三、西方经济学又提出新增长模型，强调技术和知识的贡献

西方经济学中的传统经济增长理论存在着不可克服的局限性，这些模型均不能彻底摆脱新古典增长理论导出的那些"不愉快的结果"。如果经济均衡增长的条件是被外生的人口自然增长率所决定的话，这些模型就没有最终解决索洛余数提出的问题，也没有将技术进步的作用内生化。总之，20 世纪 70 年代初期以后，关于增长理论的文章从西方各主要学术期刊上基本消失了，原来相当有建树的增长经济学家也逐渐转向其他研究领域。直到 1986 年罗默在《政治经济学杂志》上发表他的论文《收益递增经济增长模型》，开始探讨消除新古典经济增长模型存在的局限性的可能途径以后，西方学术界才再次对经济增长理论恢复兴趣。罗默的这篇论文启动了经济增长理论研究的新时期。在他之后，贝克尔、卢卡斯等诺贝尔经济学奖得主也开始进入经济增长研究领域。一批有重大学术价值的论文相继问世，西方经济增长理论研究进入了新的发展阶段，这一批经济增长理论被称之为"新增长理论"，以区别哈罗德—多马模型和索洛模型。

新增长理论突出了人力资本、知识等要素的作用。新增长理论把发达国家与发展中国家作为整体来研究，通过模型说明人力资本、知识等促进经济增长的关键因素的自我积累、自我演进机制，从而说明市场调节不但适用于发达国家，也同样适用于发展中国家。新增长理论部分解释了索洛"余数"。新增长理论的一个重要贡献是打开了索洛"余数"的"黑箱"，给出了技术变化一个内生的解释。

保罗·罗默（Paul M. Romer），生于 1955 年，美国经济学家，斯坦福大学教授。他被认为是经济增长方面的专家并且是诺贝尔经济学奖的有力候选人。罗默在 1977 年获得芝加哥大学物理学学士学位，并于 1983 年在该校获得经济学博士学位。他被《时代杂志》选为 1997 年美国最具影响力的 25 人之一。罗默在 1986 年建立了内生经济增长模型，

把知识完整纳入经济和技术体系之内，使其作为经济增长的内生变量。罗默提出了四要素增长理论，即新古典经济学中的资本和劳动（非技术劳动）外，又加上了人力资本（以受教育的年限衡量）和新思想（用专利来衡量，强调创新）。2015 年 3 月受邀参加由国务院发展研究中心主办的"中国发展高层论坛 2015"。2016 年 7 月 18 日世界银行行长金墉宣布，美国经济学家保罗·罗默将接替考希克·巴苏担任世界银行首席经济学家兼高级副行长，这个任命于 9 月开始生效。

应当看到，新增长理论只是概括了经济增长的直接来源。尽管新增长经济学内生化知识和技术取得成功，但内生制度变迁时经济增长却进展缓慢。奥尔森认为，"老的或新的增长研究文献都不能成功地经受经验观察的考验。尽管富国和穷国之间悬殊在加大，变化最快的国家永远不是那些有着最高人均收入的国家，而往往是一些低收入国家。"①并且，他坚持穷国集团快速增长的唯一解释便是制度变迁。有学者强调增长研究应该转向那些决定转变抵抗力和采纳知识和技术的因素。新增长理论的资源视野还是太窄了一些。很显然，对其他一些帮助增长和发展的一些更为根本的源泉探讨是远远不够的。不过，尽管新增长理论还很不规范，没有形成统一的理论框架，本身还存在不少局限，但无可否认的是，这一新理论对人们重新认识长期经济增长的源泉提供了不少深刻和富于启发的看法，并在经济理论和各国经济实践中产生深远的影响。正如"新增长理论家"格罗斯曼和赫尔普曼所言："我们不敢说已完全明白了技术进步的决定因素，但我们相信，我们所描述的新的规范模式有助于我们达到这个目的。新增长理论已在包容现实性方面——如引入不完全竞争、不完全占有、国际依存和规模收益递增等内容——的正确方向上迈出了一大步，并且可以肯定的是，这些方面对理解一个经济将在各种知识中如何投资相当重要。我

---

① 弗农·拉坦：《新增长理论与发展经济学》，载《国外财经》，1998（12）。杨胜刚、胡艳妮译自《发展研究杂志》。

们相信经济学这个特定领域的知识，像经济学的其他大多数知识一样，将会迅速且持续地得到积累。"①

【简评】

在我们看来，新增长理论的视野还需要拓宽。新增长模型将技术进步等因素内生化，认为增长本身就是下一步增长的源泉，探索内生增长机制从而保证增长无限持续下去，这是尤为值得我们借鉴的，这种自变量的拓展为我们提出"新资源理论"，以及建立在其上的增长发展模型都留下了逻辑空间。在研究经济增长方式时，我们不应再停留在传统阶段，只重视对传统要素进行研究，而应扩展分析的视野。新增长理论将科技同自然资源、资本、劳动并列为第四大生产要素，为大多数人所接受，确立了知识是经济增长的"内生变量"，而不是"外生变量"，不仅指出经济的增长要靠知识的生产、分配和使用，要把知识列入生产函数，而且强调经济的持续发展，要靠知识的良性循环。应当承认，这是一种新理论、新观点、新的思维方式。知识这种生产要素与其他生产要素不同：它可以重复使用，在使用中价值不会减少，反而增加；它可以连续使用，其边际效益不是递减，而是递增；此外，在使用中还具有不可替代、不可相加、不可分割、不可逆转性。这样，它回答了传统经济无法解释的难题，即在资源存量有限，增量不多的条件下，经济如何持续增长。但由于知识通过形成人力资本促进经济增长，分析增长时就用人力资本来代替知识作为增长的一个自变量。在理论分析上，这其实是一个"偷偷的跨越"，把发展型资源转换成了增长型资源。新增长理论看到的是发展型资源，却把它内生为增长型资源。一言以蔽之，承袭的依旧是把经济增长和经济发展分别开来的研究方法。关于增长型资源和发展型资源的概念，下一章我们会介绍。新增长理论没有完成增长模型和发展模型的统一，这个任务由我们在以下章节中在新资源理论基础之上来完成。

---

① Grossman, G. &Helpman, E. "Endogenous Innovation in the Theory of Growth", Journal of Economic Prespectives, Winter, 1994.

126

第二节　新资源理论尝试对经济增长理论与经济发展理论进行融合

上述章节探讨了经济学中主要的经济增长模型。考察这些模型，一个很直观的发现是：与经济增长有关的自变量从资本、劳动两种要素，发展为资本、劳动、技术、知识或人力资本多种要素。要素种类的拓展不是偶然的现象，它代表着增长理论的一个发展趋势。

只有正确揭示经济增长和发展的全部源泉，才能重视和发掘它们，并在此基础之上最为有效和公平地配置所有经济资源，使经济和社会持续发展下去。"经济状况是经常地起变化的，每一时代都是以它自己的方法来观察它自己的问题。"① "新资源理论"把自然资源之外的社会资源如制度、金融、人力资本、知识、信息、思想观念都归结为经济资源，用以全面地解释经济增长和发展，因此就必然涉及增长或发展的理论模型问题。在理论上指明因变量和自变量之间的关系并不容易，这需要理论洞察力，有许多学者和经济学家已经证明了一些因果联系的客观存在。以下我们提出的模型仅仅是初步的探讨，在于抛砖引玉。我们要提出一个新资源和旧资源、自然资源和社会资源、经济增长和经济发展相统一的完整理论模型。

一、增长和发展应当统一考虑

在西方经济学中，经济增长和经济发展是被分割开来研究的两个领域。西方经济学家们总是按照西方社会发展的模式为发展中国家设计各种发展道路，其著名代表人物是早期发展经济学家威廉·刘易斯、沃尔特·罗斯托。在他们看来，贫穷国家之所以贫穷是因为"经济蛋糕做得不够大，现在的关键是必须把蛋糕做得大些。"刘易斯在其《经济增长理论》一书中集中探讨了如何实现经济增长。罗斯托更加直言不讳地说：他关心的是经济增长而不是其他。可以看出，在早期西方学者还没有把"发展"和"增长"两个概念区别开来。他们把发展、进步视同经济增长，把经济增长的具体指标当做衡量发展的尺

---

① 马歇尔. 经济学原理 [M]. 序言, 北京：商务印书馆, 1997.

度，经济发展、社会发展仅仅被归结为国民生产总值的增长。在这种发展观的指导下，人们关心的主要是国民生产总值的数量，并以此作为衡量一国发展水平高低的唯一标准。这种发展观使得第三世界许多国家的实践出现了"有增长而无发展"的现象，出现了诸如人口膨胀、过度城市化、社会政治动荡、分配不均、社会腐败、生态危机等一系列新问题。

进入 20 世纪 80 年代后，西方学术界对社会发展的综合性进行了更为深入的探讨。美国学者托达罗指出："应该把发展看为包括整个经济和社会体制的重组和重整在内的多维过程。除了收入和产量的提高外，发展显然还包括制度、社会和管理结构的基本变化以及人的态度，在许多情况下甚至还有人们习惯和信仰的变化。"[1] 1983 年，法国学者弗朗索瓦·佩鲁受联合国的委托，在《新发展观》一书中对综合发展观进行了哲学概括，他认为真正的发展应该是整体的、综合的和内生的。因此，"（1）经济现象和经济制度的存在依赖于文化价值；（2）企图把共同的经济目标同它的文化环境分开，最终会以失败告终……如果脱离了它的文化基础，任何一个经济概念都不可能得到彻底的深入思考。"[2]此外，还有许多学者也对传统的单纯强调经济增长的发展观提出了批评。美国经济学家库兹涅茨（Simo S. Kuznets）1971 年接受诺贝尔经济学奖时曾给经济增长下了这样一个定义："一个国家的经济增长，可以定义为给居民提供种类日益繁多的经济产品的能力长期上升，这种不断增长的能力是建立在先进技术以及所需要的制度和思想意识之相应的调整的基础上的。"塞缪尔·亨廷顿强调了经济发展过程中社会因素和政治因素的影响和作用，阿列克斯·英格尔斯强调了观念更新、文化融合和人的素质的重要作用，法国学者罗兰·柯兰则把"社会进步指数"作为衡量社会、政治和文化现象的综合标准，社会进步指数应包括技术系统、经济系统、政治系统、家庭系统、个人社会化系统、思想与哲学宗教系统六大方面。

上述新发展观摒弃了传统发展观单纯用国民生产总值衡量一国发展水平的做法，要求把发展看成是历史文化传统、政治、经济、价值观等多种因素作用的过程，体现了人们对发展问题更深入的研究和认识。主张社会多方面、多目标、多因素的综合发展，已成为全球性的潮流，体现了人们对发展问题更深入

---

[1] 迈克尔·P. 托达罗. 经济发展与第三世界 [M] . 50 页，北京：中国经济出版社，1992.

[2] 弗朗索瓦·佩鲁. 新发展观 [M] . 165 ~ 166 页，北京：华夏出版社，1987.

的研究和认识。

必须看到，新发展观也有其内在的缺陷。主要体现在：它虽然突破了传统三要素理论的限制，较正确地分析了发展进程中社会内部多种要素的交互作用和影响，但其采取的方法类似于制度经济学所用的历史分析方法。而现代经济学的研究方法是建立在数学广泛应用的基础之上，经济学的历史证明，如果一种思想在一个数学框架下能很好地形式化，则有助于使之很快被接受并被纳入主流经济学之中，一旦数学工具被经济学家掌握并正确使用，不仅能为经济学的发展提供更好的交流工具，降低学术交流成本，而且还能对理论自身的分析框架产生深刻的影响。发展经济学注意到了影响经济发展的许多新的因素并对它们做了深入的研究，但出现了像制度经济学的早期发展阶段那样的状态——没有形成一个统一的理论框架或理论范式，影响了进入主流经济学殿堂的步伐。

自 20 世纪 60 年代末起，西方发展经济学家开始强调用新古典经济学的观点和方法研究经济发展问题，从而出现了发展经济学中"新古典主义复兴"。新古典主义发展经济学家认为，新古典经济学理论不仅适用于发达国家，而且同样适用于发展中国家。他们从渐进的、连续的、和谐的发展观出发，对发展中国家经济发展的前景持乐观态度。他们把个人作为决策者所表现出来的激励——反应机制作为理论研究的核心，认为既定资源的良好配置是经济发展的关键，具有高度弹性和要素流动自由的市场价格体系和自由竞争制度能对经济发展作出有益的自动调节。在 20 世纪五六十年代，发展经济学中重要的流派"结构主义"从发展中国家市场不完全的情况出发，对市场价格机制的作用基本持否定态度。与此相反，新古典主义者则十分强调市场价格机制在经济发展中的重要作用。他们认为，市场价格机制不仅能合理地配置资源，而且是一种有效的管理工具。如果不发挥市场价格机制的作用，势必出现"政策引致扭曲"和各种"非市场失误"。发展问题的分析不应是"无价格的"，价格作用不应被抹杀，价格机制对促进发展中国家的经济发展将发挥巨大的作用。因此，"把价格理顺"是一切发展中国家的当务之急。新古典主义者对市场价格机制作用的认识是颇为深刻的。实践表明，市场作用发挥比较充分的地区，经济活力就比较强，发展形势也比较好。新古典主义者对经济发展中市场价格机制的作用作过许多实证性的分析和研究，得出了不少既有理论价值又有实际意义的结论。同时，新古典主义者在强调市场价格机制的同时，还指出政府不应对经济实行过多的干预。全面中央计划对经济进步肯定是不必要的，相反，更可能阻碍经济发展。只有放弃国家干预主义的信条，维持真正的自由贸易原则和自由贸易制度，才能有效地促进工业化和经济增长。

应该说，新古典主义者虽然不完全正确，但是其反对政府过度干预的思想，经得起经济发展的历史检验。新古典主义的市场调节机制、边际报酬递减规律、强调技术变革这三项"专利"，已被众多研究发展问题的经济学家所采纳。当然，新古典主义在经济发展理论中的复兴也并未表明它已经成为现代经济发展理论的唯一体系。"结构主义"的发展经济学家仍然没有放弃他们所持的种种学术观点，并一再强调发展中国家所面临的任务是进行社会经济的结构改革。这在我们"新资源理论"来看，实际上强调的是社会资源配置的调整。如制度改革、思想观念更新、积累知识等。我们在拓展资源概念后，并用发展状态函数代替生产函数就可以把上述研究统一起来，形成逻辑化、数学化的一个体系。

二、资源可划分为增长型资源和发展型资源

在目前的西方经济学中，增长经济学和发展经济学还是分离的，即只将经济增长理论视为研究发达国家或地区长期稳定和持续平衡增长的理论，而将发展经济学视为研究不发达国家或地区如何摆脱贫困落后的状态，以及走向现代化，实现经济飞跃的理论。也就是说，经济理论还没有将经济增长和经济发展真正联系起来。

发展经济学和经济增长理论彼此是可以相互借鉴的，二者并不应因为理论门户之见而忽略彼此工作的进展。在发展经济学家和经济增长理论的学者们之间应该有持续的交流和对话。在经济发展进程中，产生了许多令人感兴趣而又重要的现象还没有被理解和解释，而恰恰是这些现象说明，用以证实在增长经济理论外衣下的发展经济学，或者说得更明确一些，经济增长理论和发展经济学实际上是统一的。在理论上将经济增长和经济发展（乃至社会发展）结合起来是经济学的唯一出路。经过长期的探索，人们现在已经认识到，仅仅关注人类经济的"增长"是远远不够的，还要将其和经济"发展"结合起来。"发展"同"增长"的关系被越来越多的人所关注。如有的学者认为："除了已计算出来的增长和与之相联系的结构变化外，人们还可以给'发展'一个特殊

的意义——它表示在增长导向下经济和政治体制的系统变化。"[1]有的学者则进一步指出："经济增长特指更多的产出，经济发展不仅指更多的产出，还指和以前相比产出的各类有所不同以及产品生产和分配所依赖的技术和体制安排上的变革。增长意味着以更多的投入或更高的效率去获得更多的产出，发展的含义则不仅仅只有这些，它还意味着产出结构的变化以及生产过程中各种投入量分布的变化。增长是发展中至关重要的因素，但是发展不仅是人均收入的提高，而且还包括更公平的教育和就业机会、更广泛的性别平等、更好的健康和营养、更干净的自然环境、更公平的司法和法律体系、更富足的文化生活等，也就是人们生活质量的提高和改善未来能力的扩展。

　　上述理论动态表明，人们已经注意到了把增长理论和发展理论相统一的可能性，但是，却没有明确提出统一的具体途径。"新资源理论"的提出会把可能性变成现实性。因为，无论是从增长理论出发[2]，是从发展理论出发，只要我们拓展了资源的概念，殊途同归，极有可能把对经济增长和发展的源泉或因素统一融入到一个理论模型之中。

　　资源是一个系统性概念。从自然资源到社会资源，从三要素资源到多要素资源，我们完成了一个理论拓展。在资源这个大系统中，按照人类揭示和发现它们的顺序以及对经济增长的影响时效，各种资源可以被划分出不同的种类和层次。划分标准不同，资源类型也不同。根据对经济增长刺激效应的时间长短，资源可以划分为增长型资源和发展型资源，或者也可对应称之为短期资源和长期资源，战术型资源和战略型资源。图4-1描述了增长型资源和发展型资源的特征。

---

　　① 雷诺兹：《经济发展的理想与现实》，英文版，4~5页，耶鲁大学出版社，1997。转引自赵凯荣：《关于系统增长理论》，载《系统辩证学学报》，1997（3）。

　　② 有中国研究者做了这条路径的研究。参见赖平耀：《增长理论与发展经济学——关于在增长理论基础上重建发展经济学的若干思考》，载《世界经济与政治》，2003（10）。他主张发展经济学应当并且能够在增长理论的基础上重建，也就是说，发展经济学可以作为增长经济学的一个应用学科来建立。从形式化分析的角度，发展问题可以作为一类特殊的增长问题来处理。这样，发展经济学的理论统一性问题便可以获得解决。当然，这并不意味着应当追求将发展分析完全形式化、数量化，但应当认识到，如果要求发展理论达到足够令人满意的严格性与精确性，那么，就必须接受将发展理论完全纳入到增长理论的框架中。应当说，这种思路在理论上是可行的，因此也是正确的。不过，我们认为，从发展理论导出增长理论，把增长理论纳入到发展理论中来，同样也是可行的。两种思路都没有错，殊途同归，都可以把经济增长和经济发展在理论上统一起来。

```
┌─────────┐        ┌─────────┐
│ 经济增长 │──────→ │ 经济发展 │
└─────────┘        └─────────┘
     ↑                  ↑
     │                  │
┌─────────┐        ┌─────────┐
│ 增长型  │──────→ │ 发展型  │
│ 资源    │        │ 资源    │
└─────────┘        └─────────┘
```

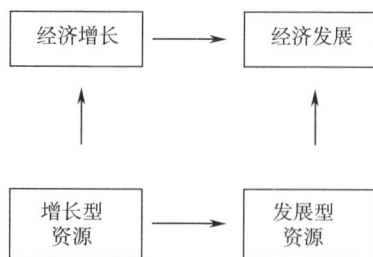

图 4-1　资源类型、经济增长和经济发展

根据这种思想，作为一个系统性概念，如同货币的概念一样①，资源也可以按对经济增长刺激时效强弱，被划分出几个层次。大体上如下：

资源第一层次，自然资源 N；资源第二层次，制度资源 S；资源第三层次，金融资源 F；资源第四层次，人力资本资源 H；资源第五层次，知识资源 H；资源第六层次，信息资源 T；资源第七层次，思想观念资源 I；资源第 N 层次，第 n 种资源 N。

随着人类对自然和社会发展规律探索的不断加深，对资源层次的认识也在不断地深入。在以上的资源层次中，第一层次的自然资源是创造财富的物质原材料，是经济增长和经济发展的基本物质要素。没有这些物质要素，人类社会就失去了物质基础。没有了它们，人类社会生产就失去了加工的对象，财富创造就成为无本之木、无水之源。自然资源是经济增长的基本投入要素。在其他资源投入不变的前提下，在前期阶段，自然资源投入量越大，经济增长创造出的财富量也就越大。但是，这也是在一定条件下和一定区间内才正确，因为自然资源遵循边际收益递减规律，当经济增长到一定阶段，自然资源所带来的增长量就会日趋减少，甚至有可能带来负增长。另外，自然资源是被动性资源，它是在社会资源"能动地"调配下，经过社会生产过程才能被转变为物质财富，社会资源能否最大限度地发挥能动性是财富创造的关键环节。从长期看，经济增长和经济发展不取决于自然资源的数量，而是取决于社会资源的数量和质量。

资源的第二层次为制度资源。制度在经济增长中的作用是不容忽视的。人类经济社会中的制度从无到有，从少到多，从不完善到完善，经历了很多复杂

---

① 根据货币银行学理论，按流动性强弱程度，货币可以被划分出货币层次。

坎坷的社会历程。人类逐步学会用更有效率的制度替代无效率的制度，经过了漫长的历史变迁过程，累积起来许多行之有效的社会制度。"一个国家的经济增长，可以定义为给它的居民提供种类日益增多的经济产品的能力长期上升，这种不断增长的能力是建立在先进技术以及所需要的制度和思想意识之相应的调整的基础上的""先进技术是容许经济增长的源泉，但它只是一种潜力，一个必要条件，而本身不是一个充分条件。如果技术被有效而广泛地使用了，并且如果它的进步确实是由这种使用而促进的，那么，就必须对制度和思想意识进行调整，以便促进由先进的人类知识存量所产生的创新的适当使用。"①西方经济学主流学派假设制度为已知和给定的，他们一般忽视制度因素，以制度既定为前提，在此条件下研究各种经济变量的因果关系，探讨所谓资源最优配置问题，而不研究制度本身形成、变化、发展的原因和过程。这种经济理论隐含地从充分发达的组织框架出发，并且只关心改正与既定制度框架有关的资源配置扭曲。他们趋向于忽视发展适当制度、组织以进一步解决问题，而且，在发展研究中，他们贬低了很多不可量度的、非经济因素的重要性，这就使其理论体系存在着较大的局限性。这种经济学理论难以解释一些发展中国家经济发展不快的真正原因，也难以提出促进落后国家迅速实现增长的有效对策。因为，许多发展中国家经济之所以发展不快，很大程度上正是受到制度或体制因素的束缚。只有改革并去除阻碍经济增长和发展的落后制度，才能解决由于制度压抑造成的经济增长和发展缓慢问题。在此方面，新古典主义主流学派的分析方法和理论工具显然是无能为力的。新古典主义理论虽然强调要建立市场经济制度，但它本身并不研究制度形成和制度变迁问题，从而也就不能说明如何才能走向完善市场经济的过程。非主流（或被称为"异端"）的制度学派（包括新制度学派）独树一帜，对制度在经济增长和发展中的作用进行了深入系统的研究。特别是新制度经济学，把制度分析和新古典分析结合起来，实现了二者在逻辑和数学上的统一，这无疑是一个正确的研究方向。新资源理论则把制度纳入资源要素分析中，有可能建立起一个简洁明晰的理论分析框架用于理论分析和政策制定。新资源理论的结论是：制度资源与经济增长关系密切，是增长型资源。

---

① 西蒙·库兹涅茨：《现代经济增长：发现与思考》，转引自郭熙保主编《发展经济学经典论证选》，57页，中国经济出版社，1998。

第三层次资源是金融资源。作为现代市场经济"资源配置的核心制度"的金融制度，是金融资源中核心的要素。金融资源可以调动和配置其他经济资源。金融资源这种配置性，再加上本身固有的脆弱性，金融安全和金融主权问题就会被引出。金融资源兼有增长型资源和发展型资源两种特征，因此，金融资源不仅联系经济的过去和现在，也联系经济的现在和将来。

人力资本、知识、信息、思想观念等资源都是发展型资源。它们对经济增长的刺激在短时期内看并不明显，但从长期看，对经济发展有着较为明显的、重要的贡献和作用。我们应当指出，随着资源层次的展开和上升，是经济分析把视线从自然资源逐步转向社会资源的一个过程，同时也是从增长型资源转向发展型资源的一个过程，还是社会资源要素更加突出、人类经济从依靠自然资源为主转入到依靠社会资源为主的一个过程。本书前面的章节已经证明了这些社会资源要素在经济增长和发展中所发挥的重要作用和贡献。

资源层次的展开显示了这样一个特征：资源越是深入展开，其对经济增长的短期刺激效应逐渐减弱，其对经济、社会发展的长期作用就越突出。因此，"新资源理论"提出的经济增长模型原则上也应当是经济发展模型，二者没有根本性的界限和分歧。只能根据所考察时期的长短，以及各国不同的经济条件和历史阶段，分别分析应当重视的资源要素变量。图 4-2 描述了资源层次性：

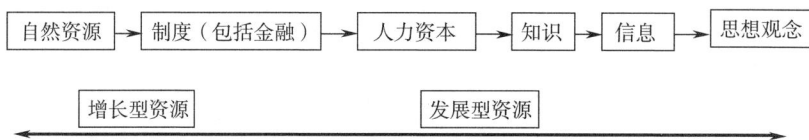

图 4-2 资源的层次性

需要注意的是，我们还特意列出了第 N 层次资源，用这个 N 代表未来可能再发现的新资源种类。这使得我们的理论保持开放性，为后来的理论发展留下了空间。①我们坚信，随着人类社会的向前发展，科学知识和技术的进步，会有新的资源被人们所揭示和发现。

增长型资源和发展型资源大体上存在以下几点区别。

---

① 这种做法类似于门捷列夫排列元素周期表的方法，门捷列夫为未来可能发现的元素预先留下了空位，我们则为未来可能发现的新资源预先留下空位。

1. 产权强弱特征不同

产权是一组权力，包括所有权、使用权、交易权、收益权，这些权力在不同资源类别上有明显的差异。增长型资源的产权特征比较强，发展型资源的产权特征比较弱。以增长型的自然资源为例，自然资源已经多数被划定归属，即现在地球上的自然资源基本上已经版图化，已经归属各个主权国家。其产权完全由各国政府或者本国国民享有，产权特征比较明显。发展型资源，诸如知识、信息和思想观念的产权特征并不这么明显。也就是说，这些资源共享性强，产权性弱。知识、信息和思想观念一旦传播开来，也基本丧失掉了产权性。当然，某些知识、信息和思想观念也具备产权性，于是我们才会有"知识产权"这个概念。[①]不过，发展型资源的知识产权一般都有时间限制，保护知识产权也是为了保护创新利益，鼓励创新发明。从长远看，并不是为了阻挠全人类共享文明成果。

2. 价值衡量方式不同

价值反映价值对象的重要性、稀缺性。价值评判是一个主观过程，但价值内容应当是客观的。资源都是有价值的，某些增长型资源，如自然资源和金融资源都可以用货币来衡量价值；而发展型资源，如人力资本、知识、信息和思想观念无法用货币来衡量其价值。这些对增长和发展发挥重大作用的因素虽然在理论上被内生化，被归结为自变量，但不能用货币数量来衡量其投入产出。价值衡量方式上的差别实际上也是由产权强弱差异所衍生出来的一个特征。产权特征越强，资源就越可以货币化其价值，反之则相反。社会资源具有共享性、公共性，因此，诸如制度、金融等社会资源要素的价值衡量标准主要是看它们质量好坏和功能发挥的水平。

3. 资源流动速度不同

流动速度指在空间上的转移速度。增长型资源较比发展型资源的流动速度要慢。自然资源的流动要靠各种运输工具做载体，要支付运输费用，才能被运到一个国家的不同地区，或者从一个国家运到另一个国家。制度资源也属于增长型资源，制度传播和制度模仿表面上看很容易，实际上是一个复杂的"仿效移植"过程，制度真正"生根发芽"并发挥作用则需要更长的时间。相反，

---

① 这从另一个侧面证明了知识等具有资源属性。

知识、信息和思想观念可以借助现代各种媒体媒介①，在相对较短甚至瞬间在全球范围内进行传播流动。资源流动速度上的差异大体上和资源形态、产权特征强弱有关，越是物资性的资源，越是产权特征强的资源，流动速度越慢。

4. 财富创造效应不同

增长型资源创造财富是直接的。自然资源被开发和投入后，就可以直接生产出物质产品。制度被创新改革后，很快会产生财富创造效应。金融资源具有配置性，金融资源配置在先，物质资源配置在后，只要投入金融资源，很快就可以启动生产和财富创造过程。而发展型资源创造财富是间接的。发展型资源（如知识）不能被直接投入到生产和财富创造过程，发展型资源在被开发的过程中，逐步传播开来，通过渗透在增长型资源内部，提高增长型资源要素的质量和素质，促进增长型资源配置优化，间接参与了财富创造过程。

5. 资源存在形态不同

增长型资源的重要部分是自然资源。自然资源的存在形态是物质的，看得见、摸得着的。而发展型资源的存在形态基本上是抽象的、非物质的，它们需要物质载体。当然，增长型资源和发展型资源并没有特别明确的界限，尤其是在金融资源上体现较为明显。金融资源是一个复杂的巨系统，金融既是增长型资源，也是发展型资源。从这个意义上说，金融确实是凯恩斯所说的"战略性资产"，金融既联系过去，也联系着现在和未来。金融既联系经济增长，也联系着经济发展。

三、基于新资源理论之上的"增长发展统一模型"②

由于"新资源理论"认为资源具有层次性，而且随着资源层次展开，又可以划分成增长型资源和发展型资源。由低层次向高层次资源展开并不存在明确的界限和分水岭，所以，"新资源理论"先建立发展模型，然后从发展模型出发，反过来推导出增长模型，在理论上认为经济增长是经济发展的短期表现和现实基础，经济增长模型是经济发展模型的特例。

---

① 如互联网、电视、电台等，当这些信息技术手段越来越广泛地深入我们生活的时候，信息产业正在以前所未有的速度改变着人们的生产和生活。

② 白钦先，杨涤. 新资源要素和经济增长发展理论 [J]. 中国人口、资源与环境. 2001（4）.

设自然资源为 N，制度资源为 S，金融资源为 F，人力资本资源为 H，知识资源为 K，信息资源为 T，思想观念资源为 I，N 资源为 N，D 为发展状态（用一定数量指标来表示），Φ 为状态函数。① "新资源理论"的发展模型为 D＝Φ（N，S，F，H，K，T，I，N）。

这个公式理论上的含义就是发展与自然资源、制度资源、金融资源、人力资本资源、知识资源、信息资源、思想观念资源和 N 资源有关。至于用什么数量指标代表发展状态 D，由于目前经济学中存在争论，即什么是发展，②或者用什么指标来衡量发展，莫衷一是。这里也难于给出具体的指标和量纲。对于这个问题，我们还没有专门去研究，但这里给出几点倾向性意见。第一，衡量发展状态不可能是一个指标，而可能是一个指标体系，因此，也可能是没有量纲的一个指数。第二，对发展状态的描述完全跟不同的经济学派有不同的视角有关。可能是仁者见仁、智者见智，不会像描述经济增长都用 GDP 或 GNP 那样取得共识。第三，不论采取什么指标，都需要包括经济增长指标，即 GDP 或 GNP。③这实际上是说，经济发展必然包括经济增长，或者经济增长是经济发展的基础。第四，经济增长指标是"实证性"指标，即除非捏造数字作假，否则无论谁来衡量一个经济体的增长，得出的数字应当是一样的，或接近的。而经济发展指标则是"规范性指标"，受各国的政治偏好因素、历史文化传统、民族风俗习惯等影响。如果不采取同样的指标体系就无法进行发展阶段比较。即使采取同样的指标，也未必能体现出在发展阶段上的差异。因此，极有

---

① 在理论上怎样研究经济发展？我们认为，提出发展状态函数较比罗列各种经济数据以及语言叙述更为简洁明晰，由此，一个国家的持续发展也就表现为从低级发展状态向高级发展状态的不断跃迁。只不过这种跃迁不同于物理学中的量子跃迁，自然界可以不连续，存在量子跃迁现象。而人类社会的发展却无法瞬间完成跃迁，有连续性和持续性。

② 在经济学文献中，尤其是在 20 世纪五六十年代，增长和发展有时候作为同义词使用。在某些场合里，这是可以被接受的。但 20 世纪七八十年代以来，增长和发展被区分开来，经济增长理论和发展经济学相互区别。通常在行文中明确表明的意思是：经济增长指更多的产出，而经济发展则不但包括更多的产出，而且也包括产品生产和分配所依赖的技术和制度变革。经济增长不仅包括由于扩大投资而获得的增产，同时还包括由于更高的生产效率，即单位投资所生产的产品的增加。经济发展的含义则不止这些，它还意味着产出结构的改变，以及各个部门、各个行业结构的优化调整，人民生活质量和福利的提高，缩小不平等状况和消灭绝对贫困阶层，还包括社会结构、人权状况和国家制度的多方面的进步。从本质上说，发展必须体现增长的全部内容。增长倾向于代表物质财富的增长，发展倾向于物质财富和精神财富的全面增长。增长不一定发展，但发展必然以增长为基础。

③ 考察经济增长状境的指标有很多，如国民（内）生产总值增长率、国民收入增长率、资本积累率、生产性投资增长等，但核心指标还是 GDP 和 GNP。

可能用多种指数来描述一个经济体的发展，才有可能完整地进行发展阶段比较。以上观点仅仅是我们的逻辑推理，由于"用什么指标来描述发展"本身也是一个很大的科研课题，需要深入系统的研究，这里就不能展开。这也不是本书的重点。我们先提出问题，留待我们或者其他研究人士以后给予解决。

从发展的角度看，把知识、信息、思想观念列入独立的经济资源是可以理解的，但它们实际上是不能脱离其他资源而独立存在的。它们不是天上掉下来的，用经济学的话说，它们不是外生变量，而是内生变量。知识、信息、思想观念同制度密切相关，好的制度促进知识、信息的产生、传播和增长，实现好的思想观念的可能性更大一些，机会更多一些。另外，好制度还能更快、更多、更高质量地形成人力资本，而人力资本形成又与知识、信息、思想观念密切相关，它们是学习、积累、创新、发展的关系。因此，社会资源各个类别是密切相关的，是互动的因果关系。用函数关系表述如下：

H = H (S, F, K, T, I)，即人力资本决定于制度、金融、知识、信息、思想观念，或者，K = K (S, F, H, T, I,)，即知识决定于制度、金融、人力资本、信息、思想观念。制度创新能够形成知识、信息、人力资本，并构建思想观念积累的良好环境，有利于提高它们的使用效率。从数学逻辑上分析，如果上述函数满足条件，制度也可以被推导出，即制度是人力资本、知识、信息、思想观念的函数，或者说产物。知识的增进能够促进制度的创新、是制度创新的源泉。从人类发展历史角度来看，这个逻辑没有错误，人类采取更好的制度从长期看是人类文明进步的标志，也是人类知识增长、思想观念日益接近科学的结果。思想观念是人对事物的认识和态度，即认识论和价值观。而制度则是社会中人、财、物的组织结构。一切制度的核心都是思想观念，从长远看，思想观念决定制度。而制度一旦产生、确立、应用之后又会对思想观念有反作用，制度会产生新的思想观念或对之产生影响。[①]假设在人类之初的蒙昧状态，人类也没有制度来约束行为，将是赤裸裸的生存竞争和斗杀。知识的缺乏使他们还没有认识到如何协调相互的利益和行为。正是经过漫长岁月相互残

---

① 举一个简单的例子，南非长期实行对黑人的种族歧视政策，引起国际舆论的持续抨击和制裁压力，其国内政治斗争和反抗也不断，特别是许多白人也参加进来，最终是在开明的白人总统的支持下结束了种族歧视政策。表面看是种族斗争决定了不合理的制度废止和合理的制度建立，但如果统治集团中没有支持合理制度的人物、知识和思想观念，在国家专政的藩篱下，坏的制度还会继续生存。

杀、斗争的切肤之痛，人们逐渐认识到行为的交互性而建立起约束人们行为的制度。知识的不断积累成为制度不断改进的动力。知识和制度使社会秩序得到建立，使人类越来越走向文明。当人类不断建立起各种制度、不断改变各种制度、不断创新各种制度的时候，各种制度的综合就形成了社会体制。经济体制就是一种重要的社会体制，它由各种规范经济行为的制度构成。财产权利制度就是这些制度中最重要的一种，事实上，财产权利制度常常被看做经济体制的基础。当然，相对短期地来看，决定制度的因素是复杂的，也是很难预测的。集团利益大小、集团势力对比以及集团斗争状况可能是决定制度的关键性因素。经济体制固然从根本上决定政治体制，但政治体制对经济体制的反作用也十分巨大。①

把"新资源理论"的发展模型中发展型资源如人力资本 H、知识 K、信息 T、思想观念 I、其他资源 N 去掉，只考虑增长型资源，由此就会导出经济增长模型，则 D = GDP，则 D = GDP = Φ（N，S，F），φ 为经济增长函数，它的具体形式由各国不同的经济制度和经济结构具体决定。其他符号含义同上。该公式的理论解释就是经济增长与自然资源、制度资源、金融资源有关。

中山大学陆家骝教授在 2000 年 2 月发表的一篇论文《新经济资源观与我国新世纪发展的资源策略》中也提出了类似的思想，不过，他直接用这种关系来定义资源的概念。他认为，在任何一个时点上，生产可能性边界的位置和形状表现一个经济最大的潜在 GDP 水平和结构；经历任何一段时期，生产可能性边界的位置和形状的变动反映一个经济同生产能力相关的资源因素的改变。所以，以生产可能性曲线为中介，一个经济最大的潜在产出能力就同一个经济可资利用的全部资源因素逻辑地联系了起来。据此给出一个演绎逻辑的定义：一切参与决定一个经济的生产可能性曲线的位置和形状的经济因素，均为这个经济在相应的时点（期）上所拥有的经济资源。"一切参与决定一个经济的生产可能性曲线的位置和形状的经济因素"绝不只是传统的生产三要素，它包括所有新发现的现代经济增长中的投入因素和效率因素。这是从增长角度

---

① 例如，中国的改革在现有政治体制框架下决定于掌握决策权的政治精英的人力资本、知识和思想观念。如果被"左"的势力掌握了政权，或者被那些"洋教条主义"以及"全盘西化"的势力左右了改革方向，中国的前途就不是乐观的。还有一种势力值得注意，就是腐败集团，这些人如果掌权就是中国的灾难。

探讨资源定义的思路，有相当的科学性和启发性。"新资源理论"则从发展角度出发进行探讨，把经济资源分成增长型资源和发展型资源，把增长和发展统一起来加以分析，并认为增长是发展的短期基础和公式特例，从而导出经济增长模型。可以看到，传统增长模型中考虑的自变量是自然资源 N（或者称为自然资本）、制度 S 及所决定的增长函数的具体形式 Φ 是给定和外生的，其他自变量中，金融资源 F 简化为金融资本，人力资本 H 简化为劳动力，因此，我们说，传统增长模型所概括的因果关系过于狭窄，把许多重要的自变量没有归纳进去。这正是新古典增模型不能解释全部增长来源的根本原因。直观地说，索洛余数包含许多重要的资源因素所作出的贡献，就是"新资源理论"指出的以上这些社会资源。由于各国所采用的经济制度和经济结构不同，所以没法给出增长模型的具体数学函数。这就同弗里德曼的货币需求函数一样，表达的是一种客观存在的因果关系，即经济增长和增长型经济资源之间的客观关系。各国具体的货币需求经验公式有很大不同。当假设其他一些关系成立或给定一些限定条件，上述增长模型也是可以具体化的。

刘易斯观察，一切经济增长都遵循以下规律性：开始时缓慢，逐渐加速，然后又放慢下来。这是因为刺激增长的每个因素最终都会接近极限，自然资源都遵循报酬递减规律。但是社会资源遵循报酬递增规律。例如，当提出某种新制度时，它首先遭到反对。但是经过一段时间后，新制度会受到欢迎，人们开始热情地将其应用到越来越广泛的社会关系中去。但是必定会有这样一个时刻到来，届时这个制度垄断了几乎能应用的一切有关领域，它所提供的增长动力就会达到极限，这时，制度改革和创新的增长效应就会消失。"经济增长是对连续不断的刺激的反应，而每个刺激最终会达到极限。因此，持续稳定的增长只有偶然在新刺激的产生始终正好接上旧刺激的消失的情况下才有可能。"[①]社会资源是再生性资源，其内容在不断创新和更新。这样看来，经济的持续增长就只能寄希望于发展型资源，人力资本、知识、信息、思想观念都是发展型资源，具有收益递增的特征。只要能保证它们的不断增长和创新，经济的持续增长（或者持续发展）也就有了坚实的基础和现实的可能。

"新资源理论"把西方的资源三要素，或者资源四要素拓展到制度、金

---

① 阿瑟·刘易斯. 经济增长理论［M］. 176 页，北京：商务印书馆，1999.

融、知识、信息、思想观念等社会资源，是针对时代的发展特征以及现有经济理论研究成果的一种统一和升华，也是一种大胆的理论尝试和探索，也许还能成为重大的理论创新。"新资源理论"这种研究思路能行得通吗？把这么些因素纳入资源的范畴是否是过于宽泛了？提出"新资源理论"是否为多数经济研究者所接受？我们在做这个课题研究时，也曾尝试探寻找到从其他角度支持这个理论的合理论据。我们发现，当变换一个视角来看待资源概念拓展时，就会发现马列主义经典理论中的生产力和生产关系，经济基础和上层建筑之间的辩证关系原理正好可以证明"新资源理论"的合理性。其实，制度包括作为核心市场制度的金融就属于生产关系范畴，生产关系总和构成经济基础，那么制度就是经济基础的具体体现。而知识、信息、思想观念属于上层建筑中的因素①，那么，制度、知识、信息、思想观念对经济增长和发展的作用就是生产关系对生产力，上层建筑对经济基础的反作用。这样看来，"新资源理论"的资源拓展与马列主义的基本原理是恰好吻合的。当然我们并不认为，"新资源理论"的科学性需要用其他理论来证明，检验经济科学的科学性最终标准是社会经济实践。我们研究的方法是西方经济学普遍采用的"实证法"加上"逻辑法"，在新古典的思路上又进行了突破和创新。

可以说，上述增长和发展的"统一模型"只能说算我们的一种初步探讨，它仅仅指出了应把经济增长和经济发展统一起来，并区别了增长型资源和发展型资源。模型还是比较简化的，但出发点却是拓展了的资源观和统一考虑增长和发展问题。理论研究总是这样，最初并不能保证所提的观点全部正确，因为研究本身也有待深化认识。"但当这些著作日久成熟，粗糙的地方已经修正时，我们就可知道，它们实在并没有违反经济学发展的连续性。新的学说补充了旧的学说，并扩大和发展了、有时还修正了旧的学说，而且因着重点的不同往往使旧的学说具有新的解释。"②我们只希望通过自己的工作来抛砖引玉，为基础经济理论添砖加瓦。一个新的观点、一个新的理论不是要追求"炒作"和轰动效应，也不可能百分之百的正确，只要能给人们以启发，促使人们思考就很好了。当然，如果理论基本正确，则我们会很欣慰。如果能对国家制定政策提供参考，发挥出经济理论的威力，则是求之不得的，因为提出理论的最终

---

① 意识形态就是思想观念，它是统治者的思想观念。

② 马歇尔．经济学原理［M］．序言，北京：商务印书馆，1999.

目的是应用于指导实践。不过，我们还是要强调：社会科学的正确与否不取决于任何机构、权威对研究结论的评判和取舍。检验社会科学理论的标准除了严密的逻辑检验，最终还是真实的社会实践。图 4-3 描述了对经济增长源泉探讨的理论发展历程。

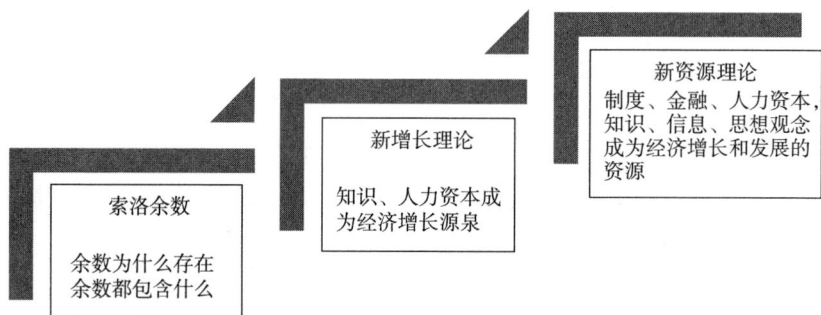

新资源理论
制度、金融、人力资本，知识、信息、思想观念成为经济增长和发展的资源

新增长理论

知识、人力资本成为经济增长源泉

索洛余数

余数为什么存在
余数都包含什么

图 4-3　对经济增长源泉探讨的理论发展历程

第五章
对资源配置理论的重新修正

本章在新资源理论的基础之上重新对新古典经济学资源配置理论进行修正和创新。

第一节　新古典经济学的资源配置理论简介

建立在生产三要素理论基础之上的资源配置理论由新古典经济学提出并确立，这种资源配置理论一直延续到现在，占据着主流经济学一席之位，不断影响着一代代经济研究人员的思维方法。我们先对之进行简要的介绍，然后再对它的局限性加以评述。这一部分内容并不完全是我们的研究成果，很多西方经济学研究文献都指出了这些局限性。

一、新古典资源配置最优的三个必要条件

新古典经济学派是 19 世纪末 20 世纪初，由英国经济学家马歇尔创建的一个学派。由于马歇尔提出的"均衡价格论"既继承了传统的生产费用学说，又融合了 19 世纪 70 年代后的边际效用学说，故被称为"新古典学派"。因为马歇尔和他的忠实门徒庇古、罗伯逊等长期在英国剑桥大学任教，所以又被称为剑桥学派。这个学派所传播的经济学说，主要包括在马歇尔于 1890 年出版的《经济学原理》一书中。该书把供求论、生产费用论、边际效用论、边际生产力论等融合在一起，建立了一个以完全竞争为前提，以"均衡价格论"为核心的完整经济学理论体系。

新古典经济学派用所谓"连续性原理"（只有渐进没有突变）分析经济现象，他们认为在经济现象之间、经济概念之间都存在连续关系，彼此之间没有严格的区分。他们用力学中的"均衡"概念和数学中的"增量"概念来分析商品和生产要素的供求均衡及其价格的决定，同时，假定其他条件不变，在静态均衡分析的框架内引进时间因素，以区别在长短不同的时期内，供求状况的不同变化所达到的不同均衡状态（即所谓的局部均衡分析）。他们用主观心理动机解释人类的经济行为，认为人类的经济生活都是由"追求满足"和"避免牺牲"这两类动机支配的，这两种动机决定着商品和各种生产要素的需求和供给。剑桥学派的核心内容是均衡价格论。他们用边际效用递减规律决定的不同需求量和相应需求价格所构成的需求曲线，与用边际生产费用递增规律决

定的不同供给量和相应供给价格所构成的供给曲线说明一种商品均衡价格的决定。在均衡价格论的基础上，剑桥学派认为国民收入是各种生产要素共同创造的，各个生产要素在国民收入中所占份额的大小，取决于它们各自的供求状况所决定的均衡价格，形成了四要素收入图式①，见图 5 - 1。

劳动	工资
资本	利息
土地	租金
管理	利润

图 5 - 1　四要素收入图式

在新古典经济学看来，正是由于资源的稀缺性，导致人类社会面临三大基本经济问题：生产什么、如何生产以及为谁生产。同时，也正是由丁人类欲望的无限性与资源的有限性这对矛盾的存在，才使人们不能不考虑在各种可以相互替代的方案中选择最好的方案去利用资源。就生产者来说，资源的稀缺性导致了产品生产存在着"生产可能性边界"，由此决定了他们只能在"生产可能性边界"限定的范围内（包括边界之上）作出产品种类和数量上的合理选择。就消费者来讲，资源稀缺性既使得人们的收入有限，又使得消费者选择的对象（消费品）有限，为此，消费者必须考虑以有限的收入在有限的消费品中作出恰当的选择，以求最大的身心满足（即效用）。在完全竞争的条件下，通过生产者和消费者"理性"的分析和计算，通过他们构成的市场，就可以有效地配置资源。也就是说，资源配置变化如果能使某些社会成员的境况变好，而不使其他社会成员的境况变坏，那么，这种变化就是有效率的；反过来，当资源配置达到这样的一种状态，资源配置的任何改变都不可能使任何一个人的境况变好，而又不使其他人的境况变坏，资源配置再发生任何改变都是无效率的，这种状态被称为"帕累托最优"状态，被新古典经济学确立为资源配置的效率标准。只要没有达到帕累托最优状态，重新配置资源便可以提高效率。通过严格的理性人假设，新古典经济学推导出实现"帕累托最优"状态需要满足

---

① 现代企业制度的特征是企业所有权和经营权分离，经营活动专业化，形成了一个管理层，实际上是高级劳动者，获得高收入管理工资。因此，管理获得的不再是利润，利润划归资本。不过，这基本上不影响我们的分析。

以下三个条件。

1. 交换最优：交换双方都得到最大满足

消费者购买商品是为了使自己消费效用最大化。在收入、价格和偏好为既定的条件下，若任何两种消费品的边际替代率对于所有消费者都相等，这时人与人之间就不可能再通过交换获得更大的效用满足，就达到了商品在不同消费者之间分配的最优状态。这个交换的最适度条件，是就各个消费者之间的关系来说的，即要探求各个消费者都能实现最大效用的满足条件是什么。如果在某种条件下的交换，使交换双方都得到最大的满足，这个条件就是最适度的交换条件。

2. 生产最优：生产单位都获得最大利润

厂商生产商品是为了自己利润最大化，产品必须在最有利润的情况下生产出来，也就是说，生产要素得到最有效率的配置，只有在所有生产单位生产任何两种产品边际转换率相等时，生产才达到最优状态。这个生产最适度条件是就生产资源如何在各生产者之间求得最适度的配置，使之获得最充分有效的利用。

3. 生产和交换同时最优

生产和交换的最优条件是一般均衡的两个方面，因此，只有当整个社会的生产和交换的最优条件同时被满足，即每组产品在其生产上的边际转换率等于其消费上的边际替代率，整个社会才达到最大福利状态。这个相互结合的最适度条件是就消费者和生产者之间的关系来说的，即要求在资源一定的条件下，生产出使消费者获得最大满足的产品。这就需要把生产可能性曲线与无差异曲线结合起来。

"帕累托最优"状态描绘了完全竞争市场经济条件下的理想境地。在这里，资源要素可以在生产者之间以最优的方式分配，商品可以在消费者之间实行最优配置。所有的生产者在最优状态下生产的商品恰能满足所有消费者在最优状态下的需求，从而"完美"地解决了"生产什么、如何生产、为谁生产"这三个基本的资源配置问题。

> 维弗雷多·帕累托（Vilfredo Pareto，1848—1923年），意大利经济学家、社会学家，洛桑学派的主要代表之一。生于巴黎，曾就读于意大利都灵大学，后来任瑞士洛桑大

学教授。他运用立体几何研究经济变量间的相互关系，发展了瓦尔拉的一般均衡的代数体系；提出在收入分配为既定的条件下，为了达到最大的社会福利，生产资料的配置所必须达到的状态，这种状态称为"帕累托最适度"。在社会学上，他属于"机械学派"，认为阶级在任何社会制度中都是永恒存在的，因而反对平等、自由和自治。意大利法西斯主义多来自他的学说。帕累托对经济学、社会学和伦理学做出了很多重要的贡献，特别是在收入分配的研究和个人选择的分析中。他提出了帕累托最优的概念，并用无异曲线来发展个体经济学领域。

二、新古典理论的局限性：忽略制度与金融，是实物交换理论

新古典经济学建立了一套较严谨的经济学分析范畴、工具、方法与理论模型，这套理论能够在一个封闭的体系中较"精确"地说明市场经济这个"黑箱"的内部结构，从而便于分析和把握各种市场经济变量之间的相互关系和市场机制的运行规律。论证上的精致和推理上的严密，使它具有一定的科学性和优越性，为广大经济学研究者所熟知。新古典经济学的资源配置理论融合了均衡分析、边际分析的方法，用优美的数学公式建立了简洁易懂的分析框架，促进了经济学知识的积累和传播，也确立了自己主流经济学的地位。为此，新古典经济学的完全竞争模型仍是现代经济学的核心内容，是经济学分析市场经济问题的知识基础与理论出发点。无论是主流经济学还是非主流经济学，也无论是赞同者还是反对者，都不应忽视这一模型的存在与价值。斯蒂格利茨在其流行的教科书《经济学》中评价到，虽然"这一模型并不能完全符合现实世界"，但是，"毕竟，该模型是一种方便的基准。有些经济学家相信竞争模型较好地描述了许多市场，即使描述得不十分确切。甚至那些不相信真实的市场可以用竞争模型来描述的人也往往发现，该模型是一个有用的出发点。"[①]所以，新古典经济学的资源配置理论仍是我们进一步分析的起点。

---

① 约瑟夫·斯蒂格利茨．经济学［M］．上册，28 页，北京：人民出版社，1997．

以资源配置为核心内容的新古典经济学理论面临着许多理论困难。"这个理论所分析的是一个极端分散化的系统。它是一项伟大的智力成就，阐明了经济体系的许多方面。但它不是一切都好，集中于物价的确定导致注意力狭窄，其结果是忽视经济系统的其他方面"①。由于"帕累托最优"状态是一种短期静态均衡分析，它建立在一些过多过强的前提假定之上，因此不可避免地存在许多缺陷和局限，受到了经济学者的批评，主要集中表现在以下几方面。

1. 人的行为都是自私的吗

因为在现实生活中的人，除了追求自身利益以外，还有情感、安全、社会地位等方面的追求。特别是他们要受到不同的经济条件和地位的制约。"人的行动受收入、时间、不完全记忆和结算能力、其他有限资源，也受在经济中和在其他地方中现有机会的约束"②，在经济行为上有很大差异。经济人不是冷血动物，也有普通人的七情六欲。不会永远那么冷静，偶尔也会有凯恩斯所讲的"血气冲动"（animal spirit），这里实际上已深入到经济人的心理层面，如经济人会有对于是否公平的一种敏感。另外，利己主义假设曾经是经济人的灵魂，亚当·斯密的看不见的手正是靠利己主义在推动。然而，利他行为是存在的，利己并非经济人唯一的行为动力。利他行为不仅存在于一个家庭、族群中，也存在于一般的社会中。③ 因此，具有以上特点的经济人一旦进入经济分析中，经济学的结论就不再像现在这样简单。

2. 现实中的人不可能都算计明白

经济学里面假设有人是完全理性的，即理性经济人，是精于算计、不带感情、最大化其效用的经济人。不过，越来越多的情况表明，这样的理性经济人与现实有着很大的出入。并且，随着行为科学、社会心理学的发展，对于理性经济人的重构已势在必行。在环境的复杂性与知识信息不完备的条件下，行为人只有有限的计算能力，即只具备"有限理性"，这已经有心理学的实验证

---

① 哈罗德·迪塞茨对经济学发展的评论，转引于罗纳德·哈里·科斯：《生产的制度结构》，载《诺贝尔经济学奖获得者讲演集 1987/1995》，143 页，中国社会科学出版社，1997。

② 加利·贝克尔：《观察生活的经济方式》，载《诺贝尔经济学奖获得者讲演集 1987/1995》，143 页，中国社会科学出版社，1997。

③ 比如，美国在 1993 年，就有 73.4% 的家庭给慈善机构捐款，平均金额达到家庭收入的 2.1%。而且，有 47.7% 的人口每周承担 4.2 小时的义工。这表明将经济人的行为处理成完全由利己动力驱动与现实情况并不相符。

明。利益最大化行为不能概括"现实人"的全部行为方式，而"非理性"的行为在经济领域中更为普遍。由于理性经济人被视为当然，在过去的经济学发展中，人们只是忙于为经济学大厦添砖加瓦，而无暇顾及这块基石是否依然坚固。行为经济学的一些实验表明，这一假设并不符合现实，经济人（包括经济学家）的理性是有限度的，其智商比我们设想的要低。另外，经济人是异质的，而非原经济人。对于代表性的经济人，我们假定他们都是理性的也不够现实，新古典意义上的理性经济人需要重新审视。①

3. 完全竞争市场多数情况下不存在

"帕累托最优"状态假设整个市场体系是完备的，由一系列完全竞争的市场构成。完备的信息是"帕累托最优"状态实现的假设前提，但是实际上市场机制的缺陷和信息的不对称性使市场机制在有效配置资源方面存在很大的障碍。西方学者也承认这些假设在现实经济生活中根本不存在。即使在发达的市场经济国家中，也不可能建立起完备的市场体系。新古典综合派代表萨缪尔森认为，尽管竞争是一架精巧的机器，然而，它只是"一个技术经济的术语：'完全竞争'只存在于一种情况，在这种情况下，没有任何农民、企业或劳动者在整个市场上所占的份额大到使他个人能对市场价格施加影响的地步。"②他告诫经济学者不要迷惑于价格制度的美妙。

4. 市场分析没有考虑交易成本

新古典经济学在经济学中的地位相当于物理学中的牛顿力学，相当有分量。但是，它在分析方法上迷恋演绎主义，从原理出发，以演绎求结论，排斥经验分析；在内容上，其分析仅限定于交换或资源配置以及与之有关的决策，忽视了制度等其他资源要素的作用。就消费者行为理论、生产者行为理论以及市场结构理论来讲，也是在一系列假设前提下进行封闭式地"暗箱"分析，只求封闭系统的静态均衡，不考虑系统外的物质、能量与信息交换，整个理论

---

① 在金融市场中存在噪音交易者（noise trader），当市场上既有理性人，又有准理性人的时候，其互动模式与互动结果就与正统经济学大相径庭了。在正统经济学看来，理性经济人肯定会胜出。但是，对金融市场的一些研究却表明，准理性的经济人反而可能胜出。还有很多研究发现，经济人偏离理性选择很远。最典型的如"展望理论"（Prospect theory, Kahneman and Tversky, 1979）所揭示的：损失函数比收益函数要陡峭，这表明人们对于损失比对于收益要更为敏感。人们忍受不了损失，尽管可能会有所收益，这与将经济人处理成按期望效用来行事的假定显然不一致。

② 萨缪尔森. 经济学［M］. 第 12 版，上册，77 页，北京：中国发展出版社，1992.

分析表现为一种机械的、求极值的均衡过程。凯恩斯也认为，新古典经济学只是一种分析技巧，缺乏现实应用价值。他认为根本原因是它的理论前提，即完全竞争市场可以自由地调节资源配置以及实现充分就业只是一种特例，不具有一般价值。凯恩斯说："经典学派之前提，只适用一种特例，而不适用于通常情形；经典学派所假定的情形，是各种可能的均衡位置之极限点，而且这种特例所含属性，恰不是实际经济社会所含有的。"①

正如后来的新制度经济学指出的那样，市场不仅存在交易成本，而且正是为了减少交易成本，才导致了企业、组织、制度的产生。古典主义经济理论抽象掉制度的做法是有历史渊源的。西方的主流经济学在历史的发展变化中，一个基本趋势就是对经济制度的"质"的分析越来越少，而愈加侧重于对既定制度下资源配置过程及其变量的分析。最初，古典经济学家把经济制度、阶级关系的研究同既定制度下的资源配置过程、诸经济变量之间作用机制的研究加以结合，即把经济制度本质的分析与既定制度下经济运行过程及其数量的分析结合起来。这时的分析方法还是科学的、全面的。但是，萨伊、马尔萨斯、詹姆斯、穆勒、麦克库洛赫等人以"注释""通俗化"的形式，把古典经济学家对经济制度本质的分析与对既定制度下资源配置过程及其数量的分析割裂开来。到了 1830 年以后，西尼尔、巴师夏、凯里等人，虽然自认为是斯密、李嘉图的继承人，却抛弃了"注释""通俗化"的形式，公开为既定制度辩护。这也正是马克思极端厌烦那些脱离特殊的社会形式而只对一般物质生产作抽象论述的"庸俗方式"的原因。马克思为此批判一位俄国经济学家说："因为施托尔希不是历史地考察物质生产本身，他把物质生产当做一般的物质财富的生产来考察，而不是当做这种生产的一定的、历史地发展的和特殊的形式来考察，所以他就失去了理解的基础。"后来的西方"正统"经济学家都有这一特征：把注意力集中于既定制度下资源配置过程及其变量的研究，对政治、文化、制度等因素极少问津，关于技术进步时制度演化的作用兴趣也不大，以至于"正统"经济学不仅被马克思主义经济学批判，而且还不断遭受到"异端"经济学如制度经济学派的批判和攻击。

---

① 约翰·梅纳德·凯恩斯. 就业、利息和货币通论［M］. 7 页，北京：商务印书馆，1997.

第二节　新资源理论中的资源配置理论：
引入制度，突出金融[①]

新资源理论拓展了传统资源概念，提出了许多新的社会资源要素。资源又可以划分为增长型资源和发展型资源，而资源配置和经济增长都属于相对短期分析，所以，新资源理论中的资源配置是指"增长型资源的配置"，主要是在三要素配置基础上，引入制度资源和金融资源。[②]发展型资源不直接参与资源配置，但长期影响着资源配置效率，因此，发展型资源研究的重点不是资源配置，而在于"资源开发"。

新资源理论对资源配置理论有着自己的独特理解，对新古典经济理论有以下几点新认识。

一是当今时代的资源配置，仅考虑生产三要素不够。新古典理论的资源配置建立在生产三要素（或四要素）理论之上，前面章节已经说过，无论是自然资源论，还是三要素理论（或四要素理论）都不能全面概括当今时代财富的来源。新资源理论主张扩展资源概念，把更多、更为重要的资源要素，如制度资源、金融资源考虑进来，才能真正揭示资源配置的规律，使理论更为接近现实。

二是新古典资源配置理论实际上是实物交换理论。货币是润滑剂，是生产和交换的面纱，货币和金融在其中不起实质性作用，即新古典理论坚持的是货币中性论、金融中性论，这和当今时代经济基本上完成货币化、正在日趋金融化的现状相矛盾。货币金融在当今经济时代发挥着巨大的作用，是市场经济资源配置的核心制度，金融行业不仅直接对经济增长发展作出贡献，还通过对货币资本的配置而配置了其他经济资源。因此，需要对资源配置理论前提进行修正，引入金融因素，突出金融的作用，坚持货币金融非中性。

三是新古典理论坚持的是"实物分析"方法。尽管新古典综合学派把凯恩斯的"货币战略资产"吸收进其理论之内，但采取的仍是局限性很大的"货币分析"方法。在新资源理论看来，针对时代发展的特征，特别是以金融

---

① 从这节开始往下内容都是我们的新研究结论。
② 金融资源兼有增长型资源和发展型资源的特征，但在一般情况下，我们把它视为增长型资源。

资源论为基础的金融可持续发展理论提出后，取代"实物分析""货币分析"的"金融分析"应当成为资源配置的分析方法。

需要说明的是，新资源理论本身是一个创新理论，它的理论范式、分析方法和新古典等经济学有所不同。但为了提高学术交流效率，我们对于主流经济学中合理的部分也给予充分的肯定和吸纳。为了使更多的研究者能够较为容易地理解新资源理论，下面的论述兼收并蓄，尽可能和主流经济学的资源配置理论衔接起来。"和在所有其他科学中一样，我们在社会科学中或成功或不成功，或有趣或无趣，或富有成效或徒劳无益，恰与我们所涉及的问题的意义或趣味成比例；当然，也恰与我们处理这些问题时的诚实性、直接性、简单性成比例。"① 我们遵循物理学家马赫提出的"思维经济原则"②，尽可能用经济学研究者都熟悉的、主流的概念和分析方法阐释新观点、新思想。这样做的结果虽然使得我们在理论范式、分析方法上有所损失，但绝对是必要的，因为有助于新观点和新知识的积累和传播。下面的理论框架是我们的一个初步构想，其中许多部分需要进一步深入研究，理论不一定完善。但我们确信，在探讨财富创造源泉过程中，我们坚持的理论方向是正确的。

一、资源配置的重点是制度资源配置

一个经济体对于制度的需求来源于经济体中各个经济组织追求自己利益或效用最大化的动力。在追求各种利益或效用的过程中，需要制度来协调彼此的对立和冲突。对制度需求产生影响的因素有：

一是相对产品和要素价格。相对价格的变化改变了人与人之间的激励结构，同时也改变了人们讨价还价的能力，这又导致了对制度变迁的要求和努力。产品和要素之间相对价格的改变是制度变迁的源泉，在历史的长河中这一点体现得更为明显。

二是宪法秩序。宪法秩序的变化即政权的基本规则的变化，能深刻影响创

---

① 卡尔·波普尔. 社会科学的逻辑［M］. 见"通过知识获得解放"，98 页，北京：中国美术学院出版社，1996.

② 马赫是 19 世纪奥地利—捷克物理学家、科学哲学家、科学史家、生理和心理学家，他提出了很多给人以启迪的思想，"思维经济原则"的基本含义是：研究者尽可能用少的精力，在尽可能短的时间内，用尽可能少的思维，获得尽可能多的真理。我们则尝试用大家都熟悉的概念、最容易理解的语言和词汇阐述我们自己的新理论，以降低学术交流成本，促进新思想和新理论的最快传播。

立新制度的预期收益和成本，因而也就深刻影响对新制度的需求。

三是技术。技术变化决定制度结构及其变化。技术发展水平及其变化对制度变迁的影响是多方面的。技术的进步降低了交易费用，使得原来不起作用的某些制度发挥作用。

四是市场规模。亚当·斯密曾分析过，分工的发展受市场规模的制约。市场规模越大，社会分工也就越细。这个道理也同样适用于制度变迁的分析。

五是利益双方力量对比。制度的最终选择要靠博弈双方力量的对比。博弈双方都是制度的需求者，同时也是供给者。

在社会经济发展和制度变迁的过程中，影响制度供给的因素有：

一是宪法秩序。宪法秩序直接影响进入政治体系的成本和建立新制度的立法基础的难易程度，为制度安排规定了选择空间并影响制度变迁的方式和进程。

二是制度成本。首先是设计成本。每一项能预期带来收益的制度安排都需耗费成本。制度设计的成本，取决于设计新的制度需要的人力资源和其他各资源的要素价格。

三是现有知识积累及其社会科学知识的进步。制度变化的供给依赖一定的社会科学知识，社会科学知识越多，我们设计的制度越不容易失败。要考虑实施新制度的预期成本，制度从潜在安排转变为现实安排的关键就是制度预期成本不能超过社会承受能力，一些好的制度因实施起来预期成本太高而无法推行。

四是旧制度。旧制度会影响新制度的产生和发展。

五是利益集团。利益集团对制度供给起着至关重要的作用。其中，居于国家统治地位的利益集团对于制度供给的影响最为关键。从这个意义上说，影响制度供给的一个重要方面还应包括国家。①

新古典经济学的均衡理论占据主流经济学地位，"均衡分析"曾是物理学使用的一个概念，一般用于描述各种力量势均力敌而达到的一种暂时稳定状态。经济学理论中最常用的是供求关系一致导致的价格均衡。后来，新制度经济学采用新古典方法分析制度时，也借用了这个概念描述所谓的"制度均

---

① 卢现祥. 西方新制度经济学 ［M］. 126~136 页，北京：中国发展出版社，1996.

衡"。这种均衡分析新制度经济学也借用，简单易懂，以下也采用这种方法。另外，从经济增长的角度来看，任何经济体在特定的时期所能利用的经济资源，无论是人力资源，还是物力资源，数量都是既定的，因此决定了经济增长存在一个最大的限度，在经济学中用"生产可能性曲线"来表示这种可能性。在制度资源的供求分析中，此种方法也适用。在其他资源一定的前提下，根据制度供给相对于为生产限度最大化而存在的制度需求而言，会表现出三种不同的供求状态。

1. 制度适度

所谓"制度资源适度"，也可以称为"最适度"制度均衡，是指此时一个经济体中的制度供给，基本上与生产可能性曲线中边界所要求的制度需求相均衡。这时，其他资源在当前的制度供给下得到了最佳效率的配置，这也意味着制度本身也得到了最佳配置，没有制度失衡现象出现。

◎ 案例：中国共产党的领导是中国崛起的最大政治优势

党的十八大以来，习近平同志提出并反复强调一个重要论断："中国共产党的领导是中国特色社会主义最本质的特征。"这句话，从中国特色社会主义本质特征的高度强调了党的领导的极端重要性。

历史往往需要经过岁月的风雨才能看得更清楚。近代以后，中国逐步沦为半殖民地半封建国家，国家四分五裂，外有强敌入侵，中华民族一步一步陷入民族危机。为了寻找救国救民道路，各种主义和思潮纷纷进行过尝试，但都失败了。中国共产党的诞生，改变了中华民族的命运。我们党选择了马克思主义，选择了社会主义道路，领导人民完成了新民主主义革命，建立了新中国。中国人民在政治上站起来了！

在我们看来，中国在国际上、政治上的崛起就是始于抗美援朝。

抗美援朝一战，中国对阵以美国为首的强大的联合国军，取得了辉煌的战绩。前几年一位中国旅游者访问西点军校时曾与一名美军教官有过一次私人对话，旅游者问："美国人为何不愿提朝鲜战争？与闹得沸沸扬扬的越南战争相比，真好像是一场'被遗忘的战争'。其中有什么特别的原因吗？"美军教官坦率地答道："对我们美国军人来说，这两场战争的意义和意味都是完全不同的。越南战争是政治上的失败，并不是军事上的失败。美国军队是在手脚被束缚的情况下打仗，美国政府由于惧怕中国参战，不准美军越过北纬17度线对在北越的目标和基地进行有效的军事攻击。终于打成了一场烂仗，最终只能撤出了事。而朝鲜战争则是完完全全的军事失败，一个世界公认最强大的国家的陆海空三军联合立体作战，却没能打过一个贫穷、装备原始国家的陆军。尤其是在对我们有利的大兵团野外攻防战而不是游击战的状况下失利，而且输得很惨。这是我们美国军队和国家永远的耻辱和疮疤。不堪回首，不谈也罢。"

朝鲜战争也大大提振了中国国威，让全世界重新认识了中国人。从1840年鸦片战争到1949年新中国成立，中国对外战争几乎每战必败。虽然1945年的反法西斯战争赢得全胜，但是是和盟国一起赢得的，看不出中国独自抗战的力量。朝鲜战争是新中国与当时世界头号军事强国的直接较量，让全世界看清了中国的力量。朝鲜战争之后，美国把中国当成了平等的对手，也很在乎中国说的话，后来在越南战争中，中国告诫美国不要越过北纬17度线，美国真就不敢越过。一位日本学者说："你们在1949年说站起来了，我们不信，朝鲜战争后，我们信了。"新加坡前总理李光耀先生回忆说，朝鲜战争前，他在欧洲旅行，人们常对华人持歧视态度，可是自从新中国出兵朝鲜并连连获胜后，西欧海关人员一见华人就肃然起敬。李光耀先生从此开始认真学习自己祖先的语言。在战犯管理所的日本战犯、伪满战犯和国民党军战犯，也大都是在抗美援朝战争取得胜利后，才转变了态度，诚心诚意接受改造的。一位国民党老兵，家里是富农，土改时受了"迫害"，所以死心塌地地跟着国民党。去了台湾后，因不受重用，又去了美国，在美国没有找到他理想中的世界，反而受尽白眼冷遇，就又去墨西哥做小生意。几年的海外漂泊，早已使他淡忘了国家的概念，祖国在他心目中似乎远没有一杯热咖啡有价值。1953年的一天，他在墨西哥坐公交车，一位当地人拍了拍他的肩膀，问他："先生，你是中国人吗？"他迟疑了一下，回答说："是。"那个当地人对着全车的人大声说："看哪，这就是中国人！就在昨天，我们那个蛮横的邻居在朝鲜停战协议上签字了，不可一世的美国佬就是被和这位先生一样的中国人打败的，现在我们面前就站着一位了不起的中国人！"于是，全车的人都起立鼓掌，并纷纷与老兵握手，向他表示祝贺。那一刻，老兵的内心世界被强烈震撼了，作为中国人而拥有的尊严使他热泪盈眶。

改革开放使得中国在国际上实现了经济崛起的目标。

和平时代的中国共产党领导精英成功开创和发展了中国特色社会主义。在这条道路上，我们国家快速发展起来，中华民族大踏步赶上时代潮流，展现出前所未有的实现民族复兴的中国梦的光明前景。历史充分证明，没有共产党，就没有中国特色社会主义，就没有中国今天的繁荣和富强。习近平同志指出：中国特色社会主义道路是近代以来中国人民对其他救国途径的尝试全部碰壁之后作出的历史性选择，是中国共产党和人民历尽千辛万苦、付出巨大代价取得的根本成就。中国特色社会主义是在党的领导下开创和发展起来的，也只有在党的领导下才能继续推进。正如习近平同志强调的那样：办好中国的事情，关键在党；实现中华民族伟大复兴，关键在党。历史和现实都告诉我们，坚持党的领导是党和国家的根本所在、命脉所在，是全国各族人民的利益所系、幸福所系，也是中华民族的命运所系。中国共产党执政，是中国、中国人民、中华民族的一大幸事。

【简评】

中国特色社会主义有很多特点和特征，但最本质的特征是坚持中国共产党的领导。有了党的领导，就可以使中国保持安定团结，社会秩序就有根本保障；国家就会统一，民族就会团结，社会就不会四分五裂。这种根本制度安排是历史的选择，也是中国人民正反两方面经验教训的总结。无论是从历史、文化、现实、国际哪一方面来看，都可以得出结论，这是最适合中国长治久安的最佳政治制度。

◎ 案例："四个自信"的形成过程和逐步拓展①

习近平同志在十九大报告中提出，实现伟大梦想，必须推进伟大事业。全党要更加自觉地增强道路自信、理论自信、制度自信、文化自信，既不走封闭僵化的老路，也不走改旗易帜的邪路，保持政治定力，坚持实干兴邦，始终坚持和发展中国特色社会主义。坚定"四个自信"对进一步推进中国特色社会主义伟大事业、实现"两个一百年"奋斗目标和实现中华民族伟大复兴的中国梦具有重要意义。"四个自信"是习近平新时代中国特色社会主义思想的重要内容，它是经过几代共产党人的接力创造而逐步形成和完善的，是以习近平同志为核心的党中央治国理政的重要理论创新成果。

"四个自信"理论的形成经历了从"一个自信"到"两个自信""三个自

---

① 韩振峰．"四个自信"形成发展的历史路径［N］．光明日报．2017－10－31．

信"再到"四个自信"这样一个逐步发展、不断深化拓展的过程。

2002 年 11 月召开的党的十六大，第一次概括总结了我们党领导人民建设中国特色社会主义的十条基本经验，指出"十一届三中全会以来，我们党找到建设中国特色社会主义的正确道路，赋予民族复兴新的强大生机"，并强调我们党对这条道路"充满信心"。这是我们党的代表大会文件最早对中国特色社会主义道路自信的初步表述。

2007 年 10 月召开的党的十七大，第一次把改革开放以来我们取得一切成绩和进步的根本原因，归结为"开辟了中国特色社会主义道路，形成了中国特色社会主义理论体系"，并强调"全党同志要倍加珍惜、长期坚持和不断发展党历经艰辛开创的中国特色社会主义道路和中国特色社会主义理论体系"，始终保持"对马克思主义、对中国特色社会主义、对实现中华民族伟大复兴的坚定信念"，保持对完成党的各项目标任务"充满信心"。这是我们党的代表大会文件对中国特色社会主义道路自信、理论自信的初步表达。

2012 年 11 月召开的党的十八大，第一次把党和人民九十多年奋斗、创造、积累的根本成就概括为"中国特色社会主义道路，中国特色社会主义理论体系，中国特色社会主义制度"，并强调"全党要坚定这样的道路自信、理论自信、制度自信"。这是我们党的代表大会文件中对中国特色社会主义道路自信、理论自信、制度自信的最早表述。

2016 年 7 月 1 日，习近平总书记在庆祝中国共产党成立 95 周年大会上的重要讲话中第一次向全党明确提出了坚持"四个自信"的整体战略要求，强调"坚持不忘初心、继续前进，就要坚持中国特色社会主义道路自信、理论自信、制度自信、文化自信""全党要坚定道路自信、理论自信、制度自信、文化自信"。这是我们党的领导核心第一次把"四个自信"并列在一起作为一个整体思想提出来。

【简评】

好的制度资源必须自信，必须坚守。

2. 制度压抑

"制度资源压抑"，是指在任何国家，在现有的其他资源总量和质量约束下，现有制度供给不能完全把现有的其他资源最大限度地开发出来，即资源配置在生产可能性曲线之内，资源存在闲置状态。一个国家，如果通过革命，或改良、改革，使用新制度后刺激了经济增长和发展，那么，我们就说这个国家先前是存在制度压抑的。即由于制度上的因素而导致经济增长和发展不能够最充分、最有效率地配置资源。这也就是马克思主义认为的生产关系束缚生产力、上层建筑不适应经济基础的状况。要么就是引发革命，要么就是通过改革来解放生产力。

在不同的经济体制下，制度压抑表现的程度和调整的方式和调整效果大相径庭。① 在计划经济体制下，制度问题往往是到了严重阻碍经济增长和发展时，才被当做一项专门的工作提上议事日程，这种制度调整主要通过行政性重置方式，即主要依靠行政机构的力量和行政手段来进行。具体来说，决策者根据其主观判断和对未来发展的预测，制订一套计划调整的方案，用行政手段自上而下地加以推行。由于决策计划调整方案受制于信息的充分性，以及获取信息的成本高昂等多方面原因，制度调整本身就潜存着失误的可能性，资源配置的不当和低效率也难以避免。

在市场经济体制下，制度调整则采取市场重置方法，即主要依赖市场机制来进行。健全完善的市场机制对制度的调整和变动，即对资源的转移和再配置起着基础性和导向性的调节作用。它基于市场经济条件下微观经济组织决策的自主性、生产要素的高流动性以及竞争的淘汰机制，依赖微观经济组织在生存竞争中对外部环境变化做出的自动调整实现制度调整，因而是一个源于经济运行的、内在的、持续的自组织行为，具有自为性、经常性的特征。总之，在市场经济条件下，每一次制度调整和变动，都主要是通过市场机制作用于利益主体而自动实现的。

案例：辛亥革命推翻反动腐朽的清王朝

1644 年建立的清王朝，在其前期曾出现过繁荣一时的"康乾盛世"。但从乾隆之后盛极而衰。1796 年，即嘉庆元年，爆发了河南、四川、陕西和湖北边境地区的白莲教领导的农民大起义。这场历时 9 年的大起义，沉重打击了清朝的封建统治。此后，清王朝的统治江河日下，鸦片战争前夕，统治中国近200 年的清王朝已经腐朽没落，风雨飘摇。经济上，封建的自然经济仍占统治

---

① 相较于发达国家，后发展国家和转轨经济国家通过制度调整和改革获得经济增长的可能性更大一些，但能否把可能性变成现实，又取决于一系列复杂的经济、社会条件。

地位，资本主义萌芽发展缓慢，土地高度集中，皇室直接占有的田地竟然比占全国人口 80% 的农民占有的耕地还要多。从康熙开始的国家赋税制—摊丁入亩采取固定数目、新增人口不再额外征税。人口增加造成了严重的人均耕地不足，粮食生产能力虽达到历史最高水平，但人均粮食占有量却远远低于唐宋，甚至还低于汉代。百姓贫困成了巨大的问题，国内市场严重不足，而国外市场又被禁止，所以中国的资本主义仅仅只是萌芽却没发展成资产阶级。政治上，官场腐败，贿赂成风；财政困难，军备废弛。官吏们以搜刮百姓为己任，阶级矛盾日趋尖锐。清王朝对外闭关锁国，虽然在一定程度上起到了抵制殖民侵略的作用，但严重阻碍了中外科技文化的交流，使得当时的统治者故步自封，盲目自大，看不清世界形势的发展变化，最后导致了中国的落后。

清王朝对外签订了一系列丧权辱国的不平等条约，见表 5 – 1。

表 5 –1   **中国近代不平等条约一览表**

条约名称及签订时间	主要内容
《中英南京条约》 （1842 年）	①赔款 2100 万银元。 ②割香港岛给英国。 ③开放广州、厦门、福州、宁波、上海为通商口岸，准许英国在通商口岸派驻领事。 ④关税由双方共同协定。
《中英五口通商章程》 《中英虎门条约》 （1843 年）	①英国可以在通商口岸租地造屋。 ②"领事裁判权"和片面"最惠国待遇"。
《中美望厦条约》 （1844 年）	除取得《中英南京条约》及其附件的各种特权外，扩大了领事裁判权和关税协定的规定；还规定美舰可以出入通商口岸，美国可以在通商口岸建立教堂。
《中法黄埔条约》 （1844 年）	除取得英、美两国条约中规定的权益外，还规定有人触犯法国在通商口岸的教堂，清朝地方官要"严拘重惩"。
《中俄瑷珲条约》 （1858 年）	沙俄割占黑龙江以北、外兴安岭以南的六十多万平方公里土地，还把乌苏里江以东约四十万平方公里的中国领土划作两国共管。
《中俄天津条约》 （1858 年）	沙俄取得陆路通商和沿海口岸通商的权利，还取得在通商口岸停泊军舰、内地传教、领事裁判权和片面"最惠国待遇"等特权。

条约名称及签订时间	主要内容
中美、中英、中法 《天津条约》 （1858 年）	①外国公使进驻北京。 ②增开汉口、九江、南京等十处通商口岸。 ③外国传教士可以到内地自由传教。 ④外国人可以在内地游历、经商。 ⑤外国商船和军舰可以在长江口岸自由航行。 ⑥赔偿英法军费各白银二百万两，赔偿英商损失白银二百万两。
中英、中法 《北京条约》 （1860 年）	①天津条约继续有效。 ②增开天津为商埠。 ③割九龙尖沙咀给英国。 ④赔偿英、法军费各增到 800 万两。
《中俄北京条约》 （1860 年）	割让乌苏里江以东包括库页岛在内的大约四十万平方公里的中国领土给沙俄。
《中俄勘分西北界约记》 （1864 年）	割让中国巴尔喀什湖以东、以南四十四万多平方公里的领土给沙俄。
《中日北京专条》 （1874 年）	清政府付给日本白银五十万两，作为日军撤出台湾的条件。
《中英烟台条约》 （1876 年）	①开放宜昌、芜湖、温州、广西北海为通商口岸。 ②洋货在"租界"免收厘金，运往内地免收内地税。 ③英国可以调查云南通商情况和自由来往印藏等地。
《中俄伊犁条约》 （1881 年）	①中国收回伊犁，但霍尔果斯河以西地区割给俄国。 ②赔款九百万卢布。 ③俄商在天山南北路贸易不纳税，货物运至嘉峪关减税三分之一。
《中俄科塔界约》 （1883 年）	割斋桑湖以东和以南大片土地给沙俄。
《中法新约》 （1885 年）	①清政府同意在云南和广西两省的中越边界开埠通商。 ②中国任用法国人修筑铁路。
《中英会议藏印条约》 （1890 年）	拟定西藏地方和哲孟雄之间的边界。
《中英会议藏印条款》 （1893 年）	开放西藏的亚东为商埠，西藏和印度、哲孟雄边境五年内免税贸易。

续表

条约名称及签订时间	主要内容
《中日马关条约》 （1895 年）	①割辽东半岛、台湾、澎湖列岛给日本。 ②赔款白银二亿两。 ③开放沙市、重庆、苏州、杭州为商埠。 ④允许日本在通商口岸开设工厂。
中国与英国、俄国、德国、法国、美国、日本、意大利、奥地利、比利时、荷兰、西班牙《辛丑条约》（1901 年）	①赔款白银 4.5 亿两，分 39 年付清，本息合计 9.8 亿两白银。 ②惩办曾支持宣战的王公大臣，保证严禁人民反对帝国主义侵略的活动。 ③拆毁大沽炮台，允许帝国主义国家驻兵京津以及京山铁路沿线。 ④划东交民巷为"使馆界"，允许各国驻兵保护，不准中国人居住。 ⑤改总理衙门为外务部，位列六部之首。
中日 《二十一条》 （1915 年）	①日本继承德国在山东的一切权利。 ②日本享有南满、东蒙一带工商、土地、路矿、顾问、借款的特权。 ③中国沿海岛屿和港湾不得租借和转让他国。 ④中国政府聘用日本人为政治、财政、军事顾问。 ⑤中国警政和兵工厂由中日合办。
《中俄呼伦条约》 （1915 年）	呼伦贝尔划为"特别区"，规定中国军队非经俄国允许，不得进入该地区。
《中日陆军共同防敌军事协定》 《中日海军共同防敌军事协定》 （1918 年）	中国与日本对苏俄采取共同防敌的行动；日军在战争期间可以驻在中国境内与境外作战，两国军队必须互相"合作"。

八国联军入侵后，外交团将《议和大纲》提交李鸿章，声明不许改动一个字。慈禧不但立即"全行照允"，而且说，"量中华之物力，结与国之欢心"，一副寡廉鲜耻的卖国奴的嘴脸。此后，清政府完全屈服于帝国主义的压迫，并甘心成为帝国主义统治中国的工具。中国之所以从此完全沦入半殖民地深渊，就是因为大清朝名义上半封建保持独立的中国政府，实际上已经完完全全成为帝国主义列强统治中国、掠抢中国人民的代理人。

1894 年 11 月，孙中山从上海到檀香山，组织兴中会，以"驱除鞑虏，恢复中华，创立合众政府"为誓词。1895 年 2 月，在香港联合当地爱国知识分子组织——辅仁文社，建立香港兴中会。同年 10 月，兴中会密谋在广州起义，事泄失败。孙中山被迫逃亡海外。1896 年 10 月，在英国伦敦曾被清公使馆诱捕，经英国友人营救脱险。此后，孙中山详细考察欧美各国的经济政治状况，研究了多种流派的政治学说，并与欧美各国进步人士接触，产生了具有特色的民生主义理论，三民主义思想由此初步形成。1897 年，孙中山赴日本，结交其朝野人士。1900 年 10 月，派郑士良到广东惠州（今惠阳）三洲田山寨发动起义。义军奋战半月，开始颇为得手，后因饷械不继而失败。

戊戌变法以后，因日本友好人士的活动，孙中山与康有为、梁启超为代表的改良派曾商谈过合作问题，但因改良派坚持保皇、反对革命，合作未能实现。1904 年孙中山在日本、越南、暹罗（今泰国）、美国等地对华侨及中国留学生宣传革命，1905 年在比利时、德国、法国等国家的留学生建立了革命团体，在此期间也与国内的革命团体和革命志士取得了联系。

1905 年 8 月，孙中山与黄兴等人，以兴中会、华兴会等革命团体为基础，在日本东京创建全国性的资产阶级革命党同盟会，孙中山被推举为总理，他所提出的"驱除鞑虏，恢复中华，创立民国，平均地权"的革命宗旨被采纳为同盟会纲领。在同盟会机关报《民报》发刊词中，孙中山首次提出民族、民权、民生三大主义。同盟会的成立，有力地促进了全国革命运动的发展。

孙中山（1866 年 11 月 12 日—1925 年 3 月 12 日），名文，字载之，号日新，又号逸仙，幼名帝象，化名中山樵。他是中国近代民族民主主义革命的开拓者，中国民主革命伟大先行者，中华民国和中国国民党的缔造者，三民主义的倡导者，创立《五权宪法》。他首举彻底反帝反封建的旗帜，"起共和而终两千年封建帝制"。

孙中山生于广东省香山县（今中山市）翠亨村的农民家庭。青少年时代受到广东人民斗争传统的影响，向往太平天国反清事业，自诩"洪秀全第二"。1905 年（光绪三十一年）成立中国同盟会。1911 年 10 月 10 日（宣统三年）新军中的革命党人暗中联络，决定当天晚上起义。辛亥革命后被推举为中华民国临时大总统（任期 1912 年 1 月 1 日—1912 年 4 月 1 日）。1925 年 3 月 12 日孙中山在北京逝世，1929 年 6 月 1 日，根据其生前遗愿，葬于南京紫金山中山陵。1940 年，国民政府通令全国，尊称其为

"中华民国国父"。孙中山著有《建国方略》《建国大纲》《三民主义》等。其著述在逝世后多次被结集出版，有中华书局 1986 年出版的十一卷本《孙中山全集》。

他派人到国内外各地发展组织、宣传革命。他自己也在 1905 年到 1906 年间赴东南亚各地向华侨宣传和募集革命经费，在一些地方创立同盟会的支部。他广泛传播资产阶级民主共和思想，使更多的人投身于反清革命。孙中山成为中国革命民主派的旗帜。他领导的对改良派的批判，为辛亥革命的爆发作了有力的思想准备。从 1906 年到 1911 年，同盟会在华南各地组织多次武装起义，孙中山为起义制订战略方针，并在海外奔走，为起义筹募经费。1907 年 12 月镇南关起义时还亲临前线参加战斗。各次起义都因缺乏群众基础、组织不够严密而失败，但革命党人前仆后继，英勇战斗，给清政府以沉重打击，给全国人民以极大的鼓舞。特别是 1911 年 4 月 27 日的广州黄花岗之役，在全国引起了巨大震动。

20 世纪初，清政府宣布实施"新政"和"预备立宪"。新政不但没有使清政府摆脱内外困境，反而促使人民群众不断奋起反抗。预备立宪的最终结果证明该活动只是一场骗局，导致了立宪派内部的分化，也造成统治集团内部的分裂，引起汉族官僚的离心，使清政府陷于空前孤立的境地。新政和预备立宪的结果，说明清政府已经穷途末路，无可救药。

1911 年夏天，湘、鄂、粤、川等省爆发保路运动，运动在四川省尤其激烈。9 月 25 日，荣县独立，成为全中国第一个脱离清王朝的政权，将保路运动推向高潮。10 月 10 日晚，新军工程第八营的革命党人打响了武昌起义的第一枪。汉阳、汉口的革命党人分别于 10 月 11 日夜、10 月 12 日攻占汉阳和汉口。起义军掌控武汉三镇后，湖北军政府成立，黎元洪被推举为都督，改国号为中华民国。

武昌起义胜利后的短短两个月内，湖南、广东等十五个省纷纷宣布脱离清政府宣布独立。1912 年 2 月 12 日，清朝发布退位诏书。至此，中国 2132 年的封建帝制历史告终结。

【简评】

辛亥革命是近代中国比较完全意义上的民族民主革命。它在政治上、思想上给中国人民带来了不可估量的民族解放作用。辛亥革命开创了完全意义上的近代民族民主革命，推翻了统治中国几千年的君主专制制度，建立了共和政体，传播了民主共和理念，极大地推动了中华民族的思想解放，以巨大的震撼力和影响力推动了中国社会的变革。孙中山被称之为中国革命先行者，其唤醒民众思想，领导推翻帝制，建立共和的历史将彪炳史册。

3. 制度超前

这是另一种制度供求失衡现象。表现为经济体中制度供给超越制度需求，超越本国经济体资源承受限度，即制度供给要求资源配置在生产可能性曲线之外。因此，这样的制度供给也是不适当的。一般而言，所谓制度先行或制度先导发展战略，实际上是对已经存在的"制度压抑"进行的制度解放，使制度恢复经济体中本应有的水平，而不是建立起超过目前生产力和技术水平的制度。

◎ 案例：20 世纪 50 年代人民公社化运动就是制度超前

1958 年 5 月 5 日至 5 月 23 日，中国共产党第八次全国代表大会第二次会议在北京举行。这次会议正式改变了八大一次会议关于国内主要矛盾已经转变的正确分析，认为当前我国社会的主要矛盾仍然是无产阶级同资产阶级、社会主义道路同资本主义道路的矛盾，"左"倾理论占据了主导地位。

会议号召全党和全国人民，认真贯彻执行社会主义建设总路线，争取在 15 年内，或者在更短的时间内，在主要工业产品产量方面赶上和超过英国。毛泽东在会上讲话，强调要破除迷信，解放思想，发扬敢想敢说敢做的创造精神。会后，在全国各条战线上，迅速掀起"大跃进"高潮。8 月上旬，毛泽东先后视察了河北、河南和山东等省的一些农村。9 日，他在山东同当地负责人谈关于办大社的问题时说："还是办人民公社好，它的好处是可以把工、农、商、学、兵合在一起，便于领导。"上述谈话在报纸上发表后，一些地区相继出现联乡并社转公社的热潮。

8 月 17 日至 8 月 30 日，中共中央政治局在北戴河举行扩大会议，讨论1959 年的国民经济计划以及当前的工业生产、农业生产、农村工作和商业工作等问题。会上确定了一批工农业生产的高指标，宣布 1958 年要生产钢 1070万吨，即比 1957 年钢产量翻一番。会议还讨论和通过了《关于在农村建立人民公社问题的决议》，决定在全国农村普遍建立人民公社。决议指出，"人民公社是建成社会主义和逐步向共产主义过渡的最好的组织形式",并说,"共产主义在我国的实现,已经不是什么遥远将来的事情了"。会后,在全国很快形成了全民炼钢和人民公社化运动的高潮。运动中,以高指标、瞎指挥、浮夸风和"共产风"为主要标志的"左"倾错误严重地泛滥开来。人民公社化运动给农业发展带来消极后果,它的特点是"一大二公",即规模大(一般为两千户左右)、公有化程度高。权力过分集中,基层生产单位没有自主权,生产中没有责任制,分配上实行平均主义,这极大地挫伤了农民的生产积极性。"大跃进"和人民公社化运动使"左"倾错误严重地泛滥开来,造成国民经济比例严重失调,是导致1959年至1961年粮食供给严重困难的原因。

【简评】

人民公社化运动是违背客观规律,超前实行制度供给,造成生产关系不适应生产力,是典型的制度过度。

二、资源配置的核心是金融资源配置

新资源理论十分重视和强调金融在资源配置中的作用,并认为金融是资源配置的核心制度。制度是资源我们已经在上面论证过了,而金融也是制度资源。这种制度资源的功能主要在于资源配置。金融制度包括金融组织体系和金融工具体系以及相关的法律法规。金融组织体系包括各种银行机构、非银行金融机构、各种金融市场等;金融工具体系包括所有传统和创新金融工具。在传统经济学理论分析中,金融组织和金融工具长期被抽象在理论分析框架之外,金融体系对于产出和需求不产生任何实质性影响,在分析中完全可以忽略它们的存在,但这在完美的市场现实中并不存在。

金融制度在现代经济的资源配置中发挥着至关重要的作用,它们沟通居民储蓄与公司部门和在厂商之间投资资金分配,允许厂商和居民分担风险。在现代市场经济中,生产要素的转移是通过金融资源的再次配置来实现的,往往金融资源流动和调配在先,其他资源流动和配置在后。并且,人们往往会发现,在此过程中,金融体制和金融市场收集和传递信息的功能发挥着重要作用。没有合适的金融制度安排来动员和配置其他经济资源,就会使经济持续稳定的增长和发展成为泡影。金融制度的最为关键的功能,就是把储蓄主体和投资主体在资金供求上的差别(如期限、风险、收益等方面的差异),通过市场化的手

段予以弥合，实现储蓄向投资的最佳转化。另外，通过金融市场的选择，把资金配置给那些最有效率的项目上去。熊彼特（1934）认为，金融中介具有两种功能：寻找和评估合格的企业家、为有前景的投资项目提供资源。类似这种思路，我国的研究者还明确提出，金融制度还有甄别企业家精神的功能，是一种社会选择机制，特别是诸如资本市场和风险投资机构等金融制度创新有助于推动企业家的出现和成长。① 在特定的经济条件下，一个有效的储蓄—投资转化机制，应该允许不同的经济主体（储蓄者和投资者）基于自身的经济理性，在现有的金融结构和经济主体自由选择的基础上，根据风险和收益对称的原则，实现金融资产的资源交换。在这一交换过程中，市场化的利率体系、充分竞争的多样化金融中介机构和多种期限、风险与收益组合的金融资产是实现有效转化的前提。"金融资源向一个经济所提供的资源配置能力和资源配置效率，决定这个经济的综合发展水平和潜在增长能力。"② 所以，我们可以得出一个结论：金融制度配置资金的功能对现代经济增长是不可或缺的。金融制度的效率与经济增长的效率密切相关，高速优质的经济增长要求金融体制和金融市场高效运行，相反，金融制度运行的低效率迟早会危害经济的稳定增长。

金融配置资源不仅仅在配置货币资本资源，也同时在配置收益和风险。现代经济增长的源泉中，技术变迁和资本积累最为关键。技术进步可以提高生产率，同时不会使得资本的边际报酬率下降，从而维持资本积累的积极性。并且，唯有技术进步，才会出现新的产业，带动产业结构的升级。但技术变迁与资本积累关系密切，现代技术创新从研究、开发，到新产品试制、投产，需要大量的资本投入。同时，技术创新往往体现在新的资本设备上。因此，技术进步和资本积累两者相互促进，相互依赖。一个社会资本积累的速度和规模取决于资金的回报率，后者又决定于资本的配置和利用效率。资本是经济增长和发展的重要因素，无论经济体制有何不同，都要解决融资问题。但是，解决融资问题的方式大相径庭。计划经济体制中采取的是计划机制，集中全社会的储蓄，并按照国家计划投放出去，资源配置是政府说了算。而现代市场经济中，资源配置是通过货币资金来驱动和调配的，谁掌握了货币资金，谁就取得了资源配置的权力。而货币资金又是通过一定的金融制度形成并配置出去的，这

---

① 张军. 话说企业家精神、金融制度与制度创新 [M] .153~154 页，上海：上海人民出版社，2001.

② 陆家骝. 略论"金融资源"的可持续发展 [N] . 金融时报 .1998－07－11.

样，金融制度就成为资源配置的核心制度。"金融是现代经济的核心，不仅有融资功能，而且有着特殊的经济功能，它是生产力。物质生产力的发展固然是一个重要方面，但起核心作用的，还是金融体系。办好金融，建设一个发达稳健高效的金融体系，是推进经济持续稳定增长的关键。"① 衡量一国经济是不是高效率，能不能持续发展，主要就是看金融制度的效率。金融制度具有融资和配置货币资本的双重功能，并通过配置货币资本，配置了其他经济资源。"金融系统在不同的时间、地区和行业之间提供经济资源转移的途径。""经济越复杂，金融系统为资源在时间和空间上的转移提供高效率的手段的角色就越重要。"② 金融制度使得稀缺资源在时间和空间上，从获得相对较低收益的地方转向收益较高的地方，从而提高了资源配置效率。

金融资源供求状况反映着金融资源配置"非金融类"经济资源的能力，这种能力构成了资源配置的"金融约束"条件。任何经济在特定的历史时期所能配置的资源数量都是既定的，由此决定了这一阶段的经济增长存在一个最大的限度，这就是经济学中的"生产可能性边界"。在"非金融类"经济资源数量既定的前提下，金融资源供求力量的对比决定了三种不同的金融资源配置状态。

1. 金融适度

我们这里先不区分各种层次或客体，把金融资源看成是一个整体，它存在一个总的供求数量（尽管没有量纲）。这种总量分析在经济理论中经常采用。我们认为，在经济增长的一定阶段，金融资源供求存在一个"最适度均衡状态"，简称为金融资源适度。它的第一层含义是指此时一个经济体中的金融资源供给，基本上与生产可能性曲线边界所要求的金融资源需求（最适度金融资源需求）相均衡。金融资源的供给恰好满足了最适度的金融资源需求，不多也不少。当然，这是理论上的说法，实际上围绕这个最适度金融资源需求可以存在一个波动区间，在这个区间内都可以认为金融资源的供求大体均衡。

"最适度均衡状态"的另一层含义是指金融资源的供给结构也基本和金融

---

① 陈元：见《金融要用严格的信用约束机制配置资源》，在国家开发银行主办的"市场、政府与开发性金融机构"国际研讨会上的演讲。

② 罗伯特·莫顿. 金融学［M］. 第一版，24 页，北京：中国人民大学出版社，2001.

资源需求的结构相适应，没有出现供求结构错位和失调。以上两种均衡意味着金融资源本身得到了最佳配置，"非金融类"资源在当前的金融资源供求配置下也得到了最佳配置，逼近帕累托资源配置最优状态。

金融资源配置"最适度均衡状态"也可以简称为"金融适度"，金融发展在总量与结构方面基本满足经济发展的内在要求，金融规模和金融结构与实质经济规模和结构相匹配，或者说金融发展适度，这是实现经济最优增长和发展的前提条件。当然，经济增长和发展取决于多种因素，如技术进步、人力资源积累、产业资本积累、制度创新等，金融发展适度只是必要的条件之一，并非充分条件。20世纪70年代以来所发生的一系列金融危机，原因是多方面的，如经济结构问题、国际投机资本的冲击、金融监管不力等，但最重要的因素还是金融深化不当引发的金融发展过度。在片面追求金融自由化和金融深化过程中导致金融发展过度，引发了一系列金融危机，对经济增长产生了巨大的损害。

金融适度发展的状态意味着金融规模相对于经济规模是适度的，或者说，由金融代表的虚拟经济和实体经济的发展互相是协调的。与虚拟经济密切相关的概念——虚拟资本，最早是由马克思在《资本论》中提出来的，随着20世纪70年代以来金融创新的发展，特别是金融衍生产品市场的兴起，作为构成虚拟经济基本要素的虚拟资本，早已突破了单一有价证券的范围。虚拟经济是市场经济和金融业发展到一定阶段的必然产物。一方面，它以实体经济的发展作为自己发展的前提和基础，表现出对实体经济的依附性；另一方面，它可以提高资金的运用效率，通过转移和降低风险、增加流动性的金融工具交易为实体经济服务，促进实体经济的发展。而且，金融工具交易中的杠杆效应和放大效应，往往也使虚拟经济与实体经济产生较大的背离。在金融自由化和金融全球化浪潮的推动下，国际资本流动的数量急剧增加，流动速度越来越快，国际资本市场的金融交易规模不断扩大，从而推动着虚拟经济迅猛发展。目前，全球虚拟经济的规模已是实体经济的五倍。虚拟经济的规模，已经成为衡量一国金融发达程度和经济竞争力的重要标志。[①] 虚拟经济规模不能过大，也不能过小，这其实就是金融发展适度。因此，如何适度发展虚拟经济，充分发挥虚拟

---

① 苑德军. 理论创新是资本市场发展的先导［N］. 金融时报. 2002 - 12 - 20.

经济对实体经济的促进作用，是金融可持续发展的一个重要前提。

2. 金融压抑

金融资源压抑指金融资源供给小于生产可能性曲线边界相对应的金融资源需求的状态，即现有金融资源供给不能把现有的其他资源最大限度地配置出来，"非金融类"经济资源存在闲置状态。在其他条件不变的情况下，一个国家如果通过金融改革刺激了经济增长和发展，我们就可以说这个国家先前处在金融资源配置"压抑状态"，即由于金融资源供给不足而导致经济增长和发展不充分。由于在既定时期内一国投资于金融业的资源过少，导致金融业所提供的金融服务不能满足经济发展的内在需求，金融作为"资源配置核心制度"的功能不能充分发挥出来，从而对经济增长和发展形成阻碍。

根据麦金农和肖的论述，金融压抑是这样一种金融现象，即由于政府过分干预金融市场和实行管制的金融政策，以及未能有效地控制通货膨胀，使得金融市场特别是国内资本市场发生扭曲，利率和汇率不足以反映资本的稀缺程度。简而言之，如果政府对它们的国内资本市场收税或者扭曲，那么从一定意义上说经济增长和发展就是被"金融压抑"给抑制住了。金融抑制会阻碍经济的发展，反过来呆滞的经济又限制了资金的积累和对金融业发展的需求，制约着金融体制的改革与发展。

在不同的经济体制下，金融资源配置"压抑状态"所表现的程度、调整机制、调整效果各不相同。在计划经济体制下，金融问题往往是到了严重阻碍经济增长和发展时，才被当做一项专门的工作提到议事日程加以调整解决。而这种调整解决主要通过行政性重置，即主要依靠行政机构的力量和行政手段来进行。具体来说，决策者根据其主观判断和对未来发展的预测，制订一套金融调整的方案，用行政手段自上而下地加以推行。由于信息不充分和高昂的信息成本等多方面原因，调整计划本身就潜存着失误的可能，金融资源配置的不当和低效率也难以避免。在市场经济体制下，金融资源调整则采取市场性重置，即主要依赖市场机制来进行，健全完善的市场机制对金融资源的转移和再配置起着基础性和导向性的调节作用。每一次金融资源调整和变动，都主要是通过市场机制作用于利益主体而自动实现的，这一过程意味着经济增长机制发生了质变，是经济增长机制的"飞跃"。

3. 金融过度

指金融资源供给大于金融资源最适度需求的状态，可以简称为"金融过度"，这是另一种极端的金融资源供求失衡现象，经济中金融资源供给超越本国经济资源承受限度，也即金融资源供给要求资源配置发生在生产可能性曲线之外，这实际上是不可能的。"金融过度"意味着过多资源投资于金融业，一方面，会使实体经济因投资不足而减缓增长；另一方面，金融过度会引发资产价格膨胀并导致经济泡沫化，而经济泡沫的破灭会对经济增长和发展形成严重的损害。因此，这样的金融资源配置也是不适当的。

需要说明的是，"金融过度"和所谓"金融先行战略"（或金融先导发展战略）有着本质上的不同，后者实际上是对已经存在的金融资源"压抑状态"进行"解放"，使金融资源恢复到经济增长和发展本来应有的水平。"金融先行战略"等成为许多发展中国家经济发展战略的首要选择，发达国家也把继续推进和深化金融发展作为保持经济和社会的发展与稳定、增强国际竞争力和分享其他国家国民福利增长的重要手段和动力。但东南亚国家的金融服务业和金融市场对外开放的力度一般都较大，过度开放超过了中央银行的金融宏观控制能力，同时由于资本市场过度开放而形成的庞大虚拟资本大大超过国民生产总值的承受能力，最终引发金融危机，这就是典型的"金融过度"。

无论是金融抑制——金融资本存量在社会总资本中比例过低，还是金融过度——过量资本投入金融业，均会损害经济增长。只有金融适度，与实体经济发展规模和速度相匹配，才能使经济增长达到最优增长状态。

✧ 案例：20 世纪 90 年代日本泡沫经济破灭就是金融过度

日本从 1955 年至 1985 年，完成了经济起飞，进入了发达国家行列，成为世界第二经济大国。手中有了钱的日本企业和居民信奉"土地神话"，日本是一个岛国，山地多，平原少。土地成为日本的稀缺资源。随着经济的发展，工业和城市占地不断增加，同时，由于基础设施建设等对土地投资的增加，地价特别是城市房地产价格具有不断上升的趋势。然而，日本人将这种趋势绝对化了，认为地价只会上升，不会下降，以至于把房地产投资作为一种资产保值和增值的方式。他们开始制造土地泡沫，日本中央银行采取了非常宽松的金融政策，鼓励资金流入房地产以及股票市场，致使房地产价格暴涨。从 20 世纪 80 年代中后期开始，日本全国范围内都出现了城市土地再开发热潮，土地价格随之猛涨，东京、大阪、名古屋等六大城市经济圈的商业用地价格指数1985 年比 1980 年上升了 53.6%，1990 年则更比 1980 年上升了 525.9%。这期间，日本全国平均土地价格也上涨了 1 倍以上。日本约有一半的人拥有土地，约 20% 的人拥有土地继承权。因而，随着土地价格的上升，大多数日本人感到自己的财产在这几年内增值了 1 ~ 2 倍。这一时期日本的国民生产总值每年平均增长不到 6%，而金融资产价格、不动产价格脱离生产力发展水平的虚假上涨，使经济呈现出虚假繁荣景象。

1985 年 9 月，美国、联邦德国、日本、法国、英国五国财长签订了"广场协议"，决定同意美元贬值。美元贬值后，大量国际资本进入日本的房地产业，更加刺激了房价的上涨。从 1986 年到 1989 年，日本的房价整整涨了两倍。受房价骤涨的诱惑，许多日本人开始失去耐心。他们发现炒股票和炒房地产来钱更快，于是纷纷拿出积蓄进行投机。到 1989 年，日本的房地产价格已飙升到十分荒唐的程度。当时，国土面积相当于美国加利福尼亚州的日本，其地价市值总额竟相当于整个美国地价总额的 4 倍。到 1990 年，仅东京都的地价就相当于美国全国的总地价。一般工薪阶层即使花费毕生储蓄也无力在大城市买下一套住宅，能买得起住宅的只有亿万富翁和极少数大公司的高管。

1991 年后，随着国际资本获利后撤离，由外来资本推动的日本房地产泡沫迅速破灭，房地产价格随即暴跌。到 1993 年，日本房地产业全面崩溃，企业纷纷倒闭，破产事件大量增加，遗留下来的坏账高达 6000 亿美元。这次泡沫破灭不但沉重打击了房地产业，还直接引发了严重的财政危机。受此影响，日本迎来历史上最为漫长的经济衰退，陷入了长达 15 年的萧条和低迷。人们称这次房地产泡沫是"第二次世界大战后日本的又一次战败"，把 20 世纪 90 年代视为日本"失去的十年"。

【简评】

从金融资源理论来看，日本的泡沫经济可以归结为"金融过度"。

三、资源配置最优的均衡条件

引入制度资源和金融资源后，产生了财富创造效应。也就是说，如果引入的新制度相比旧制度有效率，可以扩大财富创造的数量。这时候，我们可以认为，先前的制度资源必然处于制度资源压抑状态，无论是改革还是创新制度，都会达到新的制度均衡，也就是达到了制度资源适度的均衡状态；同样，如果调整金融资源配置后，也产生了财富创造效应，那么先前也存在金融资源压抑状态，调整后的状态也就是金融资源适度状态。于是，我们可以得出结论，经济资源配置最优状态必须包括三种适度均衡：制度适度、金融适度和自然资源最优。

1. 制度适度

制度适度就是要处理好制度供给与现实经济稳定发展之间的关系，可以说是处理好效率与公平之间的关系，也可以说是处理好新旧制度导致的利益不平衡带来的社会矛盾问题。新的科技进步必然会逐步带来新的制度创新，而这种创新，无论是企业层面，还是政府层面，最终都会导致利益格局的重新调整与分配。利益调整得好，多数人得益，制度就会稳定供给，并不断完善起来。反之，如果制度不合理，利益调整出现巨大冲突，就会引起社会矛盾，拖延或阻碍制度供给。新制度供给代表新的利益诉求，而也需要照顾到旧的利益格局，这是社会管理必须考虑的要素。尤其是和平建设时代，不像革命时代那种急风暴雨式的暴力调整，需要处理好改革、发展和稳定之间的关系。稳定的社会秩序也是经济增长的必要条件，甚至也可以说是一种社会资源。

2. 金融适度

金融适度就是要达到一种微观金融有效率和活力、宏观金融健康与稳定的状态。具体来说，金融是一个负债经营的行业，具有天然的脆弱性。这种负债比率，或者说杠杆比率，必须在一定范围之内。实体经济的杠杆率过高，反映的就是金融业的资产负债比率失衡。只要金融供给过度，就会反应到实体经济上，只不过反应的版块各不相同。不论哪一个版块的实体经济过热，都代表了金融资源过度集中的风险。当这种风险弥漫到整个金融系统时，就会带来金融系统性风险。这是宏观金融监管一定要予以关注并干预的。

3. 资源配置最优

西方经济学讲的帕累托最优，没有考虑到制度因素包括金融因素。我们在这里予以补充。并且，我们强调制度适度和金融适度，对于资源配置而言，更是关键的、核心的条件。以下我们用图 5 - 2、图 5 - 3、图 5 - 4 来说明这种最优资源配置。

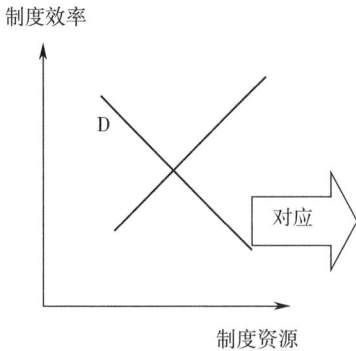

图 5-2　制度适度　　　　　　　图 5-3　金融适度

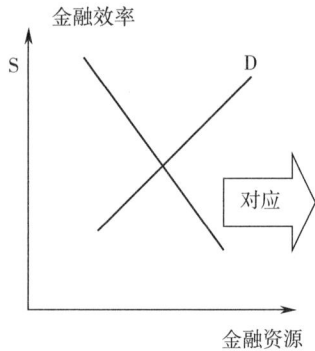

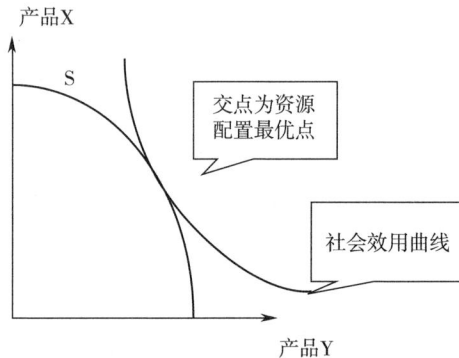

图 5-4　资源配置最优

　　一个经济社会对于制度资源和金融资源的配置状态的选择是内生于本国经济社会环境的，其中经济体制、政治体制、知识积累、信息流动和思想观念等资源开发状态也可以影响到制度资源包括金融资源配置的选择。经济学里面把这些因素可以归结抽象为一种社会选择偏好，用社会效用曲线，也叫社会无差异曲线来描述。图中的交点——资源配置最优点代表社会选择的最终结果。上述三个均衡条件的基本思想是：与其说自然资源或者三要素资源的配置很重要，不如说制度资源和金融资源的配置更为重要。谈论资源配置，我们更关注制度资源配置，并且资源配置的核心问题是金融资源配置。只有通过金融资源有效配置，才能更好地进行其他经济资源的有效配置。

四、资源配置的现代特征

　　随着 20 世纪后期，经济全球化、金融全球化、地区经济一体化等趋势的加强，现代各国的资源配置已经不同于以往各个时代，呈现出许多新的特征。

1. 资源配置具有很强的互动性

经济全球化、一体化这一发展趋势，始于第二次世界大战以后的 20 世纪五六十年代，七八十年代发展迅速，90 年代异常迅猛，21 世纪继续向纵深方向发展。民族国家或各经济体之间贸易量的几十倍上百倍的扩张，这种量的积累，必然带来它们彼此间经济金融政治关系质的飞跃。[①]当今世界是一个开放的世界，谁也不可能孤立于世界之外去发展自己的经济。商品、资源、技术、信息、资本在全球范围内流动和配置，形成各国经济相互交织的复杂局面。各国的资源配置再也无法同其他国家的资源配置隔离开来，资源配置在全球范围具有很强的互动性。特别是在贸易规模不断加大，资本流动规模不断加大、加快，以及经济、金融全球化、一体化趋势不断加强的态势下，这种互动性体现得越加明显。各民族国家与经济体，在经济、金融与社会生活方面的相互依赖、相互影响、相互渗透与相互制约空前增强，它们彼此的生产、分配、交换、消费、原料、材料、能源、技术与设备日益成为一个不可分割的整体，可以说你中有我，我中有你，你离不开我，我离不开你，越来越不可分离，成为一个全球性整体，可以说一荣俱荣，一损俱损。不管各民族国家、各经济体之间社会意识形态、民族宗教信仰、社会发展与科技水平有怎样的差异，然而有一点是确切无疑的，即它们之间的发展的整体性与依存性已经大到足以超越这些差异，它们必须在相互依存中，在实现共同的可持续性整体繁荣发展的过程中，来寻求实现它们各自的不同利益及不同发展模式与生活方式。资源要素在全球范围内的流转、消耗与实现，就是相互依赖、相互影响、相互促进为一个整体的依存性和依赖性的空前提高，以及经济金融波动危机的联动、互动传导性的急剧增长，从而从根本上改变各民族国家和经济体传统历史关系的性质、态势与格局，特别是根本改变了彼此间经济、金融、政治、外交关系的性质与格局，没有任何一个民族国家与经济体可以在闭关锁国的条件下孤立地单独生存与发展，也没有任何一个民族国家或经济体可以采取某种措施，单独损害别

---

① 以第二次世界大战刚刚结束的 1947 年的世界贸易量而论，当时只有 450 亿美元，美国占有 1/3 的份额，绝对量为 144 亿美元，到 1997 年整整半个世纪以后，全球贸易量已达 6.10 万亿美元，外加 12300 亿美元的服务贸易，50 年增长了 135～162 倍，美国所占相对份额由原来的 33% 下降到不足 10%，但绝对量却增长到 6000 亿美元，是 1947 年的 41 倍。

人而不同时损害它们自己。它们之间的整体依存性当然不可能是绝对均衡对等的，需视各自国情、发展水平、资源状况和开放程度不同而定，但这种发展的差异性不仅不能改变它们彼此之间发展的整体性与依存度，同时，也产生了一系列前所未有的全新问题，导致世界各国面临一系列新的挑战。

从新资源理论的角度来看，各国资源配置互动性主要表现为国际间贸易、金融、文化、人员等资源要素频繁流动和跨国配置。自然资源和社会资源、增长型资源和发展型资源在流动速度、流动规模、流动难度等方面有很大的不同。一般而言，自然资源及其加工而成的产品和服务在国家间流动构成了国际贸易；货币资本在国与国之间流动构成了国际金融；人力资本、知识、信息等方面的交融构成了国际间政治、文化方面的交流。国际贸易、国际金融，国际政治文化交流相互影响。从增长型资源再到发展型资源，其流动性也越来越强。例如，思想观念的流动性最强，无论哪个国家、哪个领域，如果产生了一个很好的新的思想观念（如可持续发展的观念），在当今信息经济时代，借助于各种现代媒体网络，全世界几乎立即就会共享，因为思想观念的流动不需要货币购买，它的产权性很弱。相反，自然资源（如中东的石油），产权性很强，需要货币购买和长途运输，才能被购买国所使用。在国际贸易领域或多或少，或明或暗存在着贸易壁垒，而货币资本流动在某些国家地区则存在着严格的限制。正统的国际经济学教材中都论证了国际贸易自由和资本流动自由的利益，它们用消费者和生产者之间剩余比较来描述世界福利"净剩余"，它们的结论是：国际贸易、资本流动采取自由政策是最佳选择。①

实际上，资源配置互动性的影响具有两面性，即存在正效应和负效应。正统的国际经济学理论分析了国际贸易和国际资本自由流动具有世界福利效应，没有充分估计世界损失效应，在现实世界中有许多因素是无法量化为"福利净剩余"。因为这些正统理论主要还是"新古典"的国际贸易和国际金融理论，没有深入考虑制度、金融等因素的相互作用与影响。世界各国经济政治制度和文化系统等千差万别，即使都采取市场经济体制，也各自具有不同的特点。由此决定了不同资源在不同国家间的流动所产生的效应也有所不同。例如，社会资源流动所带来的影响就完全不会像自然资源那样正效应那么明显。

---

① 在由查尔斯·金德尔伯格和彼得·林德特所著的、论述国际经济学理论的权威性著作《国际经济学》中，我们可以看到这种具有"新古典味道"的结论。

近年来资本流动造成世界性金融经济危机，使得人们开始思考金融自由化带来的负面影响。更由于各国经济日趋金融化，金融成为各国乃至世界经济运行的核心。一国经济危机一般先由金融危机开始，金融危机、经济危机还会在各国之间迅速传递，引发世界性金融经济危机，陷入经济增长阻断的状态。

◎ 案例：全球三次石油危机对各国经济造成的严重冲击

第一次危机（1973 年）：1973 年 10 月第四次中东战争爆发，为打击以色列及其支持者，石油输出国组织的阿拉伯成员国当年 12 月宣布收回石油标价权，并将其积陈原油价格每桶从 3.011 美元提高到 10.651 美元，使油价猛然上涨了两倍多，从而触发了第二次世界大战之后最严重的全球经济危机。持续三年的石油危机对发达国家的经济造成了严重的冲击。在这场危机中，美国的工业生产总量下降了 14%，日本的工业生产总量下降了 20% 以上，所有的工业化国家的经济增长都明显放缓。

第二次危机（1978 年）：1978 年底，世界第二大石油出口国伊朗的政局发生剧烈变化，伊朗亲美的温和派国王巴列维下台，引发第二次石油危机。此时又爆发了两伊战争，全球石油产量受到影响，从每天 580 万桶骤降到 100 万桶以下。随着产量的剧减，油价在 1979 年开始暴涨，每桶从 13 美元猛增至 1980 年的 34 美元。这种状态持续了半年多，此次危机成为 20 世纪 70 年代末西方经济全面衰退的一个主要原因。

第三次危机（1990 年）：1990 年 8 月初伊拉克攻占科威特以后，伊拉克遭受国际经济组织制裁，使得伊拉克的原油供应中断，国际油价因而急升至 42 美元的高点。美国、英国经济加速陷入衰退，全球 GDP 增长率在 1991 年跌破 2%。国际能源机构启动了紧急计划，每天将 250 万桶的储备原油投放市场，以沙特阿拉伯为首的欧佩克也迅速增加产量，很快稳定了世界石油价格。

【简评】

几次石油危机对全球经济造成严重冲击，正说明了全球化条件下，各国资源配置已经你中有我，我中有你，相互影响巨大。

◎ 案例：特朗普对华挥贸易大棒，中国针锋相对予以反击

美国总统特朗普于 2018 年 3 月 22 日签署备忘录，依据"301 调查"结

果，将对从中国进口的商品大规模征收关税，并限制中国企业对美投资并购。此次涉及的中国商品规模可达 600 亿美元。

按照此前计划，针对美国发起的进口钢铁和铝产品 232 措施，商务部于 3 月 23 日发布中止关税减让产品清单并征求公众意见，为期一周有余的评论期于 3 月 31 日结束。4 月 1 日深夜，国务院关税税则委员会发布通知，自 4 月 2 日起对自美进口的 128 项产品加征 15% 或 25% 的关税。

至此，中国反击美国挑起的贸易摩擦"第一锤"终于落地。"中国是第一个对特朗普的贸易威胁进行报复的国家。"《华盛顿邮报》如是说。我们应该注意到，这是世界最大的两大经济体之间的直接摩擦，其影响必然波及全世界。

【简评】

二十多年前，笔者在读国际金融硕士研究生、学习国际经济学时，使用的是美国著名的原版教材《国际经济学》，作者金德尔伯格，美国纽约人，麻省理工大学经济系资深教授，国际货币问题专家。那是原汁原味的美国主流经济学教材，在美国大学里面也使用。这部书第一章的内容就详细讲解了比较利益学说，结论就是分工给双方带来更大的利益。也就是外交部发言人华春莹的这段话"美方通过大量进口源自中国的低成本劳动密集型产品，大大降低了美国消费者的消费成本，提升了'消费者剩余'，实际上是改善了美国消费者的福利环境，在宏观上也有利于美国抑制通货膨胀。"有一次，美国沈阳领事馆组织一个中美音频对话交流，一个来自美国的官员回答辽宁大学国际金融和国际贸易专业学生的提问。那时候那个官员就抱怨中国对美国有巨大的贸易顺差。我记得我提的问题是："we know China has trade surplus，but it is because US does not allow high technology to China，how do you think this？"那个官员所答非所问，滔滔不绝口若悬河讲了一大堆。语速极快，其中有说，自由贸易是好的，中国应该更加鼓励自由贸易。

风水轮流转。特朗普上台后，开始通过增加关税平衡贸易逆差。这真有点匪夷所思。一贯倡导自由市场经济自由贸易的美国竟然搞起了关税壁垒。中国搞市场经济主要学习对象就是美国，理论上学习很"彻底"，君不见国内很多著名的××经济学家都毕业于美国著名的大学经济学系吗？可是，现在美国要制裁中国，限制高科技出口美国也搞了几十年了，中国人民也没抱怨啥，起早贪黑继续干活赚钱。中国顺差不就是跑个贸易量嘛，积少成多、集腋成裘，赚的是勤劳的钱，也是辛苦钱啊！很多产品还是转口贸易，利润大部分还不是被美国公司赚取了，而现在美国人却说不行要加关税。美国要做啥？简直是强盗逻辑，横竖都有理！①

其实，特朗普政府针对中国的关税调整措施将集中在"中国政府希望力推的高科技行业"上。白宫高级贸易顾问纳瓦罗明确说，该清单将主要聚焦"中国政府希望力推的高科技行业"，即"中国制造2025"所确定的行业。他表示，该清单将与中国在其"中国制造2025"战略中所确定的行业保持一致。"在我看来，中国如此公开地发布这个到2025年的计划，基本等于告诉世界，'我们将主宰未来每一个新兴产业，而你们的经济将不会有未来'……这些行业包括人工智能、机器人和量子计算。"真的是应了中国的那句老话：项庄舞剑，意在沛公。原来美国就是想打压中国崛起的势头啊！

2. 资源配置具有一定的脆弱性

世界各国在过去二十年里，特别是20世纪90年代以来的发展实践证明，经济一体化与经济金融化的结果具有相互依存共同促进发展的正效应，也同时具有萧条、波动与危机联动互动的负效应。金融成为核心性资源具有双重的效应，是一柄"双刃剑"，金融发生问题对国别和全球造成的震荡有时还非常之强烈，甚至于是惊心动魄的。金融波动已成常态，绝非偶发事件。对于这一点大多数人还没有意识到，以为这只是一种突发性、偶发性事件，岂不知今后人们必须逐渐习惯于在这种此起彼伏的波动或危机中生活。经济和金融也只能在这种动态的状态下发展，人们必须适应这一历史性变动，并找到和建立一套在波动危机中求生存、求发展、求稳定的工具、手段、体制和理论，必须在各种危险与风险中实现各自民族国家经济金融的安全与稳定。在过去二十年的时间里，全球各国发生过一百多次大小不等的金融波动、震荡与危机，有不少是震惊全球的事件。显然，这已成为一种常态，绝非偶然性事件。②

---

① 这一段是杨涤博士为美国发起贸易战写的短评。
② 各国为医治这种波动或危机的创伤有时甚至于付出相当于其1/5~1/4的国民生产总值，东南亚金融危机使马来西亚的人均国民生产总值倒退了10年，使泰国的人均国民生产总值倒退了12年，使全球的国民生产总值增长率下降1/3，即1个百分点；使印尼盾对美元的汇率贬值82%，其他相关国家货币贬值30%~40%；使全球股票市场价位下跌1/2至2/3；使金融危机演变为经济危机、社会危机与政治危机，直到其政权的垮台。

现今时代各国的资源配置并不能持久保持稳定。上面的章节中我们已经论述了各国资源配置主要是通过金融资源配置来进行的。一方面，金融资源具有脆弱性，这种脆弱性是金融内生的、与生俱来的性质；另一方面，经济日益金融化又导致金融的配置性不断加强，金融在资源配置中地位不断上升，成为战略性、核心性的资源。这就使得金融脆弱性、金融配置性、金融战略性之间存在着矛盾和冲突。"金融在提高了对一个经济的资源配置能力与效率的同时，它自身的系统性风险也在提升与累积"① 这一科学的理论概括既令人信服地解释了经济越是金融化，经济与金融越是全球化，金融危机的发生频率越高、危害性越大这一客观事实。在金融资源配置效率高并具有良好的稳定性时，这个社会的其他经济资源一般也是处于高效配置状态，物质财富和金融资产被不断地生产和交易，经济增长和发展会形成一个稳定的基础；相反，如果由于某些原因（无论是外部因素，还是内部因素）导致金融资源配置失误以及金融体系功能弱化甚至崩溃，这个经济也就丧失掉了资源配置能力，会爆发金融危机进而引发经济危机。当然，我们并不是仅仅重视金融因素，实际上，如果把整个资源配置视为一个复杂的系统过程，那么，影响资源配置效率和稳定的因素很多，除了金融，还存在许多其他因素可能致资源配置崩溃，也就是发生金融经济危机。但在这些因素中，金融无疑是最为核心和重要的一个因素。在现代金融经济的条件下，金融危机成为一种常见的经济现象。金融经济时代的资源配置区别于以往经济时代的显著特征就是：金融资源开发配置的高度垄断和其跨区域、跨国界的高度流动两种相互矛盾的现象同时并存。现代金融危机可以跨国界、跨地区的快速联动、互动、传导和传染，对世界经济和国际金融具有极大的破坏作用。金融危机呈现出与以往时代完全不同的特征。由于经济日益金融化和金融全球化，导致金融与经济的相关度很高，在全球性金融市场高速运行的条件下，它的负面影响也被成倍放大。金融风险或金融危机的联动、互动、传导、传染更有可能以"迅雷不及掩耳之势"在世界范围蔓延。这一切都极大地改变了金融危机发生的模式，呈现出从"经济危机—金融危机"到"金融危机—经济危机"模式的转变。金融危机发生的频率较以往时代更高，所造成的危害性更大。少数国家的金融危机长期化、深层化和复杂化，经济发

---

① 由中山大学陆家骝教授指出，参见白钦先等著《金融可持续发展研究导论》，348 页，中国金融出版社，2001。

展长期缓慢，难以走出困境。

由于金融在资源配置中的核心地位和重要作用以及金融固有的脆弱性，现代经济中的资源配置较之以往济时代相对不够稳定，具有一定的脆弱性，即资源配置有可能出现崩溃或中断的现象。究其根源，是因为我们已经进入了一个新的经济时代——金融经济时代。与实物资源的全球流动和配置相比，货币资本等金融资产在各国间流动更加频繁，速度更加迅猛；投机套利的壁垒更少，交易成本更低。这不仅加快了国际资本流动的速度，也使得国际资本流动的规模不再受实体经济的限制和束缚，造成了一个十分重要的后果——世界经济虚拟化。在过去经济时代，国际贸易规模决定国际资本规模，而现在则恰恰相反，国际资本规模已经大大超过了国际贸易规模，形成了所谓的"倒金字塔"结构，从而对世界经济和国际金融产生了巨大、深远的影响。全球性的金融资本扩张与世界性的金融霸权（Financial Hegemony）已初见端倪。20 世纪的金融资本主要通过"资本渗透"和"人事结合"两种方式实现对工商企业的控制，而 21 世纪的金融资本则无处不在，在经济中广泛扩散、深入渗透，把触角延伸到了各行各业，足迹遍及世界经济各领域。令人尤为不安的是，金融资本的贪婪和趋利本性远甚于那些投资于实体经济领域的产业资本，国际金融领域中金融霸权的形成又进一步助长了金融资本在世界范围内滥用信用机制缺陷的行为，疯狂进行投机套利活动，导致世界经济和国际金融进入"多事之秋"。于是，金融安全、金融主权、金融霸权、金融资源、金融效率和金融可持续发展等新概念、新问题、新观念和新理论应运而生。

✍ 案例：东南亚金融危机扩散为亚洲金融危机

1997 年东南亚爆发的金融危机，引发了全球资本市场的动荡，其波及之广、速度之快、破坏之深，令全球为之震惊。

1997 年 3 月 2 日索罗斯攻击泰国外汇市场，引起泰国挤兑风潮，挤垮银行 56 家，泰铢贬值 60%，股票市场狂泻 70%。由泰国引起的金融动荡一直蔓延到亚洲的北部乃至俄罗斯，马来西亚、印度尼西亚、中国台湾、日本、中国香港、韩国均受重创，这些国家和地区人民的资产大为缩水，亚洲人民多年来创造的财富纷纷贬值，欧美国家利用亚洲货币贬值、股市狂泻的时机，纷纷兼并亚洲企业，购买不动产，以其 1% 的代价轻易获取了百分之几百的财产。东南亚金融危机使亚洲国家的社会秩序陷入混乱。由于银行倒闭，金融业崩溃，导致经济瘫痪。经济衰退，激化了国内的矛盾。东南亚金融危机期间，印度尼西亚、马来西亚等国社会动荡，人心涣散，秩序混乱。国家政权不再稳定。政治不稳定，破坏了亚洲经济增长的良好环境。

【简评】

马克思早就论述过资本的贪婪。他说："一旦有适当的利润，资本就会壮起胆来；有 10% 的利润，它就会被到处使用；有 20%，就会活泼起来；有 50%，就会引起积极的冒险；有 100%，它就会不顾人间的一切法律；有 300%，它就敢冒绞首的风险。"以量子基金这样的国际资本大鳄，张着血盆大口，在各国寻找货币制度漏洞而嗜杀成性，哪里会去管当地老百姓的死活？难怪在亚洲金融危机愈演愈烈的当下，时任马来西亚总理马哈蒂尔厉声斥责索罗斯暗中操纵东南亚的金融市场，从而造成当地货币贬值。"我们花了 40 年建立起来的经济体系，一下子就被这个有钱人给搞垮了。"

第六章
资源与可持续发展

　　"可持续发展"是近年来国际学术界和国际社会频频使用的一个新概念。它最初由生态环境问题引起，然后逐步演变为一种全新的经济社会发展理论，最终上升到当代人类发展主题的战略高度，成为一种国际共识和世界性观念，被发展中国家和发达国家普遍重视和追求。资源的适度开发和优化配置是可持续发展的前提。资源包括自然资源和社会资源。对自然资源和可持续发展之间关系的讨论国际上方兴未艾。新资源理论提出资源也包括社会资源，那么，探讨经济资源与可持续发展之间的关系，就应当既包括自然资源，也包括社会资源，这对于深刻理解可持续发展战略，促进经济和社会的可持续发展具有重要意义。

第一节　可持续发展思想的产生

一、从《寂静的春天》《人口爆炸》和《增长的极限》到《我们共同的前途》

　　提到资源开发，传统经济学一般强调的是自然资源，即人类可以利用天然存在的自然物，如土地资源、水资源、矿产资源、生物资源、气候资源、海洋资源等。然而，在人类历史发展的不同阶段以及生产力发展的不同水平之下，自然资源开发和利用的重点是不同的。我们所讲的自然资源，一般是指已被人们认识或利用了的自然资源。地球上存在的自然资源早在亿万年前已经形成，但大量的被开发和利用，则是近百年人类经济不断发展的结果。作为自然界赋予人类的自然财富；自然资源总量一般比较稳定，它的开发和利用，在很大程度上要受人类认识和改造自然能力的限制和制约。自然资源的开发与利用程度，始终随人们对自然界认识的不断深化而不断地展开。[①] 18 世纪中期工业革命以来，社会生产力的发展速度是惊人的，一方面，经济工业化给人类社会创造出巨大的财富；另一方面，人类社会也为此付出了沉重的代价。西方世界开拓的传统工业化道路，是以"人类统治自然""人类征服自然""人类改造自然"为指导思想的，它的方式是疯狂地向大自然索取和掠夺式开发，它的目

---

　　① 例如，在人类经济的较早时期，气候、土壤、森林、水及动植物等直接决定人类生存条件的资源，具有特别重要的意义。到了更高级的经济发展阶段，矿产资源、能源资源等的作用显得格外突出。

标是满足人类不断膨胀的物质欲望，它的后果是人类社会已经异化为与大自然对立的一个群体和组织，人与自然处于尖锐的对立和矛盾之中。最终，大自然以它特有的方式开始对人类进行报复，人口激增、环境污染和恶化、生态失调、自然资源数量锐减等一系列全球性的生态环境问题开始产生。

第二次世界大战以后，世界人口空前增长，在人口数量不断膨胀和消费量不断提高的双重压力下，发达国家自然资源的人均消耗量达到历史上破纪录的水平。自然资源的消耗空前增加，人口与自然资源的矛盾日益尖锐，两者的关系处在一种恶性循环之中。自然资源的技术转化效率低，生态经济效益低，资源浪费严重。许多后发展国家的经济处于对自然资源需求大幅度增长的工业化阶段，由于人口数量多、素质低，就业压力又大，劳动密集型、资源密集型企业占了很大比重，经济发展处于粗放型增长阶段。因为无视自然规律，往往造成了对自然资源的掠夺式开发甚至破坏性开发，结果使可再生资源的再生能力受到破坏，不可再生资源濒于枯竭，由此产生了一系列环境、社会问题，引起了人们对发展观和发展道路的反思与检讨。

全球可持续发展理念的形成经历了一个从萌发到成熟、从模糊到明确、从矛盾到统一的漫长过程。尽管可持续发展的理念可能追溯到很早乃至于古代①，但一般认为，这一理念的讨论始于 1962 年美国学者卡森《寂静的春天》一书的发表，此书引起人们对环境污染灾难性后果的关注。20 世纪 60 年代初，美国农业生产中大量使用农药，在农产品、水产品和禽畜动物体内经过食物链而不断富集，已经严重危及动物和人类健康。《寂静的春天》一书的发表很快引起了美国乃至全世界的极大关注。你若有心去翻阅 20 世纪 60 年代以前的报纸或书刊，你会发现，几乎找不到"环境保护"这个词。也就是说，环境保护在那时并不是一个存在于社会意识和科学讨论中的概念。确实，回想一下长期流行于全世界的口号——"向大自然宣战""征服大自然"，在这里，大自然仅仅是人们征服与控制的对象，而非保护并与之和谐相处的对象。人类的这种意识大概起源于洪荒的原始年月，一直持续到 20 世纪。没有人怀疑它的正确性，因为人类文明的许多进展正是基于此意识而获得的，人类当前的许多经济与社会发展计划也是基于此意识而制定的。蕾切尔·卡逊（Rachel Car-

---

① 中国古代反对"涸泽而渔""杀鸡取卵"，反映了对自然资源可持续利用的一种思想。

son）第一次对这一人类意识的绝对正确性提出了质疑。这位瘦弱、身患癌症的女学者，她是否知道她是在向人类的基本意识和几千年的社会传统挑战？《寂静的春天》出版两年之后，她心力交瘁，与世长辞。作为一个学者与作家，卡逊所遭受的诋毁和攻击是空前的，但她所坚持的思想终于为人类环境意识的启蒙点燃了一盏明亮的灯。①

> 《寂静的春天》作者蕾切尔·卡逊，1907 年 5 月 27 日生于宾夕法尼亚州泉溪镇，并在那儿度过童年。她 1935 年至 1952 年间供职于美国联邦政府所属的鱼类及野生生物调查所，这使他有机会接触到许多环境问题。在此期间，她曾写过一些有关海洋生态的著作，如《在海风下》《海的边缘》和《环绕着我们的海洋》，这些著作使她获得了第一流作家的声誉。

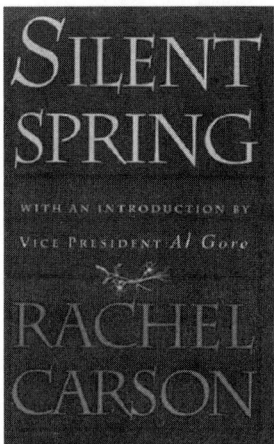

1968 年《人口爆炸》一书发表，将人口的快速增长、资源的过度利用和环境污染联系起来，立即成为一个世界性话题。1972 年罗马俱乐部发表《增长的极限》报告，成为当时全球性的争论热点。

> 罗马俱乐部（Club of Rome）成立于 1968 年 4 月，总部设在意大利罗马，是关于未来学研究的国际性民间学术团体，也是一个研讨全球问题的全球智囊组织。其主要创始人是意大利的著名实业家、学者 A·佩切伊和英国科学家 A·金。俱乐部的宗旨是研究未来的科学技术革命对人类发展的影响，阐明人类面临的主要困难以引起政策制定者和舆论的注意。目前主要从事有关全球性问题的宣传、预测和研究活动。

---

① 雷切尔·卡逊. 寂静的春天［M］. 上海：上海译文出版社. 2015.

　　《增长的极限》于 1972 年公开发表。在我们这个人口数量最多，经济增长速度最快的发展大国，重新出版这本"旧书"，仍然有深远意义。这不仅因为这本书早已是名满全球的一块丰碑，也因为这份研究报告所提出的全球性问题，如人口问题、粮食问题、资源问题和环境污染问题（生态平衡问题）等，早已成为世界各国学者专家们热烈讨论和深入研究的重大问题。这些问题也早已成为世界各国政府和人民不容忽视、亟待解决的重大问题。对此，在思想上必须高度重视，在实际行动上必须高度负责，切实解决，否则，人类社会就难以避免在严重困境中越陷越深，为摆脱困境所必须付出的代价将越来越大。书中的观念和论点，现在听来，不过是平凡的真理，但在当时，西方发达国家正陶醉于高增长、高消费的"黄金时代"，对于这种惊世骇俗的警告，并不以为然，甚至根本听不进去。现在，经过全球有识之士广泛而又热烈的讨论、系统而又深入的研究，有越来越多的人取得了共识。人们日益深刻地认识到：产业革命以来的经济增长模式所倡导的"人类征服自然"，其后果是使人与自然处于尖锐的矛盾之中，并不断地受到自然的报复，这条传统工业化的道路，已经导致全球性的人口激增、资源短缺、环境污染和生态破坏，使人类社会面临严重困境，实际上引导人类走上了一条不能持续发展的道路。1973 年石油输出国组织大幅限产提高油价，引起石油资源枯竭的世界性恐慌；1979 年美国三里岛发生核污染事故；1984 年印度有毒化学物泄漏事件，造成 1 万人死亡、30 万人受伤的严重后果；同年埃塞俄比亚干旱，有 25 万 ~ 100 万人饿死；1985 年全球变暖的科学报告引发世人关注，同年发现南极臭氧空洞；1986 年原苏联切尔诺贝利核电站发生爆炸事故。显然，单单从环境保护角度考虑已经不能够解决上述问题。

　　正是上面一系列研究著作，推动了各国政府高度重视环境保护问题，并开始思考人类社会的可持续发展。

　　可持续发展思想开始是从环境保护角度提出来，是经济发展理论深化到一定阶段的产物。这一思想首先由挪威首相布伦特兰给予经典性的定义和解释。1987 年，她作为委员长在环境与发展世界委员会的报告《我们共同的前途》中指出：可持续发展是在不危及后代人满足他们需要的能力的前提下，满足我们现实需要的一种发展；既要考虑当前发展的需要，又要考虑未来发展的需要，不要以牺牲后代人的利益为代价来满足当代人的利益。报告中提出，要实现可持续发展，必须做到：（1）提高经济增长速度，解决贫困问题；（2）改善增长的质量，改变以破坏环境和资源为代价的发展模式；（3）千方百计地满足人们对就业、粮食、能源、住房、水、卫生、保健的需求；（4）把人口限制在可持续发展的水平；（5）保护和加强资源基础；（6）技术发展要与环境保护相适应；（7）把环境和发展问题落实到政策、法律和政府决策之中。

格罗·哈莱姆·布伦特兰（Gro Harlem Brundtland），1939年4月生，挪威政治家、外交家、物理学家，挪威前首相及世界卫生组织前总干事。现为联合国基金会董事会副会长。布伦特兰1961年与挪威国际关系研究所的高级研究员阿恩·布伦特兰结婚，有4个孩子。她被视为国际上的可持续发展及公共卫生的专家。她给出了可持续发展的经典定义。

"可持续发展"的含义，一般是指"在不损害未来世代满足其发展要求的资源基础的前提下的发展"。其含义可理解为：既要满足当代人的需求，又不危及子孙后代的发展与能力；既要保证适度的经济增长与结构优化，又要保持资源的永续利用和环境良化，从而做到环境与经济社会相协调，实现持续共进，有序发展。"可持续发展观"重新摆正了人与自然、人与社会的位置，较之传统的发展观是一个巨大的进步和历史性的飞跃，是对传统经济发展观的扬弃。它不仅为人类物质文明的持续发展提供了理论依据，而且为人类社会的全面进步和精神文明的持续发展指明了方向，是指导人类未来发展的新文化观、新文明观和新发展观。

二、《21世纪议程》表明可持续发展已成为全人类面向21世纪的共同抉择和原则

随着时间的流逝，可持续发展思想的含义和它的现实针对性都在不断丰富和扩展。它最初的含义是今天的发展和福利不能以牺牲下一代人的福利和发展为代价，直接针对发展中国家和生态环境这一狭小领域；它现在的含义是人与自然、人与社会、社会与经济的协调、稳定、有序、有效的和谐的持续性发展。这一理念是以人或人类社会为本、为中心的，而不是以别的什么为中心的，之所以强调这一点，是因为国内有些人强烈主张以自然为中心，这是具有片面性的一种观点。可持续发展思想本身是一种高度抽象的哲学理念，是一种人文的关怀与关爱，而不是高度实践性的行动纲领，不要将这一崇高思想庸俗化简单化，否则反而会降低或湮没它的崇高和巨大精神价值。这一思想有它强烈的现实针对性，它对全人类生存发展有重大的实践性意义。应当、而且已经开始制定了全球共同的和国别的可持续发展行动议程或纲领。在可持续发展的概念形成的同时，进入可持续发展的战略形成与实施阶段。1987 年到 2002 年的 15 年间，可持续发展战略在全球和国家层面已经形成并加以实施，全球可持续发展成为时代的潮流。从上面可持续发展战略形成、发展到实施，我们可以看到，可持续发展因环境问题而被提出，但后来的内涵发展已经远远超出了最初的基于自然环境保护的基调，形成了人类与自然，发达国家与发展中国家，富裕国家和贫困国家等在经济、社会、人文等方面全面可持续发展的要求。在 15 年的认识、探索、争论中，可持续发展的内容不断深化、明确，从单纯的环境保护发展到人与自然和谐共存，最后终于形成一种共识：接受世界环境与发展委员会在其报告中第一次提出的"可持续发展"的概念，要求现在的经济发展既要满足当代人的需要，又不危及子孙后代需要的能力。表 6 - 1 反映了可持续发展战略的形成和实施过程。

表 6 - 1　　　　　　　　可持续发展战略的形成和实施

1987 年	达成蒙特利尔议定书，开始限制臭氧层消耗物质的生产和使用
1988 年	成立联合国气候变化专门委员会，开始综合评估气候变化的科学影响和社会经济问题
1992 年	达成一系列有关可持续发展的公约和全球可持续发展战略文件《21 世纪议程》
1993 年	召开世界人权会议确认维护人权
1995 年	召开世界社会发展首脑会议，国际社会第一次明确承诺要消除绝对贫困
1996 年	国际标准组织推出 ISO 14001 质量认证系列，明确公司的环境管理要求
1997 年	签署京都议定书，明确规定发达国家率先减少排放温室气体
2000 年	联合国召开新千年首脑会议，一致同意联合国的首要任务是消除极端贫困，强调在全球化时代公平的重要性
2002 年	召开国际融资与发展会议，明确承诺减免发展中国家债务，增加发展援助，促进经济和人文发展

2002 年	召开世界可持续发展首脑会议，发表约翰内斯堡宣言，通过实施计划建立伙伴关系，重申了共同但有区别责任的原则，在政治宣言中进一步表明了实施可持续发展的政治意愿，协议并通过了有具体目标和时间表的实施计划

实现可持续发展是全人类的共同心愿，传统的发展模式已不再适应当今和未来发展的要求，人类正在寻求一条人口、经济、社会、环境和资源协调发展的途径。1992 年国际"环发"首脑会议通过了《21 世纪议程》，表明可持续发展已成为全人类面向 21 世纪的共同抉择和原则。①可持续发展的理念已经深入人心，实施可持续发展战略已经形成世界性共识。可持续发展理论代表一种反思。它内含着一种对自然的崭新态度，即人与自然应当相互协调发展。自然环境的保护与建设，对人类的生存和发展来说具有极为重要的意义。人与自然应当协调发展，经济发展与环境保护应当同步进行。但是相当长的历史时期内，在追求财富最大化的过程中，在"征服自然、改造自然和利用自然"的观念支配之下，人类无节制地开发索取自然资源，而忽略了一个极为根本的哲学命题，即人是自然界的产物，也是自然界的一员。这样，人类为了自身的利益，按照自己的想法，改造自然环境，"驯服"自然界，却导致了生态环境日益恶化，最终损害了人类自身的生存和发展。两个世纪前，恩格斯就在《自然辩证法》一书中告诫人类："人们不要过分陶醉于我们对自然界的胜利。对于每次这样的胜利，自然界都报复了我们。"人与自然本来是一个完整的系统，从长远看，人类对自然的损害也就是对自身的损害。污染环境、破坏生态和加速生物灭绝的行为，直接损害了自然界，也损害着人类的长远利益。应该看到，对于经济发展具有重要意义的自然资源，绝不仅仅具有经济资源的价值，自然资源、地球环境同时也是生态系统的内在组成部分之一，环境污染、资源过度消耗是对人类生态系统的破坏，这种破坏将造成生态系统的失衡，而生态系统的失衡则严重关系到人类的生存。人类的可持续发展与经济的持续增长，只能在人与自然、经济社会与环境的和谐关系中来实现。或者说，可持续发展就是人与自然、人与社会、自然与社会协调、和谐和持续的发展。

我们认为，在使用可持续发展时，应当防止将这一理念在实践中高度局限

---

① 1994 年《中国 21 世纪议程——中国 21 世纪人口、环境与发展白皮书》的制定，标志着可持续发展已成为中国的既定发展战略。

化、狭窄化，或者如一部分人所主张的那样强烈"反对将这一思想泛化"并主张只针对自然与生态环境这一最初领域。这种主张是错误的。事实上，这一理念本身就是人类社会不断发展的产物，这一思想产生之后自身也在不断丰富与发展，而不会也不应该人为地局限在、凝固在某一层面或某一点上。"在这里我们又一次看到科学史上会经常出现的现象：在许多互不相干的领域，几乎在同一时候，会兴起一个崭新的、生机勃勃的观念；经过一段时期，该观念便以完全不同的形式在各个殊异的领域独立地进行展开，直至最后我们认识到了它的统一性，它才左右逢源，开山辟路。然后就是大融合，不同的方法彼此借鉴，相互间给予一掌推力，其结果当然是进一步加强了该观念的力量。"①试想，将这一崇高思想人为地"垄断化"能产生任何积极的结果吗？人类历史上产生的任何伟大思想的影响一般都是广泛的、持续的，即使是这种思想最初产生于某一个领域，也不会仅仅局限于某一个领域，一定会影响许多理论和实践领域。自然科学中的思想如此，社会科学中的思想也是如此。自然科学界产生的思想也不会仅仅影响自然科学界，还会影响社会科学界；反之也成立。在人类发展的历史中，这种例子很多。②所以，当我们提到可持续发展这种伟大的思想时，不应当局限于它开始被提出的领域和动机。可持续发展本身具有广泛的包容性，也具有巨大的理论启发性，只要我们能正确运用它，把握它的科学实质，就应当大胆地运用它深化我们认识、促进理论研究。可持续发展战略的实施是一个综合性、系统性的工程，其理论研究不仅需要自然科学参与，而且需要社会科学参与并充分发挥作用。自然科学与社会科学在可持续发展研究中不仅有合作的愿望、合作的必要，而且也有合作的基础。

我们认为，"可持续发展思想"与"协调发展思想"不能简单等同。"可持续发展思想"强调今天的发展不能以明天的不可持续发展为代价，这一代人的福利不能以牺牲下一代的福利为代价，这种昨天、今天与明天的时间进展的连续性，以及这一代、下一代人"人本代际"发展的连续性，引申出可持续性发展，这必然有诸多相关要素间的协调及协调发展问题。可以说，协调发

---

① 普朗克：《物理学论文与讲演集》，第3卷，62~63页。转引于赵鑫珊《普朗克之魂》，52页，文汇出版社，1999。

② 例如，达尔文的进化论本身属于自然科学，但其影响最终大大超越自然科学界，对许多社会学科产生了深远影响。这种影响不是具体方法、具体结论方面的，而是方法论层面的，具有哲学意义上的影响。

展思想更多关注空间要素之间的行为关系、数量关系、因果关系；可持续发展则包含在空间上、时间维度上相关要素的行为关系、数量关系、因果关系。从概念的内涵看来，在内涵与外延上，可持续发展思想要大于协调发展思想，前者可以包括后者。"协调"意味着空间诸要素发展的可持续性。在经济实践中，意味着东方与西方、南方与北方、发达国家与发展中国家、市场经济国家与转轨型国家，经济发展与社会发展之间的连续性、协调性、有效性、可持续性；意味着全球或国别或地区、产业、行业、部门间发展的协调性、有效性、可持续性。①协调发展是可持续发展的基础，可持续发展是协调发展追求的方向。相关要素在空间上协调发展并不一定意味着在时间维度上能够可持续发展，可持续发展思想更具有理论与实践上的一般性。

第二节　自然资源与可持续发展

经济理论的重点在于分析资源的有效配置。西方经济学中存在的"资源经济学"是研究合理开发、利用自然资源的理论。另外，自然资本理论也是针对自然资源系统而提出的全新经济理论。

一、研究自然资源的经济理论

1. 资源经济学主要将经济学原理应用、推广到自然资源的有效利用

资源经济学主要将经济学原理应用、推广到自然资源的有效利用，其研究内容其实就是自然资源配置。霍德林（H. Hotelling）在 1931 年发表了题为《耗竭性资源的经济学》，提出了资源保护和稀缺资源的分配问题，为资源经济学的发展和完善创造了条件。

全世界有几十个国家的几十所大学设置了资源经济学课程。资源经济学最初涉及的是可以进行商品性开发的自然资源，如矿产资源、林木资源等，并不涉及无法进行商品性开发的"自然环境"。随着研究的进展，经济学家逐步认识到自然资源的开发对环境产生的巨大影响，因而将表示这种影响的外部成

---

① 例如，虚拟经济的有效协调发展以实体经济的不协调无效发展为代价，一部分国家或地区的有效协调发展以另一部分国家或地区的不协调无效发展为代价，一些产业或行业的有效协调发展以另一些产业或行业的不协调无效发展为代价。

本，计入相应的资源产品价格之中。一些经济学家甚至将环境看成可能耗竭的环境资源。

资源经济学认为，在不同的经济机制中，资源占有者、开采者和消费者都是理性经济人，即他们都会追求各自利益或效用最大化。资源占有者首先要考虑资源的市场价格和开采成本，还要考虑替代资源状况以及未来收入与现期收入的偏好等因素，在初期就决定以后每一时期出售资源的数量。

为了研究方便，资源经济学把自然资源分成两大类研究。一类是"可再生资源"（renewable resources），它们的效用能够有规律地进行补充，只要管理得当，它们就能产生无穷无尽的效用，太阳能、耕地、河水、森林以及鱼群都是很重要的可再生资源。另一类是"不可再生资源"（nonrenewable resourse），是指那些其供给量基本固定，不可能在短时期内经济地再生出足够的以满足需求的资源。一个明显的例子是矿物燃料，它们在几百万年前沉入地层，相对人类文明来说，可以将它们的数量视为固定的。另外还有非燃料矿物资源，例如铜、银、石头与沙粒。可再生资源与不可再生资源的差别在于：可再生资源是可以再生或天然地得到补充。资源经济学研究了不可再生资源和可再生资源的区分、均衡条件和均衡价格、动态模型、有效利用等问题，这两类自然资源的定价，西方资源经济学也给予了详细的分析。

在研究不可再生资源的最优利用时，自然资源经济学的基本原则是霍特林法则。霍特林法则，是指不可再生资源的边际使用者成本的增长率应该相当于利息率。理论根据是：以自身经济利益的最优化作为唯一目标的经济人，把自然资源（如矿藏或立木）和其他资本品同等看待的。不可再生资源的外部成本只包括资源开发过程中给他人造成的非市场性的损失。①

在研究可再生资源的最优利用时，自然资源经济学认为，对可再生资源的开发量（即需求量）低于其生长量或天然补充量（即供给量），人类就可以持续利用可再生资源，在这种情况下，可再生资源的边际使用者成本等于1。即由于供不应求而导致对可再生资源的过量开发，从而使可再生资源同样也具有

---

① 例如，采矿有可能污染当地水源，影响到矿区附近地区的生产和生活用水。假如由此造成的损失不是由矿区开发者承担，就属于外部成本。而某些可再生资源，特别是森林，本身具有生态和环境功能，因而其外部成本中不仅包括资源开发过程中给他人造成的非市场性的损失，还包括资源开发本身导致的可再生资源生态与环境功能丧失而给他人造成的非市场性的损失。

正值的边际使用者成本，但上述生长量或天然补充量的存在，意味着可再生资源边际使用者成本的增长率低于利息率，由此来确定可再生资源的开发速度，就能够做到可再生资源在当代人范围内的最优利用。

由于资源经济学理论过于数学化，数学公式很多，且约束条件很强。因此，对实践中真正的自然资源定价并无多大帮助。需要指出的是，从资源经济学的研究对象上来看，仅仅是指自然资源，资源经济学实际上是最典型的自然资源观。所以，资源经济学本身不能说是一个完整的资源理论。

2.《自然资本论》给予自然资本货币价值，把它纳入国民生产体系

"自然资本论"作为一种思想和理论创建于 1994 年，成书于 1995 年，由美国的三位社会和环境研究工作者完成，形成了一部理论专著《自然资本论》。正是对传统工业生产方式破坏自然状况的深刻认识，导致了自然资本论的提出。《自然资本论》这部书不仅论述了"自然生态、资源与社会经济增长"的关系，还提出要"重新认识人类的财富"，创建一套"新型的工业系统"。该书不仅在欧美被认为足可与亚当·斯密的《国富论》比肩，甚至被誉为"下一次工业革命的圣经"。Peter Senge，《第 5 学科》（The Fifth Discipline）一书的作者，他评论："如果说亚当·斯密《国富论》是第一次工业革命的圣经的话，那么，《自然资本论》很可能会成为下一次工业革命的圣经。我相信，唯一能够取代我们'获取、制造、浪费'社会的是一场渴望和灵感的革命。渴望必须出自我们的内心，出自我们对这个要留给我们的孩子们以及孩子的孩子们的这个世界的理解。而灵感将来自一种能与自然运作保持一致的生态系统原则的共识以及这样一种领悟——幸亏有像《自然资本论》这样极为出色的书，才能达到这种共识。"

自然资本论认为，现今实行的资本主义是一种在财政上有利可图而在人类发展过程中不可持续的畸变，可以被称作"工业资本主义"，但却并不完全符合它自己的会计原则。它将资本换算成现金，并称为收入，却忽略了它所利用的最大的资本储备——自然资源和生命系统以及作为人力资本基础的社会和文化系统的财务价值。传统的资本生产和使用与自然资本的维护与供应之间存在着密切的相互依存关系。资本的传统定义是人力资本（以劳动和智力，文化和组织形式出现）、金融资本（由现金、投资和货币手段构成）、加工资本（包括基础设施、机器、工具和工厂在内）。自然资本论认为，传统资本的定

义不能概括人类创造财富过程中所使用的全部资本内涵，还存在第四种资本——自然资本，自然资本由资源、生命系统和生态系统构成。最近的一些研究证明，从自然资本储备中直接流入社会的服务，每年至少价值 36 万亿美元，这一数字接近全世界的年生产总值（39 万亿美元），这就是自然资本惊人的经济价值所在。如果给予自然资本一种货币价值，并假定这种资本每年生产 36 万亿美元的"效益"，那么全世界的自然资本价值会在 400 万亿~500 万亿美元，地球上每一个人可以分到几万美元。

传统的工业系统采用前三种形式的资本将自然资本转化为人们日常生活的物质，如汽车、公路、城市、桥梁、住房、食物、药品、医院和学校等。现代工业革命极大地扩大了人类创造物质财富的可能性，直到今天它的作用仍然在继续，但地球却要为之付出极大的代价。自 18 世纪中期起，自然界受到的损害要比整个史前时代造成的损害还要大。在工业体系达到极高的水平，也意味着聚集和累计人工资本的成就到达巅峰，同时，人类文明赖以创造经济繁荣的自然资本却正在急剧减少，而这种损失的速率与物质福利增长成比例同步增长。在过去 30 年中，地球上 1/3 的自然资源已经消耗殆尽。我们正在以每年 6% 的速度丧失淡水生态系统，以每年 4% 的速度失去海洋生态系统。自然生态系统的逐步丧失对我们人类的影响是深远的和难以恢复的。人类从生命系统中得到的许多服务，如绿色植物生产的氧气，却找不到任何以价值计算的替代物。[①]人类继承了一个 38 亿年的自然资本储备，按照现在的消耗速度计算，这种储备到下一世纪末将会所剩无几。尽管有大量关于保护环境的舆论压力和试图防止造成进一步损失的法律条文，但自然资本的储备仍在急剧减少。对全世界每一种生命系统的衰退正不断地在加速，并已开始失去其维持生命过程的能力及延续能力，而这种衰退的进度往往因它们在衰退过程中的相互作用而加快，还被它们的衰退之间的一种相互作用所加速，并且已经达到了一种非常的界限。自然资本论指出，工业资本主义最大的问题就是不给自然资源计算价值。投资的时候仅仅考虑金融资本、制造资本和人力资本，而把自然资本忽视了，或者把自然资源的价值看得极低，这

---

① 这一点在试验中得到了充分的证明，在亚利桑那州参加耗资 2 亿美元进行生物圈 2 号（一个人造的封闭生态系统）试验的科学家们发现：生物圈 2 号不能够保持生活在其中的 8 个人的生命——支持所需要的氧气水平。而生物圈 1 号（地球）却每天都在为 60 亿人免费执行这项任务。

样就造成对自然资源无节制的消耗和逐步匮乏，形成人和自然资源关系紧张甚至对立。自然资本论提出的解决办法就是在这个前提下实现四个变革：一是要通过提高使用效率而减少对自然资本的使用；二是用仿生学的原理组织生产，形成良性循环的生产流程；三是减少自然资本的使用，扩大人力资本的使用；四是支持发展那些恢复自然资源、促进环保的产业，如植树、种草、污水处理等。

美国加州的伐木工在即将被砍倒的巨型红杉树前合照，在那个时候并没有保护环境的概念，在他们看来砍倒一棵千年古树更像是一种荣誉。

自然资本论认为，自然资本包括常见的为人类所利用的资源，其中森林，尤其是天然林就是其最典型的自然资本。天然林在全世界都以一种前所未有的速度不断衰退，同时伴随着天然林的减少，其群落中存在的真菌、植物、池塘、哺乳动物、腐质土壤、两栖动物、细菌、树木、鞭毛虫、昆虫、燕雀和蕨类植物等也受到同样的威胁。并不是由于人类活动或者物质的供应开始限制我们的发展，而是生命本身。今天，我们的进步受到了限制，并非因为捕鱼船的数量，而是因为鱼的数量的减少；并非因为水泵的功率，而是因为地下蓄水层的耗竭；并非因为链锯的数量，而是因为天然林的消失。生命系统除了像木材、鱼类或食物一样是必不可少的资源外，它们还具有重要的提供服务的作用，而这种服务对人类的繁荣来说，远比不可再生的资源更为重要。一片天然林可提供的不仅仅是木材资源，而且可以提供蓄水和防洪服务。一种健康的环境不仅能自动地提供清洁的空气和水、降水、海洋生产力、肥沃的土壤和蓄水区复原力，而且还能提供这样一些较少被觉察到的功能，如垃圾处理（自然

197

的和工业的）、对极端气候的缓冲作用和大气的更新。除了气候外，生物圈的变化范围也很广，在过去的半个世纪中，全世界已经丧失了 1/4 的表土层和 1/3 的森林覆盖。联合国环境署的资料表明，地球上自三十亿年前出现了生命之后，曾经产生过 25 亿种动植物，到 1990 年时已灭绝了其中的 99.9%；被灭绝的物种的一半是在近三百年内消失的，这一半中的 60% 则又是在 20 世纪完成的。目前，最保守的估计世界上的物种正以每天 1 种的速度走向灭绝。

自然资源是一个国家发展强大的资本，只有维护好这个资本，各国才有足够强大的原材料基础和后劲，经济才能可持续发展。如果为了追求一时的发展速度，毁掉了自然资本，给各国乃至全人类带来的只能是厄运和经济社会的不可持续发展。自然资本论憧憬一种健康的生态环境：在这个生态环境中，不仅能自动地提供清洁的空气和水、降水、海洋生产力、肥沃的土壤和蓄水区复原力，而且还能提供这样一些较少被觉察到的功能，如垃圾处理（自然的和工业的）、对极端气候的缓冲作用和大气的更新。自然资本论认识到人工资本的生产和使用与自然资本的维护和供应之间存在着密切的相互依存关系。自然资本论提出了"新一轮工业革命"的四项基本原则：一是珍惜自然资源；二是师法自然，仿效生物和生态系统设计生产流程，使废弃物达到"零排放"；三是倡导"服务经济"，主张消费者通过租赁商品得到服务，减少资源浪费并使供需双方都能以最低价格获得最大收益；四是向"自然资本"进行"再投资"，通过税收等政策调整，促进自然资源的节约和生态平衡的保持。①

《自然资本论》是 2002 年上海科学普及出版社出版的图书，作者是保罗·霍根等人，译者为王乃粒和诸大建。本书是有关经济开创性的范本，三位领先的实业幻想家阐明了世界如何处在一种新的工业革命的前夕。这次革命指望转变我们对商业的基本看法，认识商业对于塑造我们未来的作用。

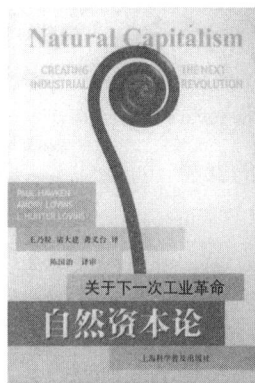

---

① 以上内容参见 Paul Hawken，Amory Lovins，L. Hunter Lovins《自然资本论》，上海科学普及出版社，2000。

可以说，自然资本概念的提出是对"可持续发展思想"的一个理论升华。《自然资本论》是可持续发展研究的一个里程碑，可持续发展思想理应强调自然资本的重要性。《自然资本论》提供了这样一个论点：过去的经济增长导致了人造资本的积累，但是以牺牲自然资本为代价的。之所以出现这种现象，是因为市场经济主体低估了自然资本的价值，人们还没有理解或不完全理解自然环境重要性与不可替代的功能。自然资本概念表明，环境在经济发展中有重要的作用。尽管有一些理论困难，如非市场商品的经济价值问题至今没找到有效的方法去估价，一个不争的事实是：人类每天都在无偿地消耗着自然资本。把大自然的作用概括成为经济学中"资本"的层面上来，是人们重视自然资源一个显著的证明，这当然是由于人类正面临日趋严峻的环境生态挑战所造成的，不过，人类社会对另一种资源——社会资源开发和配置问题，却始终没有得到应有的重视和归纳，这也正是本书要解决的问题。

二、自然资源可持续发展的途径

自然资源是经济社会发展的基础物质条件。所谓物质生产，就是自然界和人类社会相互作用的过程。在这个过程中，人类社会开发利用自然资源以满足自身的需要。自然资源是产生社会财富的原料来源。自然资源越丰富、开采越容易，生产产品所消耗的劳动就越小，用同样的劳动消耗能获得的产品量也就越大。不言而喻，如果离开了自然界所提供的原材料，人们赤手空拳怎能生产出物质财富来呢？可见，自然资源是产生社会财富的物质基础，人们重视自然资源也顺理成章。实现自然资源可持续发展应当通过以下途径。

1. 不能滥砍滥伐、掠夺性的开发利用

效率是资源配置追求的目标。但是，效率概念不应当仅仅局限于经济效益，还要包括社会效益。自然资源开发配置具有外部性，不仅仅涉及自然资源开发利用本身。人类社会对自然资源开发配置也影响到人类自身的生存发展状态。在经济增长必然推动自然资源需求较大幅度上扬的条件下，资源的开发配置是否合理高效，对改善人类生态环境具有决定性的作用。经济发展应当走"集约式"发展道路，不能采取"粗放式"发展道路。如果采取"粗放式"发展道路，对自然资源进行滥砍滥伐、掠夺性的开发利用，则在资源利用效率低下的状态中，不仅不能满足人口增长和经济发展对自然资源的需求并使之处于严重短缺状况，而且还会带来灾难性的生态环境破坏和不可持续发展。而要改进自然资源的开发利用效率，必须建立起行之有效的经济社会制度，这是稳定和扩大自然资源的基础，实现自然资源可持续发展的根本途径。

案例：一次性筷子造成的环境问题需要引起重视

20 世纪 80 年代中期，市场经济蓬勃发展，人们生活节奏加快以及旅游业的发展，一次性筷子飞速发展起来。为了防止疾病传染，我国开始推广一次性筷子，许多饭店也开始使用起一次性筷子来。

90 年代中期，人们开始认识到筷子造成的环境问题。塑料袋、塑料饭盒、木筷子丢弃在公路、铁路沿线；乱砍滥伐造成了 1998 年的大洪水，这些现象再次引起人们对一次性筷子的关注。据有关资料显示，我国每年消耗一次性筷子 450 亿双，耗费木材约 2200 万立方米，需要砍伐大约 2500 万棵树，减少森林面积 200 万平方米。如果把这些筷子头尾相连，相当于绕地球赤道 330 圈！在韩国，政府明确禁止使用一次性木筷，人们已经习惯了在吃饭的时候使用钢筷子。在日本，虽然并未禁止一次性餐具的使用，但根据日本政府公布的统计数据表明，日本每年消耗的 250 多亿双一次性筷子中，本国生产的仅占 3%，其余的都从我国进口。

一次性木筷的浪费还不仅仅限于木材。大多数一次性木筷有一层塑料薄膜作为包装，这层塑料薄膜一旦被撕下就变成了毫无用处、污染环境的白色垃圾，而生产塑料薄膜用去的石油也就被白白浪费了。一次性筷子的生产、销售和使用已经成为人们生活中熟视无睹的现象。使用一次性筷子方便了我们的生活，满足了我们对就餐用具卫生的需求，但是付出的代价是木材资源的浪费，是宝贵的森林资源的缺失。

【简评】

中国这个邻居很不厚道，只知道保护自己的生态环境，却不顾别国的生态环境。吃一堑，长一智。我们有了保护环境和生态的思想观念，就可以随时随地检视我们的行为是否可持续。

案例：美国研究报告表明中国近年来的植树造林行动卓有成效[①]

1998 年遭遇特大洪水后，中国政府出台天然林保护工程，通过在大多数

---

① 文字来源于《美国研究证实中国植树造林行动卓有成效》，新华社，2016 - 03 - 28。

地区禁止伐木保护森林资源。近 10 年的卫星数据显示，中国的森林资源得到显著恢复。通过天然林保护工程等两项国家计划，中国实现了退耕还林与防止森林砍伐。研究发现，中国森林覆盖率提高了 1.6%。除去森林火灾导致的损失，中国近 10 ~ 15 年的森林面积净增加 4.6 万平方英里。中国的天然林保护工程取得了成功。

美国研究人员发布研究报告说，他们根据美国航天局发布的最新图片等进行的分析证实，中国近年来的植树造林行动卓有成效，成功扭转了持续半个世纪的森林滥伐局面，为控制全球气候变化进程带来希望。

美国密歇根大学研究人员在《科学进展》杂志上报告说，美国航天局最新公布了一批中分辨率成像光谱仪拍摄的卫星图片，研究人员根据这些图片结合实地调查数据、谷歌地球数据等，系统分析了中国森林覆盖面积的变化。分析显示，中国的森林覆盖率在稳步回升，森林总面积不断增加。数据显示，从 2000 年到 2010 年短短 10 年内，中国有 1.6% 的陆地面积约合 16 万平方公里的土地开始被茂密树林所覆盖，造林速度超越了同期 0.38% 的森林减少速度。

研究人员在论文中说，很多国家都在实施大规模森林保护和造林计划，此次研究对世界上最大的森林保护工程之一——中国天然林资源保护工程的效果进行了独立验证，结果证实这项工程卓有成效。研究负责人安德烈斯·维纳说，中国的植树造林计划非常有效地配合了中国应对气候变化问题的行动方案，中国在环境保护方面取得了显著进步，植树造林工作取得的积极成果让人印象深刻。维纳说，他们的研究结果对于中国来说非常积极正面。"如果将中国作为一个个例来看待，它的相关计划正有效开展，并正在根据自己的气候变化应对方案为减少碳排放作出贡献。"

【简评】

集腋成裘，愚公移山。坚持不懈，必有所成。

2. 支持发展资源节约型产业

自然资源稀缺是人类社会发展既定的约束条件。为了支持经济持续稳定的发展，保护自然生态环境，必须把节约自然资源当做各国的一项基本经济政策，甚至可以列为国家总体发展战略的重要目标之一，把它置于同扩大资源产品供给同等甚至更高的战略地位。如果各类自然资源（特别是能源、水资源、重要矿产、耕地等）的利用效率没有大的提高，仅靠外延式扩大开发新的资源，是无法改变自然资源的严重短缺状态。支持发展资源节约型产业，抑止关闭那些资源浪费型产业，控制资源过度消耗是各国应该实行的重要行业发展战略。同时，鼓励、帮助与那些自然资源保护、恢复、再生、更新和积累的资源行业发展，积极进行自然资源社会再生产，发展所谓的"循环经济"，[①]逐步建立正常的资源折旧和更新积累的经济补偿机制，把资源消耗过程和经济补偿过程有机地统一起来，是增加自然资源供给，缓解人口对环境压力的有力措施。

⚙ 案例：国家能源局 2014 年起对光伏发电项目实施规模管理和全电量国家补贴

为支持国内光伏产业发展，推进光伏发电项目规范有序建设，国家能源局自 2014 年起对光伏发电项目实施规模管理。纳入规模管理范围内的光伏发电项目实行全电量国家补贴，并可申请市级奖励资金；不需要国家补贴和市级奖励资金的项目不纳入规模管理范围，也不受年度规模限制。

⚙ 案例：李克强主持召开工作会议，坚定不移推进节能减排

2014 年 3 月 21 日，中共中央政治局常委、国务院总理李克强主持召开节能减排及应对气候变化工作会议，推动落实《政府工作报告》，促进节能减排和低碳发展，研究应对气候变化相关工作。

李克强指出，去年节能减排取得新进展，但今年的任务更加艰巨，要在保持经济增长 7.5% 左右的情况下，实现单位 GDP 能耗下降 3.9% 的目标，十分不易。尽管经济存在下行压力、稳增长面临挑战，我们仍要坚定不移地推进节能减排。这是给自己压"担子"，必须努力走出一条能耗排放做"减法"、经济发展做"加法"的新路子，对人民群众和子孙后代尽责。

李克强说，必须看到，节能减排与促进发展并不完全矛盾，关键是要协调处理好，找到二者的合理平衡点，使之并行不悖、完美结合。淘汰落后产能，关停高耗能、高排放企业，会对增长带来影响，但其中也蕴含着很大商机，会为新能源、节能环保等新兴产业成长提供广阔空间。我们要善抓机遇，进退并

---

① 水利部水资源司司长吴季松对"循环经济"有研究专著，其提出的思想与《自然资本论》一书的主张相近。该书对于我国自然资源循环利用有详尽的论述。参见吴季松《循环经济——全面建设小康社会的必由之路》，北京出版社，2003。

举，控制能源消费总量，提高使用效率，调整优化能源结构，积极发展风电、核电、水电、光伏发电等清洁能源和节能环保产业，开工一批新项目，大力推广分布式能源，发展智能电网，逐步把煤炭比重降下来。尤其是要着力发展服务业特别是生产性服务业。服务业总体能耗低，又是就业最大容纳器，对推动发展潜力巨大。要加快有序放宽市场准入、加大政策激励，提升服务业在国民经济中的比重，确保今年继续超过二产，使其成为促进产业结构优化、推动节能减排和低碳发展的关键一招。

李克强强调，《政府工作报告》已对今年节能减排工作作出部署。要加强政策引导，更多引入和运用市场机制，推进工业、建筑、交通运输、公共机构等重点领域和重点单位节能，加大污染特别是大气污染治理，努力改善重点地区雾霾状况。建立和实施能效"领跑者"等制度，增强全社会特别是企业节能减排。

李克强要求，必须用硬措施完成节能减排硬任务。要强化责任，把燃煤锅炉改造、淘汰黄标车、电厂脱硫脱硝除尘等任务指标分解到各地区，对完不成任务的，要加大问责力度。严格执法，对非法偷排、超标排放、逃避监测等"伤天害人"行为和监管失职渎职重拳打击，对相关企业、单位和责任人严惩不贷。今年国务院要组织明察暗访，发现问题一查到底，绝不放过。

李克强说，应对气候变化与节能减排相辅相成，是人类的共同责任。中国作为负责任的大国，愿主动积极作为，与世界各国一道，在坚持共同但有区别的责任原则、公平原则、各自能力原则的基础上，为应对气候变化的挑战作出更大努力。

【简评】

节能减排已成为国策，利国利民。

3. 建立和完善自然资源保护管理制度

自然资源不同于社会资源，尤其那些非生产要素的公共环境类资源，如果缺位管理，就会带来人人可以利用，却人人也可以损害的"公共绿地危机"。这方面政府义不容辞要负起责任来。中国现在正朝这个方向努力，很多地方政府出台具体措施，建立起管理制度。

◎ 案例：上海全面推行河长制

2017 年，上海正式发布《关于本市全面推行河长制的实施方案》（以下简称《方案》）。2018 年，上海将全面推行河长制，按照分级管理、属地负责的原则，建立市、区、街镇三级河长体系，开展 631 公里城乡中小河道综合整治，目标为 2018 年底上海市中小河道基本消除黑臭。河湖管理保护是一项复杂的系统工程，涉及上下游、左右岸、不同行政区域和行业。河长制是落实河湖管理与保护责任的一种制度创新。上海市 16 个区的河长制工作方案均已形成，嘉定、金山、松江、杨浦 4 个区的方案已正式印发。《方案》明确，要在相关媒体上公告河长名单及河长制办公室监督电话，在主要河湖的显著位置竖立河长公示牌，引导市民群众积极参与河湖管理保护工作。河长制实施情况将纳入上海市政府目标管理，市级河长制办公室将考核各区河长制推进工作，水务部门将把河长制工作与最严格水资源管理制度考核结合，环保部门将把河长制工作与水污染防治行动计划考核结合。最终的考核结果，将作为地方党政领导干部综合考核评价的重要依据，失职失责者将被严肃问责。

【简评】

这种措施代表着对自然资源和生态环境的保护管理日趋精细化。

案例：大学生掏鸟被判十年半

1994 年出生的小闫是郑州一所职业学院的在校大学生，放暑假在家时他发现村外的树林里有鸟窝，和朋友架梯子将鸟窝里的 12 只鸟掏了出来，养了一段时间后在网上售卖了出去，后来又掏了 4 只。然而，这 16 只鸟被认定为是燕隼，属于国家二级保护动物，小闫和他的朋友小王分别被判刑 10 年半和 10 年，并处罚款。根据新修订并已经开始执行的《中华人民共和国野生动物保护法》，非法抓捕麻雀等鸟类 20 只以上，违反国家狩猎法规，使用禁用的工具、方法进行狩猎，破坏野生动物资源，将被追究法律责任。

【简评】

生态保护已立法，需要普法教育。

4. 采取自然资源配置的混合机制

资源配置机制包括市场机制和计划机制，自然资源配置要坚持混合机制。强调市场机制的基础性作用，理顺自然资源产品价格，培育自然资源市场体系，消除自然资源需求过度膨胀、低效利用的经济根源。在自然资源配置上，市场要发挥基础性作用。自然资源无价、资源产品低价的紊乱现象会使自然资源市场无法启动和运转，从而就无法发挥市场调节资源利用者的行为，促使资源有效利用的作用。在信息不对称与产权制度不完善的情况下，单靠行政手段无力纠正和抑制自然资源滥用和浪费行为。事实证明，忽视市场的价格机制在资源开发利用中的作用，是导致自然资源配置失误的重要原因。为了优化资源配置，必须依靠市场价格这个有力的调节杠杆。然而，市场机制有一定的缺陷，不能解决一切问题。对于具有一定公共性的自然资源环境，除了市场机制，还要发挥计划机制的必要作用，①政府在必要的时候，要适度干预市场失灵的状况，避免市场机制缺陷带来的巨大负面效应，保护国民生态环境，促进自然资源系统良性循环和发展。

案例：我国深化国务院机构改革，组建自然资源部与生态环境部

新华社北京 3 月 17 日电，根据党的十九大和十九届三中全会部署，深化党和国家机构改革的总体要求，深化国务院机构改革，要着眼于转变政府职能，坚决破除制约使市场在资源配置中起决定性作用、更好发挥政府作用的体制机制弊端，围绕推动高质量发展，建设现代化经济体系，加强和完善政府经济调节、市场监管、社会管理、公共服务、生态环境保护职能，结合新的时代条件和实践要求，着力推进重点领域和关键环节的机构职能优化和调整，构建起职责明确、依法行政的政府治理体系，提高政府执行力，建设人民满意的服务型政府。

组建自然资源部。将国土资源部的职责，国家发展和改革委员会的组织编制主体功能区规划职责，住房和城乡建设部的城乡规划管理职责，水利部的水资源调查和确权登记管理职责，农业部的草原资源调查和确权登记管理职责，国家林业局的森林、湿地等资源调查和确权登记管理职责，国家海洋局的职责，国家测绘地理信息局的职责整合，组建自然资源部，作为国务院组成部门。自然资源部对外保留国家海洋局牌子。不再保留国土资源部、国家海洋局、国家测绘地理信息局。

组建生态环境部。将环境保护部的职责，国家发展和改革委员会的应对气候变化和减排职责，国土资源部的监督防止地下水污染职责，水利部的编制水

---

① 计划机制不是计划体制。前者是政府的一种特例行为，是局部行为；而后者是政府普遍的、全局的行为。

功能区划、排污口设置管理、流域水环境保护职责，农业部的监督指导农业面源污染治理职责，国家海洋局的海洋环境保护职责，国务院南水北调工程建设委员会办公室的南水北调工程项目区环境保护职责整合，组建生态环境部，作为国务院组成部门。生态环境部对外保留国家核安全局牌子。

【简评】

成立自然资源部和生态环境部，说明国家层面对自然资源的合理开发和生态环境保护的重视达到前所未有的高度。

5. 建立自然资源核算制度

国民经济核算的目的，是提供适于对经济机制运行情况进行分析的综合信息。但是，现行的国民经济核算体系忽视自然资源的核算，资源实物量和价值量的损失在经济核算中得不到反映，收入增加和资源枯竭混淆。一个国家可能耗尽其矿产、砍光其森林、侵蚀其沃土、污染其水源、滥杀野生动物、过度捕捞水产资源等，国民经济产值或国民收入可能随着这些宝贵资源的消失而上升，其结果可能是产值和收入的虚幻增加和资源基础的持久消弱，使发展丧失潜力和后劲。自然资源是国民收入或国民经济产值赖以不断增加、经济社会赖以持续发展的物质基础。它的大量消耗必然导致未来国民收入或国民生产总值的降低，人们可消费的东西也将不可避免地减少。因此，应该像对机械设备、厂房建筑的损耗进行折旧那样，对自然资源的耗损进行折旧，并将自然资源核算纳入国民经济核算体系。许多人已认识到不仅有必要计算近期的国民经济增长速度，而且有必要注意经济社会赖以持续发展的自然资源基础的动态变化。自然资源核算是对自然资源的存量、流量以及自然资源的财富价值进行科学的计量，并纳入国民经济核算体系，以正确地计量国民总财富、经济产值及其增长情况、自然资源的消长对经济发展的影响。

建立自然资源核算体系，通过资源实物量和价值量核算，就能合理评价经济发展的进程和效果，正确评价国民经济长期发展潜力，有利于资源开发利用决策科学化，有利于加强对资源的管理。同时，资源核算也是界定自然资源资产所有权，建立资源有偿占有和有偿使用制度的有效工具。自然资源核算制度建立已经有了理论——自然资本论作为基础。把自然资源列为主要投入资本，可以强化我们自然资源的成本意识，有利于树立节约自然资源的观念。

第三节　社会资源与可持续发展

一、社会资源也需要可持续发展

社会资源是经济增长和发展的社会条件或要素。所谓发展，就是社会中的"经济人"利用自然资源和社会资源，推动经济和社会向前进步的过程。在这个过程中，自然资源是产生那些构成社会财富的物质材料来源，是被动性因素；社会资源是创造财富的社会条件和要素，是能动性因素。人类经济社会增长和发展的过程也是人类对经济资源的认识不断深化与拓展的过程。

最开始各国经济增长和发展与可利用的自然资源数量和质量有很大关系。自然资源越丰富，开采越容易，生产产品所消耗的劳动就越小，用同样的劳动消耗能获得的产品量也就越大。自然资源构成社会财富的物质基础。然而，随着经济的发展和进步，特别是到了 20 世纪末知识经济时代开始出现，依赖自然资源的增长和发展日益让位于新的资源要素，如制度、金融、人力资本、知识、思想观念等社会要素。当然，这并不是说，完全抛弃自然资源转而依靠这些社会资源要素就可以创造出物质财富，而是说当代经济增长和发展在自然资源数量和质量既定的前提下，更加依赖于社会资源的数量和质量。新资源理论认为，资源不仅有数量概念，而且有质量概念。特别是社会资源的质量对增长和发展的影响比起其数量来说，更为重要一些。例如，同样是制度资源，无论制度在国家中的经济区域普及率有多高，涵盖范围有多广，真正的核心问题还是制度效率而不是制度数量。极端糟糕的情况是，坏的制度如果普及率过高，对于经济增长和发展不但没有促进作用，相反起到很大的抑制作用。再比如，同样是人力资本资源，由于在形成过程中汲取的知识和思想观念差异也能造成人力资本质量上的差异，最终造成其才能水平的不同。[①]说到资源开发，人们想到的往往是自然资源要素，然而，从可持续发展的要求看，这是一种狭隘的观念，可持续发展资源观应当既包括自然资源的可持续开发，也应包括社会资

---

① "三个臭皮匠比上一个诸葛亮"这句话在现代专业化分工的经济社会中是不适用的。因为，诸葛亮是专家，他形成的是专业方案，依靠的是专业知识、先进的思想和观念，还有他丰富的阅历。在人力资本质量上，诸葛亮远远高于三个臭皮匠。

源的可持续开发，树立这种全面的经济资源观对实施可持续发展战略具有重大意义。

二、社会资源可持续发展的途径

1. 提高社会资源质量

自然资源来自天赐，一个国家的自然资源储量和分布是一定的，对其进行合理开发利用，最有效地配置对经济增长和发展至关重要。自然资源是被动性资源，它的开发、配置依赖于能动性资源——社会资源的数量和质量。社会资源的数量和质量决定着能否有效利用自然资源，使经济持续稳定地向前发展。一个国家的社会资源是在遵循社会经济发展规律前提下，依托本国民族文化底蕴，并学习移植先进国家中先进的思想观念、科学理论而形成的。社会资源不是一朝一夕就可以形成的，需要不断地学习、实验、总结、推广，是逐步积累起来的。

东方的日本曾经长期处于封建势力统治之下，奉行闭关锁国政策。后来西方列强用炮舰轰开了日本国门，日本的精英们开始励精图治，全面向西方国家学习。终于经过明治维新政治、经济革命，逐步建立了市场经济体制，几经"跳跃式"发展（包括对亚洲其他国家的侵略战争掠夺）成为了世界经济强国。日本的市场经济有着鲜明的东方特色。例如，英美自由企业制度可以自由解雇工人，日本多数企业并不采取这种做法。日本的企业类似于以前传统的"社会主义"国有企业，基本不解雇人，采取终身雇用制度。日本市场经济还有其他方面与西方市场经济做法不尽相同。但是奉行的基本原则是一样的。再比如，金融资源，无论是金融资产还是金融机构，以及它们的结构都不是主观能在短期决定和创造出来的。金融发展理论研究已经证明金融发展遵循金融倾斜及其逆转规律，即在相当长的历史时期内，间接金融比重要高于直接金融比重；在发展到一定阶段后，特别是经济货币化完成，步入经济金融化阶段后，直接金融比重将上升，间接金融比重将下降，前者甚至会超过后者，出现比重上的逆转。这意味着金融资源结构上的配置和安排就要遵循上述规律，而且这是一个循序渐进、稳步前进的过程，不应当操之过急。社会资源质量取决于诸多的社会、经济、政治、民族与文化等因素，随着这些因素的向前发展，社会资源也必须不断更新。社会资源质量具有一定的历史阶段特征，也具有国别民族特征，在全球经济一体化的态势下，还具有一定的国际性特征。

社会资源的开发和利用是一个动态过程。人们常说的"要调动社会各方面的积极性"实际上就是一个社会资源动员问题。如果一个国家中制度变革的空间很大，金融有待进一步发展、人力资本资源丰富、知识储备和思想观念活跃，那么，我们可以说这个国家利用这些社会资源快速发展经济的空间和余地也很大。一旦这些社会资源被调动起来，得到充分利用，其功能和能量就会完全释放出来，财富创造效应就会体现出来。一个国家社会资源越丰富，发展的潜力和后劲就越大。现有的社会资源利用效率越高，就越能充分发挥出对经济发展的作用。反之，一个国家即使国土面积再大，自然资源储量再多，如果社会资源长期处于压制状态，其经济和社会发展的步伐会受到严重阻碍，国家发展将会逐步落后于世界经济发展。

2. 政府在社会资源开发中发挥主要作用

同自然资源一样，对社会资源的开发也可以采取两种机制：市场机制和计划机制。不过，自然资源的配置是以市场配置为主，政府计划为辅。政府介入自然资源开发和配置并不是与民间资本争夺资源，而是规范、引导民间资本投向，保护市场体系的稳定性。

社会资源的配置不能完全由市场机制来自由支配，政府应承担起相应的责任和义务。这是因为社会资源多数是"发展型"资源，它们的形成和发挥作用需要相对比较长的一段时间，如果完全由市场机制来决定，则不仅无助于稳定地形成社会资源，而且还有会扭曲其内在发展规律，抑止社会资源累积，引发社会资源质量低下以及导致社会资源结构不合理等问题。例如，在现代市场经济制度的供给上，通过政府制定有关的法律法规要占据很大的比重，特别是对于后发展国家，这一点尤为重要。如果用市场竞争来逐步形成制度，不仅会造成市场秩序混乱，而且制度形成的周期也过长，社会成本过大。再比如，人力资本培养和知识积累是一个长期的过程，市场需求短期内是等不及的，企业等追求短期的利润，只会用现成的人才，不会投入太多的资源来形成自己的人力资本。以上两个例子说明，如果不通过政府大力鼓励和发展教育的政策以促进社会资源的形成和积累，就会缺乏持续发展的社会资源积累。当然，社会资源也离不开市场配置，从根本上说，也只有市场能真正说明经济发展需要什么样的社会资源，市场发挥配置作用，而政府要在社会资源开发中发挥重要作用。

第四节　我们对可持续发展思想的几点认识

可持续发展的思想来源于人们对自然环境以及人文环境遭受严重破坏后的反思。这种思想随即导致了政府、国际组织和理论界一系列重要的活动，政策建议、环境保护措施和理论研究层出不穷，这些对推动全人类实行可持续发展战略是一个良好的势头。但是，可持续发展和经济学资源配置分析并不是完全对立的。我们也发现，可持续发展思想的对策性研究很多，经济理论基础分析稍显薄弱。特别是我们提出新资源理论，提出社会资源观后，可持续发展的范围更加广泛，即我们认为资源系统既包括自然资源，也包括社会资源。自然资源需要可持续发展，社会资源也需要可持续发展。以下是用经济学理论对可持续发展思想进行的一般分析。

一、可持续发展思想来源于自然环境主体缺位

一般而言，参与经济增长的资源要素必须得到收入，以补偿各个资源拥有主体付出的要素成本，这样才能维持资源要素持续发展。资源要素拥有的主体可以是宏观主体，也可以是微观主体，如劳动者、管理人员、资本拥有者和政府机构。这些主体一方面付出成本，提供资源要素服务；另一方面，它们也有收益索取权，并且，它们要维护这些资源要素服务的质量，这种质量体现为商品和服务的质量，多数由市场来定价。当把资源区别为自然资源和社会资源后，我们会发现，自然资源具有生态性，提供了一个供人类生存并创造财富的自然环境，然而，这个自然环境却处于"主体缺位"的尴尬境地。自然资源提供的环境服务具有一定的公共性，没有人对它具体负责，负外部性行为的存在、市场机制失灵、"公地悲剧"难免发生。自然环境付出了成本，但没有得到补偿，当所有经济主体都来向自然环境索取，而无相应付出时候，自然环境问题就出现了，由此引发了可持续发展思想的产生。自然环境主体缺位导致收入缺位可用图 6-1 描述。

土地 —— 地租
资本 —— 利息
劳动 —— 工资
管理 —— 利润
环境 —— ？

图 6-1　自然环境主体缺位

二、可持续发展要求资源配置有约束条件

可持续发展思想的提出虽然来自于实践，但对其仍然可以进行经济学理论分析。资源配置是一个基础性的经济学概念，是一个系统性的概念，包含很多丰富的内容。上一章我们只就资源配置的主要方面进行了深入的探讨，对于众所周知的一些方面，如资源配置机制、资源配置主体、资源配置目标等，就不再赘言。但这里强调资源配置有两种方向，包括横向和纵向，即资源配置既可以存在空间范围上的配置，也可以存在时间维度上的配置。各种资源在不同地区、不同国家和不同区域之间进行流动、配置，这是指资源在空间上配置；而人类的历史长河川流不息，有上代人、当代人和后代人之区别，自然资源和社会资源在人类代际上也存在配置问题，这就是资源配置在时间维度上的配置。按照可持续发展的含义来看，空间范围上的资源配置达到最优，不一定会达到时间维度上的资源配置最优。无论是自然资源，还是社会资源，实际上，为了达到时间维度上的最优配置，或者说得更通俗一些：为了后代人的利益，当代人不能对所有的资源（无论是自然资源还是社会资源）进行掠夺性的滥砍滥伐，不加保护、爱护地开发利用。从经济理论分析看，以上两种含义的配置就是对资源配置施加资源约束条件。只有存在资源约束条件下，进行资源配置的最优点选择，才会达到资源的可持续配置，也就是可持续发展。这样，资源配置除了上一章提到的制度适度、金融适度外，还需要有资源约束条件，用图6－2描述，图中阴影部分代表资源约束盒，只有在盒内的生产可能性曲线上进行资源配置，才会实现可持续发展。否则，在另外部分生产可能性曲线上的资源配置不是自然资源利用过度，就是社会资源利用过度，最终都不会导致可持续发展。

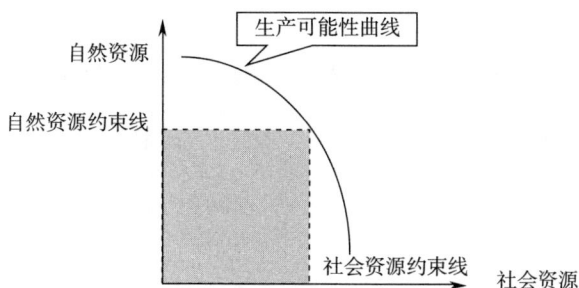

图6－2 可持续发展的资源约束条件

三、可持续发展通过资源替代战略来实现

资源替代战略以往多是指自然资源替代战略。随着人类科学技术水平的提高，自然资源种类也越来越多，能更大、更好、更快创造财富的新自然资源被开发出来，取代了消耗大、效益低的旧自然资源，这是自然资源的替代战略。除此之外，更为重要的是重视发挥社会资源的作用，在资源配置上，逐步推进社会资源替代自然资源战略，即更多地发挥社会资源作用，发展"社会资源消耗型"的经济，而不是"自然资源消耗型"的经济。即使对所必须消耗的那部分自然资源，也要实行资源替代，特别是那些不可再生的资源，一定要找到可以替代的可再生自然资源；对生态型资源则尽量保持生态系统平衡，实现良性生物循环。在资源配置存在约束下，自然资源消耗越小，社会资源消耗越多，这样的资源配置才更有利于经济和社会可持续发展。可用图 6－3 描述可持续发展的资源替代战略。

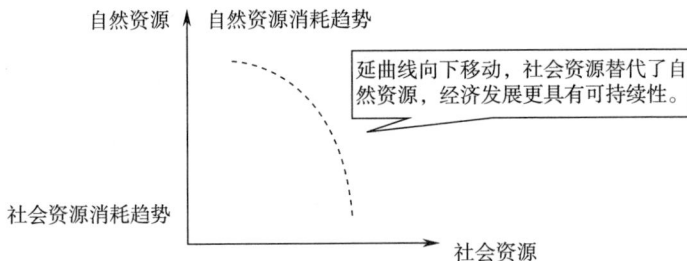

图 6－3 可持续发展的资源替代战略

四、可持续发展是人类、自然和社会的协调发展

一是人类与自然应当协调发展。①自然环境的保护与建设对人类的生存和

---

① 追求人与自然的和谐，是中国几千年传统文化的主流观念。中国儒家提出"天人合一"，人事必须顺应天意，要将天之法则转化为人之准则，顺应天理，方能国泰民安。中国道家提出"道法自然"，将"自然"这个概念提升到了形而上的高度。"道"按照自然法则独立运行，而宇宙万物皆有超越人主观意志的运行规律。老子认为，自然法则不可违，人道必须顺应天道，人只能是"辅万物之自然而不敢为"，所谓"顺天者昌，逆天者亡。"四千年前的夏朝，规定春天不准砍伐树木，夏天不准捕鱼，不准捕杀幼兽和获取鸟蛋；三千年前的周朝，根据气候季节，严格规定了打猎、捕鸟、捕鱼、砍伐树木、烧荒的时间；两千年前的秦朝，禁止春天采集刚刚发芽的植物，禁止捕捉幼小的野兽，禁止毒杀鱼鳖。中国历朝历代，皆有对环境保护的明确法规与禁令。从这些做法我们应正确得出结论，在一些思想领域，中国并不落后，不应当妄自菲薄，贬低中国传统文化，要把其精髓思想与现代市场经济结合起来。

发展来说具有极为重要的意义。经济发展与环境保护应当同步进行。但是近代以来，在"征服自然、改造自然和利用自然"的观念支配下，人类无节制地开发索取自然资源，忽略了一个极为根本的哲学命题，即人是自然界的产物，也是自然界的一员。人类为了自身的利益，按照自己的想法，征服自然环境，改造自然界，却导致了生态环境日益恶化。而可持续发展理论却内含着一种对自然的新态度，即人与自然相互协调，而不是征服自然。人与自然本来是一个完整的系统，人对自然做了什么，也就是对自身做了什么，人类对自然的损害也就是对自身的损害。污染环境、破坏生态和加速生物灭绝的行为，直接损害了自然界，也损害着人类的长远利益。所以，人类的可持续发展与经济的持续增长，只能在人与自然、经济社会与环境的和谐关系中来实现，或者说，可持续发展就是人与自然、经济社会与环境的和谐发展。然而，与可持续发展这种要求相悖的是，人与自然的差距日益扩大。工业化在全世界的加速发展，大量消耗地球的不可再生资源，同时工业的废弃物造成了水、空气、海洋污染日益严重。应该看到，对于经济发展具有重要意义的自然资源，绝不仅仅具有经济价值，自然资源、地球环境同时也是生态系统的内在组成部分之一，环境污染、资源过度消耗是对人类生态系统的破坏，这种破坏将造成生态系统的失衡，而生态系统的失衡则严重关系到人类的生存。环境污染和生态失衡越来越成为经济、社会持续发展的制约因素。要实现经济社会的可持续发展，就不能走"先污染后治理"的老路，更不能以损害环境、损害未来作为代价，只求一时的经济繁荣。必须把人与自然、发展与环境统一起来，坚持环境保护，加强对工业污染的控制和治理；把自然资源和环境纳入国民经济核算体系，使商品的市场价格准确反映由生产活动所造成的资源和环境代价，杜绝企业向社会转嫁污染，推动环境保护产业、生态农业及清洁生产的发展。

二是人与社会也应当协调发展。自然环境的和谐固然重要，社会环境的安定和谐也同样重要。动荡的社会环境谈不上经济建设和经济发展，无论对于一个国家，还是对于整个国际社会，这个道理都适用。社会和谐发展的关键在于共享资源，共同创造财富，合理分配成果。社会成员不仅有公平竞争的参与机会，而且收入分配也应当追求社会公平，弱者应当被同情，在一定程度上得到保护和补偿。市场经济是追求效率的一种经济制度，这是资源配置的首要前提和目标，只有更多的财富被生产出来，才能最终从根本上解决人类生存发展的问题。但是，众所周知，市场经济一个不好的结果就是会导致贫富两极分化，"帕累托效率绝不意味着分配的公正。一种资源分配在帕累托意义上可能是有效率的，然而可能给一些人造成巨大财富，而另一些人极端贫困"①，一旦出现资源占用和收入分配上的马太效应，当处于贫困一极的阶层无法继续生存时，就可能发生社会动荡甚至社会革命，如果长期陷入社会动乱状态，则经济建设无从谈起，财富无法产生。所以，世界发达国家中都存在政府调整的机制以期达到资源配置的公平目标。当今时代不是暴力革命的时代，也不是群众斗争的时代，而是谋求社会稳定、集中人力物力搞经济建设的时代。另外，发达国家以及国际社会要有政策支持发展中国家发展经济，不能使得"南北差距"越来越大，当今世界不是武力征服扩大疆域的时代，各国人民不需要战争，需要和平的国际环境，需要携手共同发展。正因为如此，和平和发展才成为当今时代的两个主题。人类发展到今天，应当有足够的知识和清醒的理念认识到和平和发展的迫切性和重要性，战争、动乱、斗争无法使人类享受国泰民安的幸福生活。②

五、可持续发展是经济集约发展

经济发展一定要采取均衡、协调、可持续的模式。速度快、规模大的发展道路不见得是最优的道路。发展不应该仅仅是不断增加资源要素的投入量，而更应该提高资源要素利用的效率。发展的目的不仅是追求数量和速度，更应该是追求质量和效益。那种依靠上新项目、铺新摊子、增加资源要素投入量来实现的经济增长必然造成高投入、高消耗、高通胀、低产出、低质量、低效益的增长。虽然速度比较快，但付出的代价也太大，增长方式难以为继。转变经济增长方式，从粗放增长变为集约增长，从外延型扩张变为内涵式发展，从单纯追求速度变为追求速度和效益均衡发展，从单纯追求经济效益变为注重经济、社会效益相统一。只有不断提高要素生产率和经济效益，才能保持经济增长的后劲，才能实现经济和社会可持续发展。

---

① 肯尼思·阿罗：《全部经济均衡：目的、分析技术、集体选择》，见《诺贝尔经济学奖金获得者讲演集 1969/1977》，119 页，中国社会科学出版社，1997。
② 追求和平、谋求发展是人类社会发展到今天文明进步的呼声。除了抵御外来侵略以及制止国家内部分裂图谋的正义战争之外，各国都应当自觉维护世界和平，抵制和反对战争。

可持续发展理论强调节约资源、保护资源和最优化利用资源，以减少对人类赖以生存的地球资源的浪费。过去，人们在追求经济增长的过程中，一直认为自然资源取之不尽，用之不竭。但现在已经发现，有不少基本资源，尤其是那些不可再生资源，绝非无限可供应。即使我们确信这些基本资源在供应枯竭之时能找到替代品，也无法保证一定能够适时地找到，而且其数量又能满足人类的需要。假如在现实的发展中继续大量浪费资源、进行掠夺式的开发，那就必将危及后代人的发展。我们要生存、要持续发展，就必须确立与子孙后代休戚与共的思想认识，必须发明新的技术，采用新的方法，最低限度地使用资源，最大限度地利用资源，决不能以牺牲后代人利益满足当地人贪欲。对可再生资源要做到开发利用和培植再造相结合，使其能为经济发展永续利用；对循环再生或可循环再用的资源，要通过提高循环利用技术水平，充分发挥这些资源的多种用途；对不可再生的资源，要坚持节约和综合利用的方针。必须严格限制那些能源消耗高、资源浪费大、污染环境严重的产业和企业，而大力发展那些质量效益型、科技先导型、资源节约型企业。在生产、建设、流通、消费等各个领域，都必须节水、节地、节能、节材、节粮，努力减少资源的占用和消耗。要依靠科技进步、提高生产工艺水平，大幅度提高能源、原材料的利用率，特别是要搞好资源的综合利用等。

六、可持续发展是经济、政治、文化等全面发展

可持续发展理论坚决摒弃把发展仅仅归结为经济发展的思想，发展应该是全面的、综合的。社会发展作为一个复杂的动态过程，涉及经济、政治、文化等方面的全面发展，最终这种发展推动人类自身的发展。其中经济发展是基础，是主题，它为政治、文化及人的发展提供物质条件。但社会发展并不仅仅是经济发展，而是经济、政治、文化和人的综合发展，没有政治、文化诸方面与经济协调，社会将陷入无序和危机，也不会有经济的持续增长。因此，发展必须注意经济、政治、文化等各方面的相互协调与相对均衡。特别是对后发展国家而言，必须认真吸取发达国家发展片面性的教训，现代化进程一开始就应当十分注意发展的全面性。可持续发展应当强调社会发展的全面性、协调性，把社会各个资源协调起来，推动社会进步，形成安全、公平、文明的社会环境，促进人与自然、自然与社会、人与社会的协调和全面发展。这种全面发展

的观念又可以形象地概括为三个 GDP 共同增长：经济 GDP，绿色 GDP 和人文 GDP 的共同协调增长。多年来，提到增长，人们自然就会想到经济 GDP 的增长。但是，随着环境问题的日益突出，人们逐渐认识到"有增长不一定就有发展。"增长和发展都必须付出一定的环境代价，这种代价叫"生态成本"或"自然资本。"如果将经济增长导致的灾害、环境污染和资源浪费从 GDP 中扣除，那么生态成本超过 GDP 达数倍之多，生态维持经济增长的负荷达到极限。针对这一问题，生态经济学家提出了"绿色 GDP"的概念，即扣除经济增长导致的灾害、环境污染和资源浪费之后的净产值。绿色 GDP 概念的提出，找到了经济发展与环境保护、有效利用资源的结合点，并已引起广泛关注。过去，考核经济发展主要用的是经济 GDP 指标，它虽然反映了一个国家的经济质量水平，但并不能反映经济和社会发展的全部内容。人文 GDP 就是为了保障人的全面发展而投入财富的增长指标，包括教育、文化、医疗卫生等方面。关注人的全面发展特别是可持续发展的观点早已提出，但这一观点并没有被所有人接受。"重增长、轻发展"，设计蓝图，制定指标，都是在经济 GDP 上浓墨重彩，而对绿色 GDP 和人文 GDP 轻描淡写，甚至为了追求经济 GDP 的高速增长，不惜牺牲绿色 GDP 和人文 GDP。以经济建设为中心，人与自然、社会相协调的发展观，要求既要关注经济 GDP，保持较高的发展速度，更要关注绿色 GDP 和人文 GDP 的增长，促进经济社会协调发展。它们是经济社会全面发展的三个重要支撑，缺一不可，互为促进。在促进发展的过程中，不仅要关注经济指标，还要关注人文指标、资源和环境指标；不仅要增加促进经济增长的投入，还要增加促进人与社会发展的投入，增加保护资源与环境的投入。

七、可持续发展是全球共同发展

可持续发展不仅考虑资源开发配置的空间性，还考虑资源开发配置的时间性。即空间范围上，资源开发配置是最优的，同时，在时间维度上不危及后代子孙，也是最优的。现代经济是市场全球化、竞争全球化的经济，国家与国家之间、地区与地区之间的依赖程度不断提高，所以，可持续发展必须是各个国家、各个地区的共同发展。就拿国际上的南北关系来说，假如南方得不到适当的发展，那么北方的资本和商品出路就很有限，假如南方继续贫困下去，北方就难以继续发展。因此，国际上的可持续发展理论把弥补富国与穷国的差距作为一个准则。

八、"构建人类命运共同体"思想适用全球可持续发展

人类只有一个地球，各国共处一个世界，要倡导"人类命运共同体"意识。

习近平就任总书记后首次会见外国人士就表示，国际社会日益成为一个你中有我、我中有你的"命运共同体"，面对世界经济的复杂形势和全球性问题，任何国家都不可能独善其身。"命运共同体"是中国政府反复强调的关于人类社会的新理念。2011年《中国的和平发展》白皮书提出，要以"命运共同体"的新视角，寻求人类共同利益和共同价值的新内涵。2017年10月18日，习近平同志在十九大报告中提出，坚持和平发展道路，推动构建人类命运共同体。中国共产党始终把为人类作出新的更大的贡献作为自己的使命。中国将高举和平、发展、合作、共赢的旗帜，恪守维护世界和平、促进共同发展的外交政策宗旨，坚定不移在和平共处五项原则基础上发展同各国的友好合作，推动建设相互尊重、公平正义、合作共赢的新型国际关系。

推动建设人类命运共同体，源自中华文明历经沧桑始终不变的"天下"情怀。从"以和为贵""协和万邦"的和平思想，到"己所不欲，勿施于人""四海之内皆兄弟"的处世之道，再到"计利当计天下利""穷则独善其身，达则兼济天下"的价值判断……同外界其他行为体命运与共的和谐理念，可以说是中华文化的重要基因，薪火相传，绵延不绝。新时期，中国人民致力于实现中华民族伟大复兴的中国梦，追求的不仅是中国人民的福祉，也是各国人民共同的福祉，关于命运共同体的传统理念得到进一步发扬光大。

全球190多个国家、约70亿人口，我们因何而紧密相连、为何不该一意孤行，未来又将走向何方？迈向人类命运共同体，这是中国领导人基于对历史和现实的深入思考，基于对世界大势的准确把握而贡献的"中国答案"和"中国方案"。人类只有一个地球，各国共处一个世界。经济全球化让"地球村"越来越小，社会信息化让世界越来越平。不同国家和地区已是你中有我、我中有你，一荣俱荣、一损俱损。国家之间，过时的零和思维和冷战思维必须摒弃，不能只追求你少我多、损人利己，更不能搞你输我赢、一家通吃。只有义利兼顾才能义利兼得，只有义利平衡才能义利共赢。

　　当前国际形势基本特点是世界多极化、经济全球化、文化多样化和社会信息化。粮食安全、资源短缺、气候变化、网络攻击、人口爆炸、环境污染、疾病流行、跨国犯罪等全球非传统安全问题层出不穷，对国际秩序和人类生存都构成了严峻挑战。不论人们身处何国、信仰何如、是否愿意，实际上已经处在一个命运共同体中。与此同时，一种以应对人类共同挑战为目的的全球价值观已开始形成，并逐步获得国际共识。要倡导人类命运共同体意识，在追求本国利益时兼顾他国合理关切，在谋求本国发展中促进各国共同发展，建立更加平等均衡的新型全球发展伙伴关系，同舟共济，权责共担，增进人类共同利益。人类命运共同体意识超越种族、文化、国家与意识形态的界限，为思考人类未来提供了全新的视角，为推动世界和平发展给出了一个理性可行的行动方案。

　　习近平在十九大报告中呼吁各国人民同心协力，构建人类命运共同体，建设持久和平、普遍安全、共同繁荣、开放包容、清洁美丽的世界。要相互尊重、平等协商，坚决摒弃冷战思维和强权政治，走对话而不对抗、结伴而不结盟的国与国交往新路。要坚持以对话解决争端、以协商化解分歧，统筹应对传统和非传统安全威胁，反对一切形式的恐怖主义。要同舟共济，促进贸易和投资自由化便利化，推动经济全球化朝着更加开放、包容、普惠、平衡、共赢的方向发展。要尊重世界文明多样性，以文明交流超越文明隔阂、文明互鉴超越文明冲突、文明共存超越文明优越。要坚持环境友好，合作应对气候变化，保护好人类赖以生存的地球家园。

第七章
"新资源理论" 给我们什么启示

新资源理论强调"资源要包括社会资源",突出社会资源在经济增长和发展中的作用,这种认识是对传统资源观的一种拓展和突破,也是探索经济增长和发展源泉的一次理论创新尝试。"资源要包括社会资源"的观点是崭新的资源观。新资源观只有付诸行动,应用于实践,才能产生财富创造效应并对经济与社会发展产生积极影响。这样,研究新资源观、解释新资源观、宣传新资源观和实践新资源观显得尤为必要。新资源观的理论基础就是我们提出的新资源理论,新资源理论对于 21 世纪和平崛起的中国有着许多重要的启示。

启示一:尊重社会科学,发展社会科学①

人类社会发展到今天,大概已经没有人再怀疑科学的真理性。然而,这里所说的"科学"是否也包括社会科学呢?换而言之,社会科学是否也是"科学"呢?现实社会生活中,为什么会有某些人,包括个别领导干部,怀疑社会科学的真理性,甚至认为社会科学是"伪科学"呢?

在我国,由于历史和现实的原因,人们长期以来一直采取自然资源观,不承认或否定社会资源的存在和作用,由此导致对研究社会资源运动规律的理论体系——社会科学重视得不够。更有甚者,还有一部分人把社会科学看做不具备客观性的"伪科学",是要要笔杆子、写写文章之类。相当长的历史时期内,对社会科学的重视是远远不够的。在特殊的历史年代,不仅谈不到重视,反而对社会科学,特别是对西方社会科学采取敌视、漠视、反感、拒绝的态度。对国内试图学习借鉴西方社会科学并用之解决中国实际问题的学者和知识分子更是给予嘲讽、批评、否定乃至批判的态度。较为典型的例子是马寅初先生提出"新人口论",建议政府控制人口、实行计划生育政策时,遭到了有组织的批评和批判,被斥为"资产阶级的学术代表"。造成的恶果就是随后若干年的中国人口爆炸式的增长,严重拖累了我国人民生活水平的迅速提高。

---

① 2004 年 1 月,本书最终定稿之际,中央通过了关于大力发展繁荣哲学社会科学的相关文件,这令人振奋!在我们看来,这是中华民族文化觉醒并和平崛起的重要事件之一。

✑ 案例：马寅初"新人口论"遭批判始末①

1953 年，中国大陆进行了历史上第一次人口普查，结果表明，截至 1953 年 6 月 30 日，中国人口总计 601，938，035 人，估计每年要增加 1，200 万人到 1，300 万人，增殖率为 20‰。

这次人口普查引起著名经济学家、北京大学校长马寅初的注意，他对人口普查的结果表示怀疑。因为这次人口普查是采取抽样调查的方法，即将出生率减去死亡率得出实际增长率。马寅初认为这种调查方法不能概括全貌。据他了解，仅上海一地的人口净增长率就是 39‰，能否用一个简单的算术公式就能说明中国的人口增长率为 20‰呢？

马寅初经过三年的调查研究发现，中国人口的增长率是每年增长 22‰以上，有些地方甚至到达 30‰，这实在是太高了。如此发展下去，50 年后，中国将有 26 亿人口。由于人多地少，恐怕连吃饭都成问题。于是，他将自己的研究成果写成"控制人口与科学研究"一文。1955 年 7 月，一届全国人大二次会议召开，马寅初将写好的文章作为发言稿，交人大代表浙江小组讨论征求意见。马寅初曾描述过当时的情况："小组会上除少数人外，其余的代表们好多不表示意见，好多不同意我的看法，且竟有人认为我所说的是马尔萨斯的一套，也有的认为说话虽与马尔萨斯不同，但思想体系是马尔萨斯的。虽然他们的意见我不能接受，但我认为都是出于善意，故我自动地把这篇发言稿收回，静待时机成熟再在大会上提出来。"

1955 年 9 月，周恩来在中共第八次全国代表大会的报告中指出，"为了保护妇女和儿童，很好地教育后代，以利民族的健康和繁荣，我们赞成在生育方面加以适当的节制。"马寅初看过报告后非常兴奋，他认为节育问题被中共中央提上了议事日程，看来可以公开谈论控制人口的问题了。

1957 年 2 月，在最高国务会议第十一次（扩大）会议上，马寅初再一次就"控制人口"问题发表了自己的主张："我们的社会主义是计划经济，如果不把人口列入计划之内，不能控制人口，不能实行计划生育，那就不称其为计划经济。"马寅初的发言当即受到毛泽东的赞赏。他说："人口是不是可以搞

---

① 案例文字来源于凤凰网，文史月刊，2008 - 06 - 04。

成有计划地生产，这是一种设想。这一条马老讲得很好，我跟他是同志，从前他的意见，百花齐放没有放出来，准备放，就是人家反对，就是不要他讲，今天算是畅所欲言了。此事人民有要求，城乡人民均有此要求，说没有要求是不对的。"毛泽东还特别注意到，积极倡导计划生育的邵力子就坐在马寅初身旁，似乎是在表示对马寅初的支持。毛泽东一语双关地笑着说："邵先生，你们两人坐在一起。"邵力子和马寅初听毛泽东这么一说，互相看了看，也开心地笑起来。

1957年3月，在全国政协第二届第三次会议上，邵力子就计划生育问题做了长篇发言。他强调指出，现代人在生活、学习、工作等方面都可以有计划，在生育方面也必须有计划。他针对卫生部严格限制人工流产规定，提出"不造成以法令或权力限制人工流产"，建议修改婚姻法第四条"男20岁，女18岁，始及结婚"的规定，主张提高结婚年龄，宣传迟婚。他还主张大力向农村推行节育工作，不要对持久性避孕手术进行限制，等等。邵力子的发言，立即得到医学专家钟惠澜的支持。同时，也得到马寅初的大力赞同。但是，马寅初在计划生育采取什么方法的问题上却与邵力子有一点分歧。他们都主张避孕和推迟婚龄，但马寅初坚持反对人工流产。他认为有比人工流产更好的办法。这就是"最好是一对夫妇只生两个孩子，对只有两个孩子的父母加以奖励，而对超过两个孩子的父母要抽税"。

1957年4月27日，马寅初在北京大学大饭厅发表人口问题的演讲，这是他1949年后第一次公开的学术演讲。在讲演中，马寅初讲述了几年来调查研究的结果。他怀着忧虑的心情说："新中国成立后，各方面的条件都好起来，人口的增长比过去也加快了。近几年人口增长率已达到30‰，可能还要高，照这样发展下去，50年后中国就是26亿人口，相当于现在世界总人口的总和。由于人多地少的矛盾，恐怕中国要侵略人家了。要和平共处，做到我不侵略人家，也不要人家侵略我，就非控制人口不可。"这句话，很快就传到了毛泽东的耳朵里，毛泽东见到马寅初时，严肃地对马寅初说："不要再说这句话了。"马寅初也意识到自己说错了话，马上写了一张大字报，贴在北大校园里，公开做了自我批评。后来，他在撰写《新人口论》时，就确实没有再提出上述观点。6月，马寅初将《新人口论》作为一项提案，提交一届人大四次会议（全文发表于7月5日《人民日报》），这篇文章从10个方面论述了为什么要控制人口和控制人口的重要性与迫切性，以及如何控制人口等问题。

然而，这时反右斗争已经开始席卷全社会。马寅初当然也被波及，有人说他是借人口问题，搞政治阴谋，也有人说《新人口论》是配合右派向党进攻……在这场扑面而来的急风暴雨中，马寅初弄不清这到底是怎么回事，为什么几个月前计划生育问题刚刚受到毛泽东的赞扬，而现在却又受到人们的批判……

而此时的马寅初面对对他不公正的批判却变得愈加冷静。他认定自己的理论是正确的，并于 1957 年 5 月 9 日和 7 月 24 日至 7 月 31 日在《光明日报》上发表了《再谈我的平衡理论中的'团团转'理论》和《再谈平衡论和团团转》两文，但马寅初也并没有认为自己的理论已经十全十美，所以，从 8 月开始，他多次走出校门，到外地搞调查，以求证实和完善自己的理论。

1959 年，庐山会议后，全国再次掀起批右高潮。周恩来特意约马寅初谈了一次话，劝马寅初不要过于固执，从大局着眼，还是写个检讨好。别人劝马寅初，马寅初还可以不放在心上，周恩来劝马寅初，马寅初就不得不认真对待了。

这次谈话后，马寅初仔细地对《新人口论》进行了梳理，看看是否真有什么错误。但梳理的结果，证明并没有错。他仔细阅读了报刊上发表的批判他的文章，对这些文章的主要观点一一进行反驳，又写成 5 万余字的《我的哲学思想和经济理论》一文，文章的后面还有两篇附带声明，其一是"接受《光明日报》的挑战书"，其二是"对爱护我者说几句话并表示衷心的感谢"。马寅初将手稿送到《新建设》杂志编辑部，要求尽快发表。

马寅初的倔强是出了名的。马寅初常对人说："言人之所言，那很容易；言人之所欲言，就不太容易；言人之所不敢言，就更难。我就言人之所欲言，言人之所不敢言。"

马寅初的文章发表后，报刊上就开始发表批判文章，北大也组织了"批马"座谈会。北京大学掀起了围剿马寅初的高潮。铺天盖地的大字报布满了北大校园，连马寅初的住宅燕南园 36 号也贴满了大字报。全校的批判会连续不断，语言越来越粗暴，帽子越扣越大。

面对来自全国上下的文攻谩骂和政治高压，马寅初胸怀坦荡，无所畏惧。他幽默地说："有的文章，说过去批判我的人已经把我驳得'体无完肤'了，既然是'体无完肤',目的已经达到,现在何必再驳呢?但在我看来,不但没有驳得'体无完肤',反而驳得'心广体胖'了。"马寅初的幽默毕竟还带着一些苦涩,为什么一个学术问题带来的不是友好的讨论,而是敌意的谩骂。

在马寅初受到批判围攻时,就有人暗示他已不适宜再做北京大学的校长,劝他辞职。马寅初不愿受职务所累,于1960年1月3日到教育部提出口头辞职,翌日,向教育部写了书面辞职报告。很快国务院就批准了马寅初的辞职。随后,又罢免了他的全国人大常委的职务,只留下一个全国政协常委的名义。与此同时,也剥夺了马寅初发表文章的权利。马寅初也由此从政治舞台和学术论坛上消失了。

7月9日,毛泽东召见邵力子、陈叔通、黄炎培、章士钊、李济深、张治中等党外人士,听取他们对"大跃进"的意见。为遭到批判的马寅初而担忧的邵力子,并未因此而放弃自己的主张,他抓住时间向毛泽东进言,希望毛泽东支持节育,毛泽东坚持自己的观点说:"人口问题,目前还不严重,可以达到八亿时再讲人口过多。"但又应付了一句:"但对计划生育,仍应实施"。

【简评】

科学是客观规律的系统总结,规律终究会发挥作用,不管你是否遵循它。违背客观规律,嘲弄科学,最终会被社会实践嘲弄和惩罚。虽然不能说马寅初说的每句话都是对的,但历史证明了马寅初的理论基本正确。假如今天我们没有这么大的人口基数,就业压力不会如此之大,经济增长目标更容易达到,生活水平和质量会提高得更快、更好。①

---

① 现在,我国国民生产总值和不少产品的总量,已位居世界第一位或前五位。但按人均算,却处在世界的后列。中国国内生产总值居世界前列,但人均却处于后位;钢产量居世界第一位,人均却处在世界第100位以后;粮食产量居世界第一位,人均却处在第80位。经济发展既要看总量,更要看人均占有量。只有总量的增加,而没有人均占有量的增长,很难谈得上综合国力的增强和人民生活的改善。我国15岁及以上人口的文盲半文盲高达10%以上。不仅如此,入学儿童的流失率、小学的辍学率有所上升。除台湾省外,我国20岁至24岁适龄人口高中入学率仅为2%,而印度为10%,泰国为16%,埃及为20%,韩国是38%,台湾地区也在31%。在相当一部分贫困地区,越穷越生、越生越穷的恶性循环状况并没有得到根本扭转。此外,庞大的人口给教育、社会保险以及交通、住宅等都带来了巨大的压力和困难,还加剧了环境的恶化和生态的破坏,我国人均国土面积不足世界的1/3,人均耕地面积不足世界的1/4,全国每年还在以大约33.3万公顷的速度减少耕地。我国人均淡水资源是世界平均水平的1/4;人均森林资源是世界平均水平的1/9,森林覆盖率是世界平均水平的1/6。

马寅初（1882—1982 年），字元善，中国当代经济学家、教育学家、人口学家，浙江嵊州人。曾担任南京政府立法委员，新中国成立后曾历任中央财经委员会副主任、华东军政委员会副主任、重庆大学商学院院长兼教授、南京大学教授、北京交通大学教授、北京大学校长、浙江大学校长等职。1957 年因发表"新人口论"方面的学说而被打成右派，党的十一届三中全会后得以平反。他一生专著颇丰，特别对中国的经济、教育、人口等方面有很大的贡献，有当代"中国人口学第一人"之誉。

　　社会科学和自然科学加在一起，才构成完整的科学知识体系。人类既生活在自然界中，也生活在社会中。人们需要认识自然界运动的规律并加以掌握运用，也同样需要认识和探索社会运动的规律并加以掌握和运用。这两方面缺一不可，否则社会进步就会缓慢，生存和发展的水平也难以持续提高。自然科学的研究对象是自然界、物质运动，用资源理论的观点来看，自然科学是研究"自然资源"运动规律的科学；社会科学研究的是社会、人群关系、人类思维与精神世界，它研究的是"社会资源"运动规律。自然科学研究更多地通过试验、计算与勘测来完成，其精确性、可试验性和可重复性较高；社会科学则以社会变革和人类社会实践为试验过程，更多地通过社会调查、统计分析和信息加工来收集基本材料，并进行概念分析和逻辑推理，然后才能得出科学的结论。社会科学也能应用严格的科学方法研究自己的对象，社会科学研究获得的知识反映的内容和规律也具有客观性。自然科学主要肩负着认识自然界的任务，主要研究和认识自然界的规律，帮助人们控制和支配自然物质的自然力，为社会生活和人的发展提供物质资源基础；社会科学则主要承担着促进社会进步和发展的任务，主要研究和认识社会规律和人自身发展的规律，为人们调整或改变社会关系、社会结构提供理论和方法。自然科学与社会科学只有相互联结、相互结合，才能最大限度发挥各自的功能。社会生产力的发展不仅与自然科学发展有密切的关系，也与社会科学发展密不可分。一般来说，社会科学研究的对象都是从现实中提炼出来的，对它的认识和判断往往是理论性的、前瞻性的和学术性的，甚至是超前的。社会科学要研究现实，把现实抽象到理论层次，使之更好地、更科学地指导现实行动。理论对现实越是研究得透彻，理论本身才越具有深度和高度；理论武器越是犀利，解决现实问题的本领就越是强大。理论可以解释过去的实践，理论可以指导现在的实践，理论还可以预测未来的实践。

◎ 案例：诸葛亮"隆中对"与鲁肃"吴宫对"准确预测了天下三分

诸葛亮"隆中对"

【原文】亮躬耕陇亩，好为《梁父吟》。身长八尺，每自比于管仲、乐毅，时人莫之许也。惟博陵崔州平、颍川徐庶元直与亮友善，谓为信然。时先主屯新野。徐庶见先主，先主器之，谓先主曰："诸葛孔明者，卧龙也，将军岂愿见之乎？"先主曰："君与俱来。"庶曰："此人可就见，不可屈致也。将军宜枉驾顾之。"

由是先主遂诣亮，凡三往，乃见。因屏人曰："汉室倾颓，奸臣窃命，主上蒙尘。孤不度德量力，欲信大义于天下；而智术浅短，遂用猖獗，至于今日。然志犹未已，君谓计将安出？"

亮答曰："自董卓以来，豪杰并起，跨州连郡者不可胜数。曹操比于袁绍，则名微而众寡。然操遂能克绍，以弱为强者，非惟天时，抑亦人谋也。今操已拥百万之众，挟天子而令诸侯，此诚不可与争锋。孙权据有江东，已历三世，国险而民附，贤能为之用，此可以为援而不可图也。荆州北据汉、沔，利尽南海，东连吴会，西通巴蜀，此用武之国，而其主不能守，此殆天所以资将军，将军岂有意乎？益州险塞，沃野千里，天府之土，高祖因之以成帝业。刘璋暗弱，张鲁在北，民殷国富而不知存恤，智能之士思得明君。将军既帝室之胄，信义著于四海，总揽英雄，思贤如渴，若跨有荆、益，保其岩阻，西和诸戎，南抚夷越，外结好孙权，内修政理；天下有变，则命一上将将荆州之军以向宛、洛，将军身率益州之众出于秦川，百姓孰敢不箪食壶浆，以迎将军者乎？诚如是，则霸业可成，汉室可兴矣。"

先主曰："善！"于是与亮情好日密。关羽、张飞等不悦，先主解之曰："孤之有孔明，犹鱼之有水也。愿诸君勿复言。"羽、飞乃止。

【译文】诸葛亮亲自在田地中耕种，喜爱吟唱《梁父吟》。他身高八尺，

227

常常把自己和管仲、乐毅相比，当时人们都不承认这件事。只有博陵的崔州平、颍川的徐庶与诸葛亮关系甚好，说确实是这样。

适逢先帝刘备驻扎在新野。徐庶拜见刘备，刘备很器重他，徐庶对刘备说："诸葛孔明这个人，是卧龙啊，将军是否愿意见他？刘备说："您和他一起来吧。"徐庶说："这个人只能你去他那里拜访，不可以委屈他，召他上门来，将军你应该屈尊亲自去拜访他。"

因此先帝就去拜访诸葛亮，总共去了三次，才见到诸葛亮。于是刘备叫旁边的人退下，说："汉室的统治崩溃，董卓、曹操先后专权，皇上蒙受风尘遭难出奔。我不能衡量自己的德行能否服人、估计自己的力量能否胜人，想要为天下人伸张大义，然而智慧与谋略浅薄不足，就因此失败，弄到今天这个局面。但是我的志向到现在还没有停止，先生认为该采取怎样的办法呢？"

诸葛亮回答道："自董卓独掌大权以来，各地豪杰纷纷起兵，占据州、郡的人数不胜数。曹操与袁绍相比，声望小人又少，然而曹操之所以能打败袁绍，以弱胜强的原因，不仅依靠的是天时，而且也是人的谋划得当。现在曹操已拥有百万大军，挟持皇帝来号令诸侯，这确实不能与他争强。孙权占据江东，已经历三世了，地势险要，民众归附，又任用了有才能的人，孙权这方面只可以把他作为外援，但是不可谋取他。荆州北靠汉水、沔水，一直到南海的物资都能得到，东面和吴郡、会稽郡相连，西边和巴郡、蜀郡相通，这是大家都要争夺的地方，但是它的主人却没有能力守住它，这大概是天拿它用来资助将军的，将军你是否有占领它的意思呢？益州地势险要，有广阔肥沃的土地，自然条件优越，物产丰富，高祖凭借它建立了帝业。刘璋昏庸懦弱，张鲁在北面占据汉中，那里人民殷实富裕，物产丰富，刘璋却不知道爱惜，有才能的人都渴望得到贤明的君主。将军既是皇室的后代，而且声望很高，闻名天下，广泛地罗致英雄，思慕贤才，如饥似渴，如果能占据荆、益两州，守住险要的地方，和西边的各个民族和好，又安抚南边的少数民族，对外联合孙权，对内革新政治，一旦天下形势发生了变化，就派一员上将率领荆州的军队直指中原一带，将军您亲自率领益州的军队到秦川出击，老百姓谁敢不用竹篮盛着饭食，用壶装着酒来欢迎将军您呢？如果真能这样做，那么称霸的事业就可以成功，汉室天下就可以复兴了。"

刘备说："好！"从此与诸葛亮的关系一天天深厚起来。关羽、张飞等人不高兴了，刘备劝解他们说："我有了孔明，就像鱼得到水一样。希望你们不要再说什么了。"关羽、张飞才不再说什么了。

鲁肃"吴宫对"

【原文】权即见肃，与语甚悦之。众宾罢退，肃亦辞出，乃独引肃还，合榻对饮。因密议曰："今汉室倾危，四方云扰，孤承父兄馀业，思有桓文之功。君既惠顾，何以佐之？"肃对曰："昔高帝区区欲尊事义帝而不获者，以项羽为害也。今之曹操，犹昔项羽，将军何由得为桓文乎？肃窃料之，汉室不可复兴，曹操不可卒除。为将军计，惟有鼎足江东，以观天下之衅。规模如此，亦自无嫌。何者？北方诚多务也。因其多务，剿除黄祖，进伐刘表，竟长江所极，据而有之，然后建号帝王以图天下，此高帝之业也。"权曰："今尽力一方，冀以辅汉耳，此言非所及也"。刘表死。肃进说曰："夫荆楚与国邻接，水流顺北，外带江汉，内阻山陵，有金城之固，沃野万里，士民殷富，若据而有之，此帝王之资也。今表新亡，二子素不辑睦，军中诸将，各有彼此。加刘备天下枭雄，与操有隙，寄寓于表，表恶其能而不能用也。若备与彼协心，上下齐同，则宜抚安，与结盟好；如有离违，宜别图之，以济大事。肃请得奉命吊表二子，并慰劳其军中用事者，及说备使抚表众，同心一意，共治曹操，备必喜而从命。如其克谐，天下可定也。今不速往，恐为操所先。"权即遣肃行。

【译文】孙权立即约见鲁肃，与其交谈，非常高兴。等在场宾客起身退出时，鲁肃也告辞而出。但不一会儿，鲁肃又被孙权悄悄领了回来，合榻对饮。孙权对鲁肃说："当今汉室如大厦即倾，四方纷乱不已，我继承父兄创立的基业，企望建成齐桓公、晋文公那样的功业。既然您惠顾于我，请问有何良策助我成功？"鲁肃回答说："过去汉高祖耿耿忠心想尊崇义帝而最后无成，这是因为项羽加害义帝。如今曹操，犹如过去项羽，将军您怎么可能成为齐桓公、晋文公呢？以鲁肃私见，汉朝廷已不可复兴，曹操也不可一下子就能除掉。为将军考虑，只有鼎足江东，以观天下变幻形势。天下局势如此，据有一方自然也不会招来嫌猜忌恨。为什么呢？因为北方正是多事之秋。您正好趁这种变局，剿除黄祖，进伐刘表，尽力占有长江以南全部地方，然后称帝建号以便进而夺取天下，这有同汉高祖建立大业啊！"孙权又说："我如今尽一方之力，只是希望辅佐汉室而已，你所说的非我所能及。"

刘表病死。鲁肃向孙权进言："荆楚之地与我们江东邻接，顺水而往可达北方，外连江、汉，内隔山陵，有如金城坚固，沃野万里，士民富足，如果占有这块地盘，就是打下了建立帝王之业的基础。如今刘表刚刚去世，两个儿子素来不和，军中的将领也由此分为两派。加之刘备是天下枭雄，与曹操存在矛盾，寄身在刘表那里，刘表嫉妒他的才能而不敢重用。如果刘备与刘表的儿子们协力同心，上下合力，我们则应该安抚他们，与他们结盟友好；如果他们之间离心离德，我们就应另作打算，以成就自己的大事。我请求奉命前往荆州向刘表的儿子们吊唁，并慰劳他们军队中的将领，以及劝说刘备安抚刘表的部下，同心一意，共同对付曹操，刘备一定乐于从命。如果这件事处理得好，则天下就可以平定了。现在如不速去荆州，恐怕让曹操赶做在前面了。"说完，鲁肃提出代表孙权去荆州吊丧，了解情况。孙权批准了他的请求。

【简评】

诸葛孔明和鲁肃不约而同预见到了三足鼎立的局面，这不能不说是他们多年潜心研究天下大势的成果，这需要持续、系统、专业的研究才可能做得到，这种结论的预测对照实际的结果，就体现了社会科学学科强大的认识力和预测力。古代的政治家和谋略家都可以通过长期的观察、敏锐的感觉和冷静的分析，得到符合实际情况的结论，更何况现代当代的各国领导人、政治家等，坚持正确的逻辑和制度，反对错误的结论和教训，不正说明了哲学社会科学的重要性嘛！

◎ 案例：兰德公司准确预测中国出兵朝鲜的传闻及其他真实案例[①]

1950 年 6 月 25 日，朝鲜内战爆发。7 月 2 日美军介入战争，9 月 15 日，美军在仁川登陆成功，继而美军北上兵犯鸭绿江。在美国当局为军事上的胜利得意之时，一些头脑冷静的政府官员和战略思想家都担心中国政府会出兵朝鲜。在政府外，一些了解、研究中国问题的学者也对这一关乎美国战略胜败的问题展开了研究。

后悔一万年！美国只因为七个字，栽倒在朝鲜战场。

成立于 1948 年的智囊机构兰德公司（RAND）在朝鲜战争刚开始，就投

---

① 吴浩. 兰德公司：预测中国出兵朝鲜 美国军界不以为然 [J]. 瞭望东方周刊. 2013－07－30.

入大量人力和资金对该问题进行研究。兰德的专家们通过对朝鲜战争的综合分析，结合对中国民族性和中国内政、外交形势的研究，最后写出了一份重要的研究预测报告，该报告可用七个字概括："中国将出兵朝鲜"。

起初，兰德这一报告向五角大楼的开价是 200 万美元。但最高决策层和军界的高级官员认为中国部队绝不会进入朝鲜和以美国为首的"联合国军"作战。在他们看来，中国刚经历了八年抗日战争和三年内战，无论从人力和财力上看都不具备出兵朝鲜的可能。此外，国防部认为兰德的研究报告要价太高，于是没有理睬。

10 月 25 日，中国军队果真进入朝鲜参战，美国国防部看到兰德的预测变成现实，追悔莫及，朝野也一片哗然。1953 年朝鲜战争结束后，五角大楼为了全面检讨在朝鲜战争中的决策失误，终究以 200 万美元的价钱买回了那份早已过时的报告。当然，比之代价更昂贵的是成千上万名美军官兵命丧朝鲜半岛，而兰德公司却由此名闻遐迩。

这个故事，可能只是一个传闻，或者趣闻。但它反映了美国在朝鲜战争刚开始时的狂妄自大，中国志愿军出兵后的彷徨和惊恐，以及朝鲜停战协定签订后的无奈和失落。当时，兰德公司欲以 200 万美元将研究报告转让给五角大楼，但美国军界高层对兰德的报告并不感兴趣。在他们看来，当时的新中国无论人力财力都不具备出兵的可能性。然而，战争的发展和结局却被兰德准确言中。这一事件让美国政界、军界乃至全世界都对兰德公司刮目相看。

第二次世界大战结束后，美苏称雄世界。美国一直想了解苏联的卫星发展状况。1957 年，兰德公司在预测报告中详细地推断出苏联发射第一颗人造卫星的时间，结果与实际发射时间仅差两周，这令五角大楼震惊不已。兰德公司也从此真正确立了自己在美国的地位。此后，兰德公司又对中美建交、古巴导弹危机、美国经济大萧条和德国统一等重大事件进行了成功预测，这些预测使兰德公司的名声如日中天，成为美国政界、军界的首席智囊机构。

【简评】

预测可能成功，也可能不成功。但这不能否认智库存在的必要性。只要有足够的信息，并坚持科学系统的研究，就可以把握社会的规律或规律性，进而在一定范围内预测社会某种发展趋势。

✐ 案例：毛泽东的《持久战》指导中国军民取得抗战胜利①

1937 年 7 月 7 日夜，日本侵略军在北平西南卢沟桥制造借口突然袭击当地中国驻军，蓄谋已久的全面侵华战争爆发了。抗日战争全面爆发后，尤其是"八·一三"淞沪抗战之后，日本侵略军长驱直入，在上海、南京一带步步进逼，国内"亡国论"一度甚嚣尘上。可是不到半年，八路军一一五师在平型关伏击日本精锐板垣师团，歼敌千余人。徐州会战，李宗仁率部击毙敌人一万多人。捷报传来，以蒋介石为代表的一些人被胜利冲昏了头脑，一反过去的悲观情绪，唱起"速胜论"的高调来。在我们党内，也有人受机会主义的影响，说什么顶多四年就能打败日本侵略者。

为了彻底批驳"亡国论"和"速胜论"，摆脱错误抗战路线的干扰，把全国军民思想统一到"持久抗战、夺取抗战最后胜利"的轨道上来，并为持久抗战提供科学的理论根据，毛泽东决定写一部论持久抗战的理论专著。

早在 1936 年 7 月，抗日战争还没有开始时，毛泽东就在延安同美国记者斯诺的谈话中说过："中日早晚要打一仗；中日这一战，是持久的。"他还向斯诺谈到了打持久战的各项方针。1937 年，抗日战争刚刚开始时，毛泽东又指出，中日之间的最后胜负，要在持久战中去解决。

抗日战争将会如何发展、怎样进行、结局如何？这些问题成了必须正确回答的头等重要的问题。为了解答这些问题，指导中国人民正确进行抗日救国战争，1938 年初，毛泽东开始夜以继日地潜心写作《论持久战》。为了写好这部专著，毛泽东查阅了大量资料，拟定下详细的写作提纲，然后集中精力写作，从 1938 年 5 月上旬开始，仅仅用不到十天的时间，5 万字的军事理论著作《论持久战》就一气呵成了。

1938 年 5 月 26 日至 6 月 3 日，毛泽东在延安抗日战争研究会上以《论持久战》为题发表了演讲。这一部 5 万多字的伟大著作诞生了。毛泽东在《论持久战》中分析了中日双方相互矛盾着的四个基本特点（即敌强我弱、敌小我大、敌退步我进步、敌寡助我多助），作出了中国不会灭亡，也不能速胜，只要经过艰苦、持久的抗战，最后的胜利一定属于中国的正确结论。

---

① 案例文字来源于刘继兴《毛泽东名著〈论持久战〉背后的故事》，载《天津日报》，2014－09－22；张诚《毛泽东夜以继日写作鸿篇巨著〈论持久战〉》，人民网－中国共产党新闻网，2015－07－28。

《论持久战》深刻分析了中日双方的情况，指出了中国人民经过长期抗战取得最后胜利的客观依据，科学地预见到抗日战争将经过战略防御、战略相持和战略反攻3个阶段，并且分析了每个阶段的特点。《论持久战》强调"兵民是胜利之本"，指出抗日战争胜利的唯一正确道路是充分动员和依靠群众，实行人民战争。它以强大的说服力及时回答了抗日军民头脑里的种种问题，给了人民以战胜侵略者的信心、勇气、力量和战略战术。

武汉会战结束后，在陪都重庆，周恩来第一次向白崇禧介绍了《论持久战》。其时，国民党内也一直存在着"持久战"的论调，只不过没有人对此进行过探究，更没有人系统而深入地进行阐发。据白崇禧当时的秘书程思远回忆，白崇禧听完周恩来的介绍，有着十分的兴趣，他让周恩来一定送给他一本。在得到这册《论持久战》后，白崇禧进行了认真研读。读完后，白崇禧拍案赞赏，对程思远说："这才是克敌制胜的高韬战略！"

白崇禧在国民党上层不断宣扬、介绍"持久战"理论，很快在当时中国军事界产生了重大影响。白崇禧为毛泽东"论持久战"理论和观点所折服，甚至还将毛泽东叹为军事天才，这些都逐渐传到了蒋介石耳中，并引起他的注意。白崇禧趁此向蒋介石转述了《论持久战》的主要精神，并让程思远送了一册过去。在蒋介石的支持下，白崇禧把《论持久战》的精神归纳成两句话："积小胜为大胜，以空间换时间"，并在取得周恩来的同意后，由军事委员会通令全国，把《论持久战》作为抗日战争中的战略指导思想。《论持久战》的发表在国民党高层领导人中也引起了很大震动。

中国战区美军司令官史迪威将军只看了一遍《论持久战》，就认定这是一部"绝妙的教科书"，他更清楚地认识到八路军、新四军与日军浴血奋战，在敌后建立抗日根据地的地位和作用，认定抗战的最后胜利一定属于中国。他建议美国政府"加快对华援助"，向中共提供有限数量的武器装备，一定会加快胜利的到来。

值得一提的是，国民党军委会政治部部长陈诚，他是黄埔军校出身，恃才自傲。周恩来向他介绍了《论持久战》的基本思想，并送给他一本《论持久战》单行本。他一开始认为这是毛泽东故意炒作的，因而不屑一顾。1938年10月下旬，武汉失守，继而长沙沦陷，抗战形势的发展确如毛泽东所预见的那样，陈诚才意识到抗战的艰巨性、复杂性和持久性，于是重新捧起《论持久战》仔细研读。他为毛泽东的精辟分析和科学预见所折服，并结合战例在该书的书眉上写了许多批注，并特地请周恩来到湖南衡山给军官训练学员讲授毛泽东的《论持久战》和《抗日游击战争的战备问题》。这本有陈诚批注的《论持久战》至今仍存放在台北陈诚私人图书馆里。

余致浚，中共地下党党员，抗日战争初期在赣南打入国民党机关，担任蒋经国的"私人秘书"。在他逝世后，他的家人发现一份材料，里面提到：蒋经国非常佩服毛泽东写的《论持久战》，仔细反复阅读过七八次之多。余致浚遗留手稿中的这份材料里，记载了蒋经国与他的一次谈话：

"1940 年初的一个傍晚，从抗日前线传来胜利大捷的喜讯，大家都非常高兴。这是一个晚饭后，我正在办公室赶写社论，政工大队队长张腾龙来找我，我们就兴高采烈地谈起了近日从前线不断传来的捷报。这时，蒋经国突然闯进来了，问我们什么事这么高兴……""我们正继续谈到前线喜讯时，蒋经国突然把谈锋转到毛泽东的《论持久战》了。平时我们谈话从来不涉及有关中共领导方面的问题，而蒋现在却主动提出来，我们自然是仔细聆听。他对《论持久战》佩服得五体投地。他说，文章对于抗日战争的形势、战争发展的几个阶段、战争形式的运用，以及战争过程中可能出现的困难和问题，分析得十分深刻，有很大的预见性和说服力，读了叫人万分信服。他还说，他已阅读过七八遍了，有时间还要下工夫去钻研。同时，他从书架上取出一本《论持久战》的单行本，全书已翻阅得很旧了，书上红蓝铅笔画的道道、圈圈密密麻麻，书边周围写满了中文和俄文，看来他对这本小册子非常喜爱，是认真阅读过的。"

《论持久战》在成为国共两党领导抗战的共识之外，在国际上也引起了重大反响。当时周恩来寄了一册给香港的宋庆龄。读完文章后，宋庆龄深为认同毛泽东鞭辟入里的分析判断，她找到自己亲近的朋友爱泼斯坦等人把《论持久战》翻译成了英文，准备在海外出版。毛泽东得知后，特意为英文本写了序言："希望此书能在英语各国间唤起若干的同情，为了中国的利益，也为了世界的利益。"

【简评】

抗日战争的全过程证明，《论持久战》是完全正确的。自这部伟大的著作诞生以来，它获得了无数国内外读者的钦佩。它不仅是一部兵书，也是一部战略书，更是一部社会科学的光辉名著！现在读来也不禁让人拍案称绝！

随着自然科学与社会科学的交叉融合，许多自然科学常用的研究方法在社会科学研究中也被广泛应用。同样，社会科学也能给自然科学研究带来更加深刻和广阔的思维背景。①社会科学的门类很多，它包括哲学、政治学、经济学、军事学、外交学、法学、教育学、文艺学、史学、语言学、宗教学、社会学等，其共同之点在于都是以社会资源或与之相关的要素作为研究对象。同自然科学一样，这些学科对促进一个国家乃至世界的繁荣也是至关重要的。因此，对社会科学也应像对自然科学一样，给予充分的尊重和重视。社会科学的科学性来自于经过社会实践检验过的社会科学内容。如同自然科学一样，社会科学中有一部分内容也是假说，也没有经过社会实践检验，甚至有可能是错误的学说，但这些都是人类对社会资源运动和发展规律的探索性认识。自然资源是看得见、摸得到的一种客观存在物质，其形式上和内容上都是客观的。社会资源与自然资源有所不同。社会资源形式上具有主观性，但其内容上却是客观的，形式和内容呈现"二律背反"。研究社会资源一般和特殊规律的科学——社会科学，同自然科学一样，也具有科学性。新资源理论认为，社会资源在当今时代发挥着比自然资源更为重要的作用，承认社会资源的客观性，也就必然要求承认社会科学的科学性，要求人们尊重社会科学。既然社会科学也是科学，我们就应当像对待其他科学一样对待它。我们在理解"科学技术是第一生产力"的时候，没有任何理由把社会科学排斥在外。

现在的实际情况不是投入支持太多，恰恰是投入支持太少。在美国，大学教授有很高的社会地位和良好的待遇，是一个知识分子梦寐以求的职业，这造成了美国大学师资的良性循环：良好的待遇提升师资水平，师资上升使学生崇拜老师，学生的崇拜使老师社会地位提升，高的社会地位导致待遇继续提高。而中国社会研究者的薪资，远远落后于业界，仅仅维持生计，这形成了一个恶性循环——待遇不好造成社会科学工作者的社会地位降低，低的社会地位导致待遇更上不来。多数社会科学工作者付出的辛苦劳动和他们所能得到的物资报酬不成比例，这也是对社会科学人才资源的损害的一种表现。生活待遇的提供应当使得社会科学工作者安心研究，特别是那些专门从事研究的人员，更应当

---

① 如爱因斯坦的理论物理研究深受康德哲学影响。

由国家资助保证他们的生活待遇，中国是人才稀缺国度，如果以硕士、博士为研究主体的社会科学工作者还要为自己养家糊口而四处奔波，如果他们的生活水平不能居于让社会尊重的水平，这就是国家的悲哀。改革开放以来，曾经有"搞导弹的不如卖茶蛋的"说法，后来国家提高了知识分子待遇，情况略有好转，但是，应当看到，在国家经济高速增长同时，知识分子的收入调整速度如果不能及时跟上，其生活待遇实际上就是在下降，更不用说要考虑到物价上涨因素了。

以基础理论以及政策研究为对象的社会科学工作者不同于自然科学工作者，前者的工作无法直接转化为产品，而是通过为国家提供新理论、新知识、新思想、新观念，提高社会资源素质而发挥作用的，社会科学的使用主体应当是国家。社会科学研究的科学化过程也是研究复杂性逐渐增强的过程，许多项目和课题的研究与自然科学的研究一样，需要大量人力、物力和财力的支持。不仅仅现在历史学和考古学需要国家社会科学基金的资助，经济学、管理学、法学等所有的人文社会科学研究都需要国家社会科学基金的资助。虽然目前的基金评审过程存在需要进一步完善之处，但不能因此否认国家社科基金资助的必要性。人文社会科学研究中的需要纯理论问题属于市场失效领域，而且其中所需的经费往往是个人财力所无法承担的。我国的社会科学基金资助力度还有待加强。政府应当拿出必要的政策，大力支持社会科学基础理论研究。民间基金是未来社会科学研究重要资助来源，但目前我国民间基金有限，远水解不了近渴，国家社科基金还是应该负起重责！①

历任党和国家领导人都对哲学社会科学有过论述。我们党历来高度重视哲学社会科学。革命战争年代，毛泽东同志就说过，必须"用社会科学来了解社会，改造社会，进行社会革命"。毛泽东同志就是一位伟大的哲学家、思想家、社会科学家，他撰写的《矛盾论》《实践论》等哲学名篇至今仍具有重要指导意义，他的许多调查研究名篇对我国社会作出了鞭辟入里的分析，是社会科学的经典之作。进入改革开放历史新时期，邓小平同志指出："科学当然包括社会科学。""政治学、法学、社会学以及世界政治的研究，我们过去多年忽视了，现在也需要赶快补课。"江泽民同志指出："在认识

---

① 杨志勇. 社会科学研究为什么要与自然科学研究攀比［J］. 财税评论. 2008 – 08 – 27.

和改造世界的过程中，哲学社会科学与自然科学同样重要；培养高水平的哲学社会科学家，与培养高水平的自然科学家同样重要；提高全民族的哲学社会科学素质，与提高全民族的自然科学素质同样重要；任用好哲学社会科学人才并充分发挥他们的作用，与任用好自然科学人才并发挥他们的作用同样重要。"胡锦涛同志说："应对激烈的国际综合国力竞争，在不断增强我国的经济实力的同时增强我国的文化创造力、民族凝聚力，增强中华文明的影响力，迫切需要哲学社会科学发展具有中国特色的学科体系和学术思想。"党的十八大以来，党中央继续制定政策、采取措施，大力推动哲学社会科学发展。习近平总书记说：哲学社会科学是人们认识世界、改造世界的重要工具，是推动历史发展和社会进步的重要力量，其发展水平反映了一个民族的思维能力、精神品格、文明素质，体现了一个国家的综合国力和国际竞争力。一个国家的发展水平，既取决于自然科学发展水平，也取决于哲学社会科学发展水平。一个没有发达的自然科学的国家不可能走在世界前列，一个没有繁荣的哲学社会科学的国家也不可能走在世界前列。坚持和发展中国特色社会主义，需要不断在实践和理论上进行探索、用发展着的理论指导发展着的实践。在这个过程中，哲学社会科学具有不可替代的重要地位，哲学社会科学工作者具有不可替代的重要作用。[1]

科学是一种用逻辑和概念等抽象形式反映自然界与人类社会的学问和方法，科学的任务是揭示事物发展的客观规律，探求客观真理并使之作为人们改造世界的指南。离开科学知识，就不会有生产的现代化和社会的现代化。社会现象和自然现象的发现、认识都需要科学。科学是关于社会现象和自然现象发展规律的学问，完整意义上的科学是自然科学和社会科学的有机综合。科学的这两个方面同等重要，任何一个方面都不容忽视。在我们确立了经济资源也包括社会资源这一新资源观后，相应的，研究社会资源运动规律的社会学科也自然成为科学，因此，尊重社会科学、发展社会科学是从新资源理论得到的第一个重要启示。图7-1描述了两类科学的同等重要性。

---

[1] 习近平在哲学社会科学工作座谈会上的讲话，2016年5月17日。

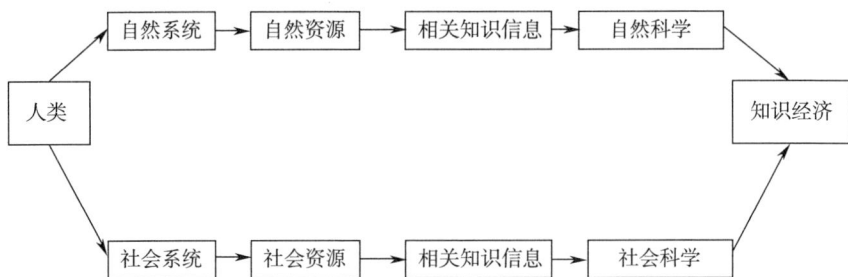

图 7 - 1   自然科学和社会科学的同等重要性

◎ 案例：习近平讲话必将成为促进中国哲学社会科学发展的重要文献

2016 年 5 月 17 日，习近平总书记在哲学社会科学工作座谈会上发表讲话。

习近平指出，哲学社会科学是人们认识世界、改造世界的重要工具，是推动历史发展和社会进步的重要力量，其发展水平反映了一个民族的思维能力、精神品格、文明素质，体现了一个国家的综合国力和国际竞争力。一个国家的发展水平，既取决于自然科学发展水平，也取决于哲学社会科学发展水平。一个没有发达的自然科学的国家不可能走在世界前列，一个没有繁荣的哲学社会科学的国家也不可能走在世界前列。坚持和发展中国特色社会主义，需要不断在实践和理论上进行探索、用发展着的理论指导发展着的实践。在这个过程中，哲学社会科学具有不可替代的重要地位，哲学社会科学工作者具有不可替代的重要作用。

习近平指出：坚持和发展中国特色社会主义必须高度重视哲学社会科学

新形势下，我国哲学社会科学地位更加重要、任务更加繁重。面对社会思想观念和价值取向日趋活跃、主流和非主流同时并存、社会思潮纷纭激荡的新形势，如何巩固马克思主义在意识形态领域的指导地位，培育和践行社会主义核心价值观，巩固全党全国各族人民团结奋斗的共同思想基础，迫切需要哲学社会科学更好发挥作用。面对我国经济发展进入新常态、国际发展环境深刻变化的新形势，如何贯彻落实新发展理念、加快转变经济发展方式、提高发展质量和效益，如何更好保障和改善民生、促进社会公平正义，迫切需要哲学社会科学更好发挥作用。面对改革进入攻坚期和深水区、各种深层次矛盾和问题不断呈现、各类风险和挑战不断增多的新形势，如何提高改革决策水平、推进国家治理体系和治理能力现代化，迫切需要哲学社会科学更好发挥作用。面对世界范围内各种思想文化交流交融交锋的新形势，如何加快建设社会主义文化强国、增强文化软实力、提高我国在国际上的话语权，迫切需要哲学社会科学更好发挥作用。面对全面从严治党进入重要阶段、党面临的风险和考验集中显现的新形势，如何不断提高党的领导水平和执政水平、增强拒腐防变和抵御风险能力，使党始终成为中国特色社会主义事业的坚强领导核心，迫切需要哲学社会科学更好发挥作用。

总之，坚持和发展中国特色社会主义，统筹推进"五位一体"总体布局和协调推进"四个全面"战略布局，实现"两个一百年"奋斗目标、实现中华民族伟大复兴的中国梦，我国哲学社会科学可以也应该大有作为。

面对新形势、新要求，我国哲学社会科学领域还存在一些亟待解决的问题。比如，哲学社会科学发展战略还不十分明确，学科体系、学术体系、话语体系建设水平总体不高，学术原创能力还不强；哲学社会科学训练培养教育体系不健全，学术评价体系不够科学，管理体制和运行机制还不完善；人才队伍总体素质亟待提高，学风方面问题还比较突出，等等。总的来看，我国哲学社会科学还处于有数量缺质量、有专家缺大师的状况，作用没有充分发挥出来。改变这个状况，需要广大哲学社会科学工作者加倍努力，不断在解决影响我国哲学社会科学发展的突出问题上取得明显进展。

历史表明，社会大变革的时代，一定是哲学社会科学大发展的时代。当代中国正经历着我国历史上最为广泛而深刻的社会变革，也正在进行着人类历史上最为宏大而独特的实践创新。这种前无古人的伟大实践，必将给理论创造、学术繁荣提供强大动力和广阔空间。这是一个需要理论而且一定能够产生理论的时代，这是一个需要思想而且一定能够产生思想的时代。我们不能辜负了这个时代。自古以来，我国知识分子就有"为天地立心，为生民立命，为往圣继绝学，为万世开太平"的志向和传统。一切有理想、有抱负的哲学社会科学工作者都应该立时代之潮头、通古今之变化、发思想之先声，积极为党和人民述学立论、建言献策，担负起历史赋予的光荣使命。

习近平指出：坚持马克思主义在我国哲学社会科学领域的指导地位

坚持以马克思主义为指导，是当代中国哲学社会科学区别于其他哲学社会科学的根本标志，必须旗帜鲜明加以坚持。

马克思主义尽管诞生在一个半多世纪之前，但历史和现实都证明它是科学的理论，迄今依然有着强大生命力。马克思主义深刻揭示了自然界、人类社会、人类思维发展的普遍规律，为人类社会发展进步指明了方向；马克思主义坚持实现人民解放、维护人民利益的立场，以实现人的自由而全面的发展和全人类解放为己任，反映了人类对理想社会的美好憧憬；马克思主义揭示了事物的本质、内在联系及发展规律，是"伟大的认识工具"，是人们观察世界、分析问题的有力思想武器；马克思主义具有鲜明的实践品格，不仅致力于科学"解释世界"，而且致力于积极"改变世界"。在人类思想史上，还没有一种理论像马克思主义那样对人类文明进步产生了如此广泛而巨大的影响。

即使在当今西方社会，马克思主义仍然具有重要影响力。在本世纪来临的时候，马克思被西方思想界评为"千年第一思想家"。美国学者海尔布隆纳在他的著作《马克思主义：赞成与反对》中表示，要探索人类社会发展前景，必须向马克思求教，人类社会至今仍然生活在马克思所阐明的发展规律之中。实践也证明，无论时代如何变迁、科学如何进步，马克思主义依然显示出科学思想的伟力，依然占据着真理和道义的制高点。邓小平同志深刻指出："我坚信，世界上赞成马克思主义的人会多起来的，因为马克思主义是科学。"

我国广大哲学社会科学工作者要自觉坚持以马克思主义为指导，自觉把中国特色社会主义理论体系贯穿研究和教学全过程，转化为清醒的理论自觉、坚定的政治信念、科学的思维方法。

坚持以马克思主义为指导，核心要解决好为什么人的问题。为什么人的问题是哲学社会科学研究的根本性、原则性问题。我国哲学社会科学为谁著书、为谁立说，是为少数人服务还是为绝大多数人服务，是必须搞清楚的问题。世界上没有纯而又纯的哲学社会科学。世界上伟大的哲学社会科学成果都是在回答和解决人与社会面临的重大问题中创造出来的。研究者生活在现实社会中，研究什么，主张什么，都会打下社会烙印。我们的党是全心全意为人民服务的党，我们的国家是人民当家做主的国家，党和国家一切工作的出发点和落脚点是实现好、维护好、发展好最广大人民根本利益。我国哲学社会科学要有所作为，就必须坚持以人民为中心的研究导向。脱离了人民，哲学社会科学就不会有吸引力、感染力、影响力、生命力。我国广大哲学社会科学工作者要坚持人民是历史创造者的观点，树立为人民做学问的理想，尊重人民主体地位，聚焦人民实践创造，自觉把个人学术追求同国家和民族发展紧紧联系在一起，努力多出经得起实践、人民、历史检验的研究成果。

习近平指出：加快构建中国特色哲学社会科学

哲学社会科学的特色、风格、气派，是发展到一定阶段的产物，是成熟的标志，是实力的象征，也是自信的体现。我国是哲学社会科学大国，研究队伍、论文数量、政府投入等在世界上都是排在前面的，但目前在学术命题、学术思想、学术观点、学术标准、学术话语上的能力和水平同我国综合国力和国际地位还不太相称。要按照立足中国、借鉴国外，挖掘历史、把握当代，关怀人类、面向未来的思路，着力构建中国特色哲学社会科学，在指导思想、学科体系、学术体系、话语体系等方面充分体现中国特色、中国风格、中国气派。

要围绕我国和世界发展面临的重大问题，着力提出能够体现中国立场、中国智慧、中国价值的理念、主张、方案。我们不仅要让世界知道"舌尖上的中国"，还要让世界知道"学术中的中国""理论中的中国""哲学社会科学中的中国"，让世界知道"发展中的中国""开放中的中国""为人类文明作贡献的中国"。

理论的生命力在于创新。创新是哲学社会科学发展的永恒主题，也是社会发展、实践深化、历史前进对哲学社会科学的必然要求。社会总是在发展的，新情况新问题总是层出不穷的，其中有一些可以凭老经验、用老办法来应对和解决，同时也有不少是老经验、老办法不能应对和解决的。如果不能及时研究、提出、运用新思想、新理念、新办法，理论就会苍白无力，哲学社会科学就会"肌无力"。哲学社会科学创新可大可小，揭示一条规律是创新，提出一种学说是创新，阐明一个道理是创新，创造一种解决问题的办法也是创新。

当代中国的伟大社会变革，不是简单延续我国历史文化的母版，不是简单套用马克思主义经典作家设想的模板，不是其他国家社会主义实践的再版，也不是国外现代化发展的翻版，不可能找到现成的教科书。我国哲学社会科学应该以我们正在做的事情为中心，从我国改革发展的实践中挖掘新材料、发现新问题、提出新观点、构建新理论，加强对改革开放和社会主义现代化建设实践经验的系统总结，加强对发展社会主义市场经济、民主政治、先进文化、和谐社会、生态文明以及党的执政能力建设等领域的分析研究，加强对党中央治国理政新理念新思想新战略的研究阐释，提炼出有学理性的新理论，概括出有规律性的新实践。这是构建中国特色哲学社会科学的着力点、着重点。一切刻舟求剑、照猫画虎、生搬硬套、依样画葫芦的做法都是无济于事的。

发挥我国哲学社会科学作用，要注意加强话语体系建设。在解读中国实践、构建中国理论上，我们应该最有发言权，但实际上我国哲学社会科学在国际上的声音还比较小，还处于有理说不出、说了传不开的境地。要善于提炼标识性概念，打造易于为国际社会所理解和接受的新概念、新范畴、新表述，引导国际学术界展开研究和讨论。这项工作要从学科建设做起，每个学科都要构建成体系的学科理论和概念。要鼓励哲学社会科学机构参与和设立国际性学术组织，支持和鼓励建立海外中国学术研究中心，支持国外学会、基金会研究中国问题，加强国内外智库交流，推动海外中国学研究。要聚焦国际社会共同关注的问题，推出并牵头组织研究项目，增强我国哲学社会科学研究的国际影响力。要加强优秀外文学术网站和学术期刊建设，扶持面向国外推介高水平研究成果。对学者参加国际学术会议、发表学术文章，要给予支持。

习近平指出：加强和改善党对哲学社会科学工作的领导

哲学社会科学事业是党和人民的重要事业，哲学社会科学战线是党和人民的重要战线。加强和改善党对哲学社会科学工作的领导，是繁荣发展我国哲学社会科学事业的根本保证。

构建中国特色哲学社会科学，要从人抓起，久久为功。哲学社会科学领域是知识分子密集的地方。目前，我国哲学社会科学有五路大军，我们要把这支队伍关心好、培养好、使用好，让广大哲学社会科学工作者成为先进思想的倡导者、学术研究的开拓者、社会风尚的引领者、党执政的坚定支持者。要实施以育人育才为中心的哲学社会科学整体发展战略，构筑学生、学术、学科一体的综合发展体系。要实施哲学社会科学人才工程，着力发现、培养、集聚一批有深厚马克思主义理论素养、学贯中西的思想家和理论家，一批理论功底扎实、勇于开拓创新的学科带头人，一批年富力强、锐意进取的中青年学术骨干，构建种类齐全、梯队衔接的哲学社会科学人才体系。要完善哲学社会科学领域职称评定和人才遴选制度，建立规范的奖励体系，表彰有突出贡献的哲学社会科学工作者，增强他们的荣誉感、责任感、获得感。宣传部门、组织人事部门、教育部门和高等院校、哲学社会科学研究机构、党校行政学院、党政部门所属研究机构、军队院校等要共同努力，形成培养哲学社会科学人才的良好激励机制，促进优秀人才不断成长。

要认真贯彻党的知识分子政策，尊重劳动、尊重知识、尊重人才、尊重创造，做到政治上充分信任、思想上主动引导、工作上创造条件、生活上关心照顾，多为他们办实事、做好事、解难事。领导干部要以科学的态度对待哲学社会科学，尊重哲学社会科学工作者的辛勤付出和研究成果，不要觉得哲学社会科学问题自己都能讲讲，不是什么大不了的学问。要主动同专家学者打交道、交朋友，经常给他们出题目，多听取他们的意见和建议。要加强哲学社会科学优秀人才使用，让德才兼备的人才在重要岗位上发挥作用。

百花齐放、百家争鸣，是繁荣发展我国哲学社会科学的重要方针。要提倡理论创新和知识创新，鼓励大胆探索，开展平等、健康、活泼和充分说理的学术争鸣，活跃学术空气。要坚持和发扬学术民主，尊重差异，包容多样，提倡不同学术观点、不同风格学派相互切磋、平等讨论。要正确区分学术问题和政治问题，不要把一般的学术问题当成政治问题，也不要把政治问题当做一般的学术问题，既反对打着学术研究旗号从事违背学术道德、违反宪法法律的假学术行为，也反对把学术问题和政治问题混淆起来、用解决政治问题的办法对待学术问题的简单化做法。

习近平号召：在中国特色社会主义发展历史进程中，我国广大哲学社会科学工作者天地广阔。希望大家不畏艰辛、不辱使命，以自己的智慧和努力，为实现"两个一百年"奋斗目标、实现中华民族伟大复兴的中国梦不断作出新的更大的贡献！

【简评】

习近平同志这个讲话本身就是一个很有分量的高水平学术报告。他不仅提出了重视哲学社会科学的态度和政策，还指出了哲学社会科学怎么样服务于中华民族的具体路径。这篇讲话从实践出发，理论紧密结合实际。因此，这是所有从事哲学社会科学研究的工作者都应该给予高度重视和认真学习的一篇重要文献。

启示二：推进制度改革，鼓励制度创新

制度是资源的含义是：好的制度可以产生激励效应，可以产生更高的效率，创造出更多的财富；坏的制度压抑人们的积极性和创造性，使经济运行低效率，甚至导致资源浪费。各国经济增长的快慢、社会发展之间的差距，表面上看是因为自然资源丰歉、科学技术含量、人才数量和素质等方面存在差距，其实更为根本的差异在于制度效率不同。所以，衡量制度的好与坏，首要是看效率，即制度配置其他资源的效率。能以更高的效率来配置其他资源的制度就是更好的制度资源，这是评价制度资源质量的首要标准。当然，好的制度资源还应是稳定的、协调的，可以排除社会对立和调解利益冲突。

在实行改革开放以前，僵化的制度是中国经济增长的主要障碍。旧制度的僵化主要表现在两个方面：单一的所有权制度和高度集中的资源配置机制。在计划经济体制下，整个社会劳动的激励严重不足。人们从事经济活动的努力是很有限的，创新也只能是一种自发的、偶然的、零星的活动，人们普遍选择"搭便车"和随遇而安的生存策略。同时，经济组织和管理经济的方式严重政治化，产权主体不明晰，资源配置机制互动不强，联系不畅，交易成本极高，经济效率低下，经济的实际增长率总是局限在自然增长率的范围内。

逐步完善和推广的改革开放政策打破了约束经济增长的制度瓶颈，成为促进中国经济增长的第一大引擎。①改革把人们的努力与报酬紧密联系起来，给人们提供了寻求和把握经济机会的自由，缩小了原来在创新活动中存在的个人收益与社会收益的巨大差距，使得个人从事创新活动的积极性大大增强，提高了经济组织的效率，从而产生了制度激励效应。1953 年至 1977 年中国产出平均增长率为 6.9%，1978 年至 1995 年中国产出平均增长率是 10.1%。在这前后相继的两个阶段中，中国在技术的创新和运用方面有进步但是并没有取得突破性的进展，在制度改革方面却有实质性的变化。由此可见，制度改革是这一时期中国经济增长的主要原因。中国的制度改革和创新对于经济增长的推进作用十分明显。②

在全球性经济竞争中，决定胜负的关键因素是人力资源，而不是资本或物质资源。而要使已有的人力资源充分发挥作用，则要靠恰当的激励制度。企业

---

① 这些改革主要包括：1978 年前后在农村全面推广的家庭联产承包责任制；从 1984 年起在城市逐渐展开的放权让利和利改税；1992 年开始建立的社会主义市场经济和现代企业制度经济。

② 在改革开放取得重大突破的 1978 年、1984 年和 1992 年，也就是中国制度创新的边际收益最大的几年，中国的经济增长率（按国内生产总值衡量）依次是 11.7%、14.7% 和 14.1%，分别是三个不同时期的高峰。

竞争、国家竞争归根结底是制度效率的竞争，是约束和激励制度的竞争。到目前为止，中国还没有完全彻底地克服困扰经济增长的制度症结，一些旧制度对于经济增长的压抑现象依然存在，所以，以制度创新为重心的改革所释放出来的经济增长潜能也非常强劲。旧制度的产生和存在有着深厚的历史、政治甚至文化上的渊源，新制度的建立不是一朝一夕所能完成的。在中国，制度创新应当是促进经济增长的一项经常性工作。我们应当看到，经过二十多年的改革开放，制度改革的方向是积极的，中国的经济增长还有广阔的制度改革和创新空间。而要制度创新，必须与时俱进，解放思想，更新观念。

◎ 案例：中国农村家庭联产承包责任制的由来和发展[①]

20 世纪 70 年代末，位于江淮之间的皖东农村生产停滞、经济困难。滁县地区农村人均口粮只有 500 斤左右，社员集体分配的人均年收入只有 70 元左右。在定远、凤阳、嘉山等贫困县，不少社员人均口粮只有 300 斤左右，人均年收入只有 50 元左右。一些地方合作化以后 20 多年来的集体积累，折价不够抵偿国家银行贷款。从 20 世纪 60 年代初开始，每到冬春季，全地区总有大批农民扶老携幼，逃荒要饭。1978 年，滁县地区遭受了百年未遇的特大旱灾，粮食大减产，农村经济岌岌可危，农民愁思百结，干部焦虑万分。正是在这种情况下，农民群众发起了对旧的农村经济体制的冲击。

1978 年 9 月，滁县地委召开全区四级干部会议。此时党的十一届三中全会还没有召开，极"左"路线和思想还没得到清算。但是，"实践是检验真理的唯一标准"的大讨论已经进行了几个月，"两个凡是"的观点正在受到质疑，各级干部群众的思想正在活跃起来。会上，许多公社书记提出一个尖锐的问题：我国农业长期上不去，原因究竟在哪里？一个公社上不去，两个公社上不去，为什么全区 240 多个公社都上不去？难道我们这些公社书记都是笨蛋吗？

他们强烈要求地委解放思想，放手让下面干，干上去了不求表扬，干不上去自动下台。分组讨论中，来安县和天长县一些公社介绍了他们试行的包产到组、以产计工、小宗作物田间管理责任到人、超产奖励的责任制以及对基层干部按工作实绩进行奖励等行之有效的办法，引起了与会干部的极大兴趣。但这

---

① 案例文字来源于安徽省原省长王郁昭《中国农村家庭联产承包责任制的由来和发展》，中国农村综合改革研究网，2015 - 05 - 30。

些办法在当时还属"禁区",被称为"秘密武器",只能暗中实行。会后,地委一方面把情况向省委第一书记万里作了汇报,另一方面组织人员到这些社队进行调查。

早在 1977 年春,地委曾从抓年终分配入手,在全区推行了"一组四定"责任制,即"划分作业组,实行定任务、定时间、定质量、定工分"。这种责任制在当时有一定的积极作用,但由于不联产,不能克服分配上的平均主义,农民并不满意。不久,来安县烟陈公社魏郢生产队采取包产到组、以产计工、超产奖励、减产赔偿的办法,增产效果十分显著。1978 年全公社许多生产队因大旱粮食减产,这个生产队却增产 30%。天长县新街公社在抗旱中实行棉花管理责任到人、超产奖励的责任制,单产提高 89.6%。联产计酬责任制的出现和成功使地委的思想大大解放了一步,在万里的支持下,地委以文件的形式将几个典型调查报告印发全区,要求各县先在一个大队或一个公社试点,取得经验后再逐步推广。但是,文件下达后,各县纷纷要求扩大试点范围,许多社队干部群众上门争当试点。随后,一些不是试点的生产队也自发地干起来了。到 3 月底,全地区实行包产到组、包干到组、联产计酬的生产队已占生产队总数的 68.3%。

"双包到组"责任制的推行伴随着激烈的争论。反对者认为这种责任制不符合"三级所有,队为基础"的原则,是"三级半"所有,影响了农业集体化的性质,要纠偏。1979 年 3 月 15 日,报纸上发表了甘肃省一位读者的来信,标题是"三级所有、队为基础应当稳定"。来信人认为"现在实行三级所有、队为基础的体制,符合当前农村的实际情况,应当稳定,不能随便变更。轻易地从队为基础退回去,搞分田到组、包产到组,也是脱离群众、不得人心的,同样会搞乱三级所有、队为基础的体制,搞乱干部群众的思想,挫伤群众积极性,给生产造成危害。"报纸还加上编者按,指出要"坚决纠正"。发表在党报上的读者来信强烈地震动了滁县地区的干部和群众。有一些同志心有余悸,认为读者来信有"来头",惶恐不安。

针对干部群众思想上出现的波动,地委认真学习了党的十一届三中全会的文件,特别是认真学习邓小平的讲话《解放思想,实事求是,团结一致向前看》。认为应当实事求是地看待农民群众创造的责任制形式;评价这些责任制形式的优劣,应当从实践出发,而不能从条条框框出发。实践已经证明,这些责任制形式受到农民的欢迎，并且促进了生产的发展。随后，地委向各县发出电话通知，明确指出：各种形式的联产责任制是符合党的十一届三中全会精神的，当前春耕生产已经开始，各种责任制形式都应当稳定下来，不要变来变去。各县县委态度坚决，有的表示"春耕已经开始，就是刀架在脖子上也不能动摇"。中共安徽省委第一书记万里明确指出："三级半有什么不好？这是经济核算嘛，四级核算也可以，家庭也要搞核算，那不是五级吗？"并指出：作为报纸发表各种不同意见都是可以的，别人可以写读者来信，你们也可写读者来信。这好比乘公共汽车一样，别人打票乘车，你也可以打票乘车。究竟什么意见符合人民的根本利益，要靠实践来检验，绝不能读了人家一封信就"打退堂鼓"。

1979 年秋收以后，地委主要负责同志亲自带领全区公社书记到最早实行大包干到组的凤阳县岳林大队开现场会。会上没做任何报告，也没有表扬谁批评谁，在简单地介绍了一些情况后便请与会人员愿意到哪家看就到哪家看，愿意找什么人谈就找什么人谈。农民的呼声和丰收的事实打动了大家，特别是说服了那些对包产到组、包干到组有种种疑虑甚至非议的同志。干部认识的统一推动了双包到组在全区更大范围内展开。"双包到组"的推行，其意义不仅在于这种责任制形式实现了由不联产向联产的转变，更重要的是它为包干到户在滁县地区的兴起从思想上和实践上开辟了道路。

联产计酬的"双包到组"比不联产计酬的"一组四定"虽大大前进了一步，但农民并不满足。承包到组虽然克服了生产队集中劳动的"大呼隆"，打破了生产队的"大锅饭"，但又出现了作业组的"二锅饭"。个人责任不明确，劳动者的利益不能直接体现出来，劳动者的积极性得不到充分的发挥。农民向往的是联产承包到户。1978 年底和 1979 年初，全区已有部分生产队暗中搞了联产承包到户，主要是包产到户，增产效果显著。

"包产到户"过去长期被当做在农村复辟资本主义的具体表现进行批判。它在皖东的重新大规模出现，招致了比承包到组更加强烈的非议和责难。滁县地区的左邻右舍在交界地带刷出"反对复辟倒退""抵制安徽的单干风"等大字标语。个别省的报纸甚至准备了十几个版面，声称要对安徽的包产到户"打排炮"。反对者凭借十几年大批判形成的"理论优势"咄咄逼人，许多干部、农民心里不踏实。面对挑战，没有现成的"本本"可查，只有到实践中去寻找答案和支持。来安县 1979 年粮食增产 4.4%，其中包产到户的队增产 37%，包干到组的增产 12.5%，包产到组的队增产 3.4%，仍然以队为基础，搞"大呼隆"的队减产 6.7%。嘉山、凤阳、定远等县也出现了队不如组、组不如户的普遍情况。实践是检验真理的唯一标准。生产的发展给了干部、农民大胆实践的勇气。尽管当时中央有关文件仍然明确规定除边远山区和交通不便的单家独户外，不准搞包产到户，但"包产到户"在皖东已经呈现出一种"满园春色关不住"之势，成为农民的自发选择。在省委的支持下，滁县地委顺应民心，积极引导，推动包产到户责任制迅速发展。据不完全统计，1979 年 8 月底，全区只有 87 个生产队搞了包产到户，同年年底发展到 2179 个，1980 年 4 月发展到 11549 个，占全区生产队总数的 48.4%。

与此同时，凤阳县小岗生产队首创了包干到户的责任制形式。1979 年初春，小岗生产队 18 户农民秘密开会，决定土地按人均平分到户，耕牛和大农具作价到户，农产品交售任务、还贷任务、公共积累和各类人员的补助款分摊到户。如果生产队长因此而坐牢，其余 17 户共同养活其家属。小岗农民首创的这种大包干责任制形式，比包产到户更向前迈进了一步。当年春天，小岗的做法并没有引起人们的特别关注。但是不久，这种做法的巨大优越性就迸发出来，吸引了其他地方的农民竞相仿效。联产责任制本身从承包到组向承包到户（主要形式是包产到户和包干到户）的演进，奠定了家庭联产承包制的基本格局。而大包干以其独具的优越性受到农民的特别拥护，终于成为家庭联产承包的主要形式。

1979 年 10 月下旬，地委领导们来到凤阳县小岗生产队。这是小岗生产队大包干后的第一个秋天。丰收说明了一切：全队粮食总产 13.2 万多斤，比上年增产六倍多，18 户农民中有 12 户收了 3 万斤粮；油料总产 7.5 万斤，超过了合作化以来 20 多年油料产量的总和；社员人均收入 311 元，比上年增长六倍多。自 1957 年后 23 年以来，第一次向国家交售粮食和油料，分别超额完成任务 7 倍和 80 多倍。地委常委通过对小岗生产队的解剖分析，对双包到户的性质、作用等几个重大问题形成了统一的认识：（1）土地等主要生产资料所有权仍归集体，只是分户经营，不是分田到户；（2）生产计划由生产队统一下达，抗旱、防汛以及各种公差勤务由生产队统一安排，不是变相单干；（3）国家、集体、个人三者关系以及各种公益事业，年初通过合同的形式定下来，年终落实兑现，不是"富了个人，空了集体，穷了国家"。因而不论是包产到户还是包干到户，都是坚持社会主义方向。明确了这一点，对于坚定信心，统一认识，实事求是地解决问题，具有重要意义。当时地委没有对承包到户下禁令，而是同意继续承包，准许小岗再干三年。

1980年春节前夕，万里又来到滁县地区，在小岗生产队挨家看了一遍，只见各家各户凡是能装粮食的东西都装得满满的。他说："这样干形势自然就会大好，我就想这样干，就怕没人敢干。"当生产队反映有人指责小岗是"开倒车"时，万里当即表示："地委批准你们干三年，我批准你们干五年。只要能对国家多贡献，对集体能够多提留，社员生活能有改善，干一辈子也不能算开倒车。"这是多么大的鼓舞和支持啊！多年来尝够"左"的苦难的农民，心里一块石头落地了。有的社员顾不上与省委第一书记倾吐心声了，急忙回家炒了花生。这是大包干的丰收果。他们把炒熟的花生一把把地往万里及其随行人员大衣兜里装。万里落了泪，他语重心长地对随行的地、县负责人说："咱们不能再念紧箍咒了，你们说是不是？"回合肥后，他在省委常委会上捧出小岗生产队社员送的花生，给到会的同志吃，再一次说，不管什么办法，只要能增产增收，对国家能多贡献，集体能多提留，群众生活能够大改善，就是好办法。

1980年夏秋，围绕双包到户的争论在安徽省内外乃至全国上下激烈地进行。一些同志提出种种非议和指责，有的领导同志甚至想方设法加以阻挠。滁县地区的双包到户责任制承受着巨大压力。就在这个时候，地委主要负责同志在省委召开的一次会上看到了邓小平《关于农村政策问题》的内部讲话。讲话旗帜鲜明地支持了肥西的包产到户和凤阳的包干到户责任制："安徽肥西县绝大多数生产队搞了包产到户，增产幅度很大。凤阳花鼓中唱的那个凤阳县，绝大多数生产队搞了大包干，也是一年翻身，改变面貌。有的同志担心，这样下去会影响集体经济。我看这种担心是不必要的。实行包产到户的地方，经济的主体现在也还是生产队。这些地方将来会怎么样呢？可以肯定，只要生产发展了，农村的社会分工和商品经济发展了，低水平的集体化就会发展到高水平的集体化，集体经济不巩固的也会巩固起来。关键是发展生产力，要在这方面为集体化的进一步发展创造条件。""总的来说，现在农村工作的主要问题还是思想不够解放。"讲话以马克思主义的远见卓识，在我国农业面临向何处去的关键时刻，拨开迷雾，指明了前进的方向。地委负责同志回滁县后立即向各县委书记作了传达。在讲话精神的指导和鼓舞下，更加坚定了推行大包干责任制的信心和勇气。

大包干到户一出现，就以其独特的优越性，受到农民和农村干部的热烈欢迎。这种责任制形式"责任最明确、利益最直接、方法最简便"，同绝大多数农村的生产力水平、农民的经营水平、干部的管理水平相适应。大包干用农民自己的话说就是：国家的征购任务我们交，集体的提留我们给，剩下的随便有多少都在俺们的口袋里，以后更进一步概括为"大包干、大包干，直来直去不拐弯，保证国家的，交足集体的，剩下都是自己的"。大包干成为广大农民的自觉选择，扩展非常迅速。家庭联产承包初期搞的包产到户，基本上都迅速发展成为大包干到户。到 1981 年底，全地区实行大包干责任制的生产队占 99.5%。

皖东大地满园春色，引起了全国及全世界的瞩目。中央在 1980 年发了《关于进一步加强和完善农业生产责任制的几个问题的通知》的 75 号文件后，又连续几年发出中央 1 号文件，使大包干责任制迅速在全国普及开来，并不断得到完善，成为我国农村联产承包制的主要形式。1991 年，党的十三届八中全会通过了《中共中央关于进一步加强农业和农村工作的决定》，全面总结了十多年来农村改革的成功经验，再一次高度评价了家庭联产承包制，强调要长期坚持，不断完善。可以断言，以家庭联产承包为主要内容的农村改革，必将使广大农民从温饱达到小康水平，为建设具有中国特色的社会主义现代农业和新农村，为国家的繁荣昌盛作出更大的贡献。

【简评】

实践永远是第一位的，理论来源于实践。新事物或者创新从来都不是一帆风顺的，往往都是一波三折、曲曲折折。靠家庭联产承包制这个制度创新，中国基本解决了农业问题，更为进一步改革开放奠定了实践基础。

◎ 案例：成功的结售汇制度促进了外汇储备增长

人民币汇率机制经历了曲折的发展演变过程。我国的外汇体制改革也经历了一个由高度集中的计划管理模式，转变为在外汇留成和外汇上缴体制基础上的计划与市场结合的管理模式，然后再转变为建立在结售汇制上的以供求关系为基础、市场调节为主的管理模式。人民币汇率制度的演变以各阶段经济发展为基础，以各阶段经济体制改革为线索，以改革开放为分界点，可以分为三个阶段。改革开放前的人民币汇率安排大致可以划分为三个阶段，改革开放后我国汇率制度经历了三个阶段的演变。

1948 年 12 月 1 日，中国人民银行成立，并发行了统一的货币——人民币。人民币对西方国家货币的汇率于 1949 年 1 月 18 日率先在天津产生。全国各地区以天津口岸的汇率为标准，根据当地具体情况，公布各自的人民币汇率。1950 年全国财经工作会议以后，于同年 7 月 8 日开始实行全国统一的人民币汇率，由中国人民银行公布。1979 年 3 月 13 日，国务院批准设立国家外汇管理总局，统一管理国家外汇，公布人民币汇率。1994 年 1 月 1 日起，改由中国人民银行根据银行间外汇市场形成的价格，公布人民币汇率。

改革开放前的人民币汇率制度

1. 管理浮动制阶段（1949—1952 年）

人民币诞生初期，计划经济体制尚未建立，人民政府宣布人民币不以黄金为基础，在实际操作中实行的是管理浮动制。人民币对美元汇率根据人民币对美元的出口商品比价、进口商品比价和华侨日用生活费比价三者加权平均来确定。这段时期，人民币汇率确定的依据是物价，其作用实际上是调节对外贸易、照顾侨汇收入。

2. 固定汇率制度（1953—1972 年）

自 1953 年起，我国进入全面社会主义建设时期，国民经济实行计划化，物价由国家规定且基本稳定。这一时期的人民币汇率主要是用于非贸易外汇兑换的结算，按国内外消费物价对比而制定的汇率已适当照顾了侨汇和其他非贸易外汇收入，亦无调整的必要。由于在此阶段资本主义国家的货币实行固定汇率制度，汇率不常变动，因此人民币汇率亦保持稳定，实质上实行固定汇率制度。

3. 人民币实行"一篮子货币"盯住汇率制度（1973—1980 年）

1973 年 3 月，西方国家货币纷纷实行浮动汇率制度，汇率波动频繁。人民币对外比价要保持相对合理，就必须根据国际市场汇率的波动，相应地上调或下调。人民币汇率在固定汇率时期已确定的汇价水平的基础上，按"一篮子货币"原则，确定对西方国家货币的汇价。

改革开放后的人民币汇率制度

1. 实行贸易内部结算价（1981—1984 年）

为了鼓励出口、限制进口，加强外贸的经济核算和适应我国对外贸易体制的改革，从 1981 年起，我国实行两种汇价。一种是适用于非贸易外汇收支的对外公布的汇价；另一种是适用于贸易外汇收支的贸易外汇内部结算价。在此期间，我国实际存在着三种汇率：一是对外的，并适用于非贸易收支的官方牌价；二是适用于贸易收支的贸易内部结算价；三是外汇调剂市场的外汇调剂价。

2. 实行以美元为基准的有限弹性汇率制（1985—1993 年）

1985 年 1 月 1 日，我国停止贸易内部结算价的使用，贸易收支与非贸易收支均按官方牌价结算。贸易内部结算价虽然与官方牌价并轨，但调剂外汇市场仍然存在，实际上除官方牌价外，仍存在一个调剂外汇价。

3. 实行以供求为基础、单一的有管理的浮动汇率制度（1994—2005 年）

1994 年 1 月 1 日，我国对人民币汇率制度进行重大改革，实施以市场供求为基础的、单一的、有管理的浮动汇率制度。人民币汇率一步并轨到 1 美元兑换 8.70 元人民币，国家外汇储备大幅度上升。我国实行新的外汇管理体制。在这种新的体制下，人民币汇率有以下几个特点：一是人民币汇率不再由官方行政当局直接制定。二是由外汇指定银行制定出的汇率是以市场供求为基础的。三是以市场供求为基础所形成的汇率是统一的。四是实行参考"一篮子货币"进行调节的有管理的浮动汇率制度。自 2005 年 7 月 21 日起，我国开始实行以市场供求为基础，参考"一篮子货币"进行调节的、有管理的浮动汇率制度。人民币汇率不再盯住单一美元。（1）汇率调控的方式。实行以市场供求为基础、参考"一篮子货币"进行调节、有管理的浮动汇率制度。（2）中间价的确定和日浮动区间。中国人民银行于每个工作日闭市后公布当日银行间外汇市场美元等交易货币对人民币汇率的收盘价，作为下一个工作日该货币对人民币交易的中间价格。（3）起始汇率的调整。2005 年 7 月 21 日 19 时，美元对人民币交易价格调整为 1 美元兑 8.11 元人民币，作为次日银行间外汇市场上外汇指定银行之间交易的中间价，外汇指定银行可自此时起调整对客户的挂牌汇价。这一调整幅度主要是根据我国贸易顺差程度和结构调整的需要来确定的，同时也考虑了国内企业进行结构调整的适应能力。

1994 年以前，由于经济发展较为落后，对外贸易不发达，我国外汇储备一直平稳维持在较低水平。后来随着改革开放的深化，以及 1994 年 1 月 1 日开始实施银行结售汇制、汇率并轨等一系列外汇体制重大改革，人民币汇率由原来的双轨制转变为以市场供求为基础的、单一的有管理的浮动汇率制度。这些改革对激发经济活力、促进外贸增长起到了积极作用，中国外汇储备开始持续增长。除了改革的不断深化，中国在 2001 年加入 WTO 也极大促进了中国对外贸易，尤其是出口的增长。从 2001 年开始，中国外汇储备增长不断加快，并在 2014 年 6 月达到历史最高的 3.993 万亿美元。

【简评】

必须说，我国根据经济改革的实际情况推出的结售汇制度，在中国外汇储备积累为全球第一的过程中功不可没。这一制度设计是非常成功的。

⌘ 案例：医改市场化方向改革是一种失败

自我国实行医疗改革以来，我国医疗价格翻着跟头地上升，老百姓看不起病和住不起院的现象大量出现。对此，广大民众和媒体都认为我国医改是失败的。2015 年 2 月 6 日，国务院发展研究中心副研究员江宇撰文《医改不可犯"颠覆性错误"》，说医改存在"颠覆性错误"的危险，主要表现在医疗卫生市场化、商业化、私有化趋势取代了公益性、公平性和人人享有基本医疗卫生服务的方向。在"2016 中国企业家博鳌论坛"分论坛"健康中国"上，国家卫计委科技发展研究中心一位领导说，"很多改革总会有一部分人满意，唯有医改做到让所有人不满意，医生不满意、患者不满意、政府也不满意。"

市场主体的行为趋于追求利润的最大化。市场主体运作中追求尽量多利润，是按市场经济原则办事。但这样的行为，却不能完全用在医疗卫生上。医疗卫生事关广大人民群众的民生，具有普惠性，而现阶段医疗资源的相对不足，更加加剧了群众看病难、看不起病的状况。如果国家不予以政策性支持，放任医疗单位追求利润，使医院医疗、住院价格不断上涨，就会造成普通老百姓不敢去治疗和住院。在追求利润最大化的欲望上，公有或私有医疗企业是一样的。在医疗卫生这一领域，市场化是失灵和失效的。当事关人民生命健康的领域被当做赚钱行当来经营时，就会给和谐社会带来利益损害，人民群众也就没有经济发展的获得感。

【简评】

可以基本的判断，医疗卫生属于全社会需要的公共物品和特殊劳务，必须得到政府的政策性支持。哪怕亏钱也需要予以支撑，不能放任自流，放手不管。我国医疗体系的改革和制度建设尚有很大操作空间和创新余地。

案例：政策性金融研究促进金融体制改革

政策性金融研究是以白钦先教授为学术带头人的研究团队对中国金融理论研究乃至国际金融理论研究的突出贡献。白钦先教授对政策性金融的研究最初始于 20 世纪 80 年代初，系伴随着国家教委七五社科重点规划项目"各国金融体制比较的研究"而始。20 世纪 80 年代末期首次将政策性金融提高到国家战略的高度，并将其纳入国家金融体制改革的八大战略性选择之一。随后又专门立项国家教委的社科重点规划项目——"各国政策性金融体制比较研究"，开始了政策性金融的专项研究。在此基础上，伴随着中国经济体制与金融体制改革的深入，于 1993 年 2 月通过国家教委上呈中央有关领导同志提出"充分借鉴各国成功经验，尽速构筑中国的政策性金融体系的建议"。建议的核心是将中国的政策性金融业务同商业性金融彼此分离，进而在机构上相互分立，并相应提出九项配套性政策与对策建议。1993 年 10 月，中共中央十三届三中全会通过关于建立社会主义市场经济体制若干重大问题的决定。决定中有关金融体制改革的有八条，其中之一便是政策性金融与商业性金融的分离、分立。全会后紧锣密鼓地开始了筹建国家开发银行、中国农业发展银行和进出口银行的工作。1994 年初，三家政策性银行相继建立，这便是中国政策性金融的开始。概括地讲，就是从白钦先教授个人的专业理论研究到正式向国家提出建议被采纳，理论促进了国家的相关政策实施行为与实践。

成果鉴定组给此项研究成果以高度的肯定，认为该成果是我国国际金融领域取得的一项突出的学术成就。该成果对各国政策性金融机构问题进行了全面、系统、多角度、多方位的比较研究，在许多方面取得突破性和开创性进展，填补

白钦先教授

了政策性金融研究的空白，并达到了国内外相当高的水平。该项目的立项是超前的，完成是及时的，并且有相当的难度。该项目成果为我国政策性金融机构体制的设计和建立提供了理论依据和可资借鉴的经验，对于深化我国金融体制改革具有重要的理论意义和实际指导意义，社会效益是巨大的。中共中央电视台《东方时空》和《焦点访谈》都对国家开发银行行长姚振炎和中国进出口银行副行长雷祖华进行了长时间的访谈。偌大的办公桌上摆放的唯一一本书就是白钦先教授这本专著，特写镜头赫然显现。

【简评】

辽宁大学以白钦先教授为学术带头人的政策性金融的研究是金融理论研究促进金融体制改革的著名案例，展现了哲学社会科学理论研究对社会实践巨大的指导作用，极大地鼓舞了我国金融理论研究界理论联系实际的导向研究。政策性金融已成为辽宁大学的名牌学科和"金字招牌"，吸引了一大批有才华高素质的青年才俊投入其中的研究，其后续一系列专业研究已经大大促进了政策性金融机构的发展，将来也会继续发挥出自己的突出作用和贡献。

启示三：维护金融稳定，促进金融发展

经济金融的全球化、一体化、国际化从根本上改变了或正在改变着人类历史的发展进程，也改变着人类的生产方式和生活方式，这些趋势在为人类现在和未来的发展提供更多机遇的同时，也提出一系列空前严峻的挑战。为追逐高利润而经常在各国金融中心之间频繁调入调出的短期国际资本，即具有"高利驱动性"和"高流动性"特点的国际游资达到7.5万亿~8万亿美元，国际资本流动大大脱离了真实的生产与贸易活动。金融业务日益呈现"非中介化"的现象以及直接金融对间接金融关系与比例的历史性"逆转"，为各国提供了无数发展机遇的同时，也潜藏着逐渐累积的巨大风险，这些风险极易引发震撼世界的经济金融脆弱、波动与危机。此外，世界各国彼此的相互依赖和相互影响，不仅仅表现为发展的相互促进，在许多情况下更表现为发展的相互制约，表现为经济金融困难、波动与危机的正向（发达国家向发展中国家）和逆向（发展中国家向发达国家）快速传导方面。这一点在1997年发生的东南亚、东亚金融危机中表现尤为突出，东南亚、东亚金融危机中表现出的"多米诺效应"及其极端破坏性是前所未有的，表明世界已经进入了金融具有极强影响力与金融高风险的历史发展阶段。金融问题已不再是一国的一个局部性或行业性问题，而是一个影响世界各国国家安全与稳定，影响各国政治、经济、金融能否稳定、持续发展的全球性重大战略问题。

✍ 案例：击败国际资本大鳄，打赢香港货币保卫战

1997 年香港回归，国际看衰香港的声音络绎不绝，一颗浸润在西方社会百年之久的"东方明珠"如何与一个当时还相对贫困的社会主义国家实现融合？看衰、质疑、嘲讽……各种声音接踵而来。

此时，索罗斯刚刚完成了对泰国、马来西亚、缅甸、印度尼西亚等国的碾压战，在索罗斯的攻势下，这些国家的 GDP 在几个月之内就遭遇断崖式下跌，尤其是泰国，国民财富一日之内就被索罗斯抢走了三分之一，金融危机甚至导致差瓦列政权更替。索罗斯在这场"热身战"中净赚 100 多亿美元。

然而，他的真正目标却是亚洲"四小龙"。而此时刚刚回归、正处于命运分岔口的香港就成为索罗斯的第一个目标。1997 年 7 月 1 日，香港回归。7 月中旬，索罗斯忽然大规模抛售港币，港币汇率一路下滑，跌至 1 美元兑 7.7500 港币的心理关口。1997 年 10 月 20 日，香港股市开始下跌。第二天恒生指数下跌 765.33 点，第三天继续下跌了 1200 点，最后下跌达 10.41%。1997 年 10 月至 1998 年 1 月，索罗斯掀起歼灭战，一共抛空 1000 多亿港元，香港股价暴跌 6000 多点，许多公司破产倒闭，一些中小银行出现挤提风险。西方舆论戏称，香港已经成为国际投机家的提款机。但庆幸的是，香港虽然损失惨重，但是港币汇率被暂时保住。首战久攻不下，索罗斯开始转战外围，韩国、日本、俄罗斯、墨西哥、巴西相继被斩于马下，而几个月前发生在香港的战斗似乎只是个前奏，一场更大的暴风雨正在袭来。

经过了半年多的"迂回战"，索罗斯的空头大军再次回到了香港这个主战场上。1998 年，香港禽流感爆发，全港陷入恐慌，趁此机会，索罗斯在 8 月对港币发起狙击。8 月 5 日，国际货币炒家从美国股市沽出近 290 亿港元进行抛售。香港金融管理局利用外汇储备接起了 240 亿港元沽盘。8 月 6 日、7 日，索罗斯率领的对冲基金再次沽出近 200 亿港元。8 月 12 日，国际货币炒家继续疯狂做空，索罗斯与港府之间的激战空前惨烈，此时，香港恒生指数一路狂跌到 6600 点，总市值蒸发 2 万亿港元。

此时，索罗斯的"狙击"战术才逐渐明朗——这是一个"声东击西"的连环计，即通过外汇市场、股票市场和期货市场的互动作用，利用现货和期货两种工具，多方设下陷阱。整个狙击过程为一个三部曲。第一部是预备期，炒家们低息借入港币，作为弹药，并在期货市场上抛出港币，同时沽空期指；第二部是造市期，一旦外围市场出现有利于炒家的机会，便大肆散布谣言，疯狂抛售港元，迫使港府"挟息"，造成恒生指数暴跌，甚至借货抛空股票；第三部是收获期，当恒生指数暴跌时，淡仓合约平仓，炒家们带钱离去。

早在 1997 年索罗斯掀起第一轮狙击时，香港政府就十分清楚，以香港现有的外汇储备，根本无力单独应付可能的金融袭击。于是，香港财政高官秘密进京，得到了中央的将不遗余力地、倾中国外汇储备之全力支持的许诺。这也是在首轮港元阻击战中港府死守港元汇率的底气来源。之后不久，在世界银行年会，朱镕基、索罗斯同时受邀参会，朱镕基当场对索罗斯表示："中国将坚持人民币不贬值的立场，承担稳定亚洲金融环境的历史责任！"此言被视作有"经济沙皇"之称的朱镕基正式向"金融大鳄"索罗斯宣战！

索罗斯当然清楚香港背后中央政府的实力，此时的朱镕基已经成功带领中国经济实现转型，中央政府的弹药库储备充足，足以应对这场世纪之战。然而，中央政府是会强势出手还是隐忍不发？索罗斯将宝押给了后者。原因很简单，香港素来有"自由之港"的美称，政府大规模干预资本市场尚无先例，况且还会严重影响香港自由市场的信誉。况且，索罗斯带领的国际炒家还有数千亿美元的资金可以动用，这足以打垮世界绝大多数的经济体。

时间进入 1998 年的 8 月，在肆虐了半个世界之后，索罗斯带领着国际炒家们回到香港。此时，索罗斯在《华尔街日报》上公然叫嚣："港府必败"！朱镕基总理也说："中央将不惜一切代价维护香港的繁荣！"开弓没有回头箭，谁都知道双方都没有收手的余地，而中国人民银行和中国银行两位副行长此时已经带着 600 亿港元来到了香港，随时准备应战。决战的日子不远了……

从 8 月 14 日开始，香港政府开始进入股市、期市进行面干预。俗称"官鳄大战"的港府与对冲基金的对决开始进入高潮。香港这一役举世瞩目，如果恒生指数失守，港府的数百亿元将付之东流。反之，炒家们将损失 20 亿美元以上。

此时，香港股市已经被打垮到 6000 多点，而在空头市场上，索罗斯带领着摩根·士丹利、高盛、里昂、怡富、所罗门、惠嘉、霸菱、美林等国际超级炒家，光是 8 月期指沽单就有 10 多万张！不难想见，他们只等 8 月期满就在"提款机"上提款了。

然而，索罗斯眼看胜利在望，却发觉开始有一股神秘的资金，不声不响地把所有抛盘照单全收。8 月 28 日是期指结算日，也意味着多空双方的最后决战正式打响，这一天上午，索罗斯动用 400 亿资金疯狂抛盘打压股市，可是神秘资金还是不动声色地在低位接盘，却绝不拉高。下午，多方开始进行全面反攻，仅一个半小时就完成了 390 亿的成交量。此时香港恒指数被快速拉高，形势发生了剧烈翻转，面对对方的强势攻击，索罗斯"军团"内部开始出现分裂动摇，许多财团反水加入了多方，最终，当日收盘时，恒生指数和期货指数分别稳坐 7829 点和 7851 点，香港财政司司长曾荫权也立即宣布：在打击国际炒家、保卫香港股市和货币的战斗中，香港政府已经获胜。索罗斯大势已去，败局收场。在这场保卫香港的"决战日"中，香港股市交易量达到了 790 亿港元，大约是平时交易量的 10 倍。

1997—1998 年的这场"官鳄大战"几乎将香港变成了杀戮之城，据香港特区政府后来估计，香港人在这场金融危机中合计损失大约 6.8 万亿港元。如果按当时香港 600 余万人口计算，香港人平均每人损失 100 多万港元。在这场金融危机中，无数人倾家荡产，乃至跳楼自尽，可以说，在中央政府的强大支撑下，香港虽然保住了自己的经济命脉，但也只能说收获了"惨胜"，而若没有这个强大的后盾，其后果就更加无法想象了，金融战争的残酷由此可见一斑。对于这场战争，中央政府的表现获得了全世界的广泛赞誉，其角色定位之精准、出手之决心、策略之稳重让世界赞叹，这也成为中国政府参与世界金融战争的"首秀"。①

【简评】

揭示金融的资源属性并指出金融资源具有脆弱性，其结论必然要求重新审视金融发展问题。以往那种"金融是工具""金融是中介""金融是行业"等传统观点无法解释当代经济发展中金融的巨大作用。金融的作用既有正面的促进作用，也有负面的消极作用。在全球经济金融一体化浪潮的冲击下，由金融引发的经济问题日益突出，过度开发和消耗金融资源而带来的金融脆弱不断地

---

① 案例文字来源于互联网融 360《当年做空香港，朱镕基是怎么打败索罗斯的》，2016 - 02 - 23。

累积起金融风险，在达到一定的积累量后就会引起世界性金融动荡和经济危机，给每个国家都提出了金融安全和金融可持续发展的重大课题。现代世界经济发展的一个基本特征是，经济金融化、经济和金融国际化程度日益加深，金融已成为世界经济的神经中枢。①一个国家在进行总体经济发展的战略规划时，必须将金融发展战略放在显著位置，必须始终坚持金融可持续发展的原则，兼顾效率与安全。

◎ 案例：美国次贷危机缘于杠杆过度造成金融系统危机

美国"次贷危机"是从 2006 年（丙戌年）春季开始逐步显现的。2007 年 8 月开始席卷美国、欧盟和日本等世界主要金融市场。

在美国，贷款是非常普遍的现象。当地人很少全款买房，通常都是长时间贷款。可是在这里失业和再就业是很常见的现象。这些收入并不稳定甚至根本没有收入的人，买房因为信用等级达不到标准，就被定义为次级信用贷款者，简称次级贷款者。

次级抵押贷款是一个高风险、高收益的行业，是指一些贷款机构向信用程度较差和收入不高的借款人提供的贷款。与传统意义上的标准抵押贷款的区别在于，次级抵押贷款对贷款者信用记录和还款能力要求不高，贷款利率相应地比一般抵押贷款高很多。那些因信用记录不好或偿还能力较弱而被银行拒绝提供优质抵押贷款的人，会申请次级抵押贷款购买住房。

美国次级抵押贷款市场通常采用固定利率和浮动利率相结合的还款方式，即购房者在购房后头几年以固定利率偿还贷款，其后以浮动利率偿还贷款。

在 2006 年之前的 5 年里，由于美国住房市场持续繁荣，加上前几年美国利率水平较低，美国的次级抵押贷款市场迅速发展。

随着美国住房市场的降温尤其是短期利率的提高，次级抵押贷款还款利率也大幅上升，购房者的还贷负担大为加重。同时，住房市场的持续降温也使购房者出售住房或者通过抵押住房再融资变得困难。这种局面直接导致大批次级抵押贷款的借款人不能按期偿还贷款，银行收回房屋，却卖不到高价，大面积亏损，引发了次贷危机。因次级抵押贷款机构破产、投资基金被迫关闭、股市

---

① 金融在世界范围内的渗透与扩散这个课题也是值得密切关注与研究的，这方面我国学者已经有了一部研究专著，参见张幼文，干杏娣《金融深化的国际进程》，上海远东出版社，1998。

剧烈震荡引起的金融风暴，致使全球主要金融市场出现流动性不足危机。

许多机构（抵押机构，投资银行，保险公司等）为了赚取暴利，采用 20～30 倍杠杆（Leverage）操作。由于杠杆操作高风险，所以按照正常的规定，银行不进行这样的冒险操作。所以就有人想出一个办法，把杠杆投资拿去做"保险"。这种保险就叫 CDS。这些 CDS 就在市场上反复的转让，在投机利润的刺激下，参与市场的各方机构都牵扯进来，都"沾染"了高风险。房价涨到一定的程度就涨不上去了，后面没人接盘。此时房产投机人急得像热锅上的蚂蚁，房子卖不出去，高额利息要不停地付，终于到了走投无路的一天，把房子甩给了银行。此时违约就发生了。而这种违约连锁性地发生在金融机构中，当这些金融机构很多，违约金额很大，足以震动整个金融体系之时，金融危机就爆发了！

我国政府 2017 年开始，坚决执行杠杆政策，排除系统风险发生的可能。

在经济新常态下，我国经济增速从高速下降到中高速。最新数据显示：2017 年全年，社会消费品零售总额 366 262 亿元，比上年增长 10.2%，增速创 2003 年以来新低；2017 年固定资产投资（不含农户）631 684 亿元，同比增长 7.2%，创 1999 年以来新低，2016 年为 8.1%。

与实体经济增速减退形成鲜明对比的，是社会信用的膨胀：2007 年初，我国金融机构各项贷款余额 23.10 万亿元，当年社会融资规模 5.97 万亿元，GDP 增速 14.2%。2017 年末，GDP 同比下降到 6.9%，但金融机构各项贷款余额却上升到 120.13 万亿元，当年社会融资规模上升到 19.44 万亿元，社会信用膨胀明显。

过去几年，我国金融深化不断演进，层叠套利涌现，资产价格攀升。先是 2014 年末和 2015 上半年的股牛，再到 2016 年的地产和债牛，2017 年又有了第二季度的商品牛，火爆行情在不同资产之间轮动。金融市场的繁荣引致信用扩张。投资者在牛市中忽略风险，盲目加杠杆，"信仰"驱动交易。2005 年起，M1 基本每年增加 1 万亿元，而 2015 年开始每年增加 4 万亿元。

【简评】

次贷危机就是前车之鉴。中央的一系列监管政策密集出台，既有对多年来资金脱实向虚的纠正，也有对系统性金融风险的防控，主要强调金融根植实体、服务实体的本性，金融不能脱离实体而存在，要防范金融风险、严控金融泡沫，引导资金投向与国家大政方针相符的实体产业。在金融资源理论来看，就是金融过度。金融过度往往带来系统性金融风险，主要有两个原因：一是土地财政导致政府债务居高不下；二是资产泡沫导致投机盛行，导致企业和个人家庭高负债率运行。

金融可持续发展是一种全新的、有益的金融发展观，其重要性在于为国家制定和实施金融发展战略及政策，提供了唯一正确的基本指导思想。所谓的金融可持续发展，就是在遵循金融发展的客观规律的前提下，建立和健全金融体制，发展和完善金融机制，提高和改善金融效率，合理有效地动员和配置金融资源，从而达到经济和金融在长期内的有效运行和稳健发展。可持续发展的本质是以人为本，以人类活动的目的性和长期性为指针，强调个体利益与社会利益、局部利益与总体利益、眼前利益与长远利益相协调。因此，可持续发展的概念和思想适用于人类的一切活动，当然也适用于金融活动。金融可持续发展概念的重要性在于它的出现为一个经济社会的金融发展提供了正确的发展观念和战略思想。从可持续发展存在时间与空间上的连续性与协调性来看，从人与自然、人与社会、社会与经济的协调发展在时间与空间上的连续性与协调性来看，从金融与经济关系的二重性，即金融既是经济的一部分又独立于经济来看，研究经济与社会的可持续发展，金融的可持续发展应是题中应有之义，换言之，没有金融的可持续发展便不可能实现经济的可持续发展，实现了经济的可持续发展也同时意味着也实现了金融的可持续发展。简而言之，金融也有可持续发展问题，试图人为地排斥金融可持续发展，或以经济可持续发展代替金融可持续发展，都是不妥当的和有害的。

新的金融发展观必然要求金融的可持续发展，金融可持续发展是新的金融发展观的具体体现。实施金融可持续发展战略，必须正确对待和处理好有关金融发展的各个重要方面，在当代主要有金融创新、金融体制、金融危机以及金融开放等方面，只有这样才能实现和保持金融的可持续发展。金融可持续发展战略的基本原则有以下三个方面。

一是金融可持续发展是量和质统一的金融发展。金融发展的量的方面，即量性金融发展，主要表现为经济中金融资产总量的增长，金融工具种类的增多，金融机构的数量和种类的增加，等等。量性金融发展扩大了金融的规模，使得金融得以在一个更大的规模基础上运行。金融发展的质的方面，即质性金融发展，主要表现为动员和配置金融资源的效率提高，金融资产的可替代性加强，金融活动的覆盖范围扩大，金融对经济的渗透加深，金融对经济发展的亲和力提高，等等。质性金融发展改善金融效率，最终使金融对经济的作用增强，使得金融得以在一个更有效的金融体系基础上进一步发展。量性金融发展和质性金融发展是金融发展的两个方面。量性金融发展是质性金融发展的基础，而质性金融发展又能促使进一步的量性金融发展。因而两者相辅而成，但也不能排除两者矛盾的一面。例如，20 世纪 80 年代各国金融发展突出的表现在金融资产数量的急剧增长，即快速的量性金融发展，由于金融资源大量投入房地产和股票市场而导致经济泡沫，反而使金融效率下降，即没有相应的质性金融发展。因此，金融可持续发展要求兼顾两方面的同时，尤其要注重质性金融发展。

二是金融可持续发展是相对稳定发展与跳跃性发展并存的金融发展。一方面，发展的稳定性是金融可持续发展追求的目标之一。经济发展需要一个相对稳定的金融环境，金融可持续发展是经济可持续发展的前提条件之一。金融危机不仅使金融发展停滞中断，而且还会使经济发展受阻。因此，相对稳定的金融发展是金融进而经济可持续发展的内在要求。另一方面，金融可持续发展不排斥跳跃性金融发展，而是包括跳跃性金融发展。金融创新是金融发展的动力，金融创新能够保持金融和社会经济技术的协调和相适应，并提高金融效率。因此，金融可持续发展包括金融创新带来的跳跃性金融发展是由金融发展内在规律决定的。

三是金融可持续发展是金融的宏观效率与微观效率并重的金融发展。效率是金融可持续发展的保证，又是金融可持续发展所追求的目标之一。金融体系的效率包括三个层次：金融体系的各构成要素自身的功能和获利能力，即金融微观效率；金融体系内部各构成要素之间，如直接金融与间接金融之间、中央银行与商业银行和非银行金融机构之间，相互协调适应吻合程度，即内部宏观效率；金融体系整体与社会环境、经济环境和技术条件相互协调适应的程度，即外部宏观效率。后两者共同构成金融宏观效率。一般来说，金融微观效率是宏观效率的基础，在宏观效率中，内部宏观效率又是外部宏观效率的保证，金融可持续发展的效率目标应包括金融的宏观效率和微观效率两方面。在金融发展实际过程中，各效率目标之间往往并非一致，对于单个金融要素是有效率的，并不能说金融宏观是有效率的；而且，金融业作为一个独立的经济部门，其效率目标也可能与整体经济相背离。因此，金融可持续发展要在保证微观效率的同时，更注重宏观效率的提高。无论是宏观效率还是微观效率，都要通过深化金融体制改革，鼓励金融创新来实现。金融可持续发展要在保证微观效率的同时，更注重总体效率的提高。只有这样，金融和经济才能共同协调一致发展，金融可持续发展才得以实现。①

◎ 案例："e租宝"是打着"互联网金融"旗号的庞氏骗局

"e租宝"是"钰诚系"下属的金易融（北京）网络科技有限公司运营的网络平台。2014年2月，钰诚集团收购了这家公司，并对其运营的网络平台进行改造，注册资金为1亿元。2014年7月，钰诚集团将改造后的平台命名为"e租宝"，打着"网络金融"的旗号上线运营。"钰诚系"的顶端是在境外注册的钰诚国际控股集团有限公司，旗下有北京、上海、蚌埠等八大运营中心，并下设融资项目、"e租宝"线上销售、"e租宝"线下销售等八大业务板块，其中大部分板块都围绕着"e租宝"的运行而设置。

"e租宝"就是一个彻头彻尾的庞氏骗局。多省调查部门已确定"e租宝"及关联公司涉嫌非法集资，"钰诚系"账户全部冻结。办案民警表示，从2014年7月"e租宝"上线至2015年12月被查封，"钰诚系"相关犯罪嫌疑人以高额利息为诱饵，虚构融资租赁项目，持续采用借新还旧、自我担保等方式大量非法吸收公众资金，累计交易发生额达700多亿元。警方初步查明，"e租宝"实际吸收资金500余亿元，涉及投资人约90万名。"e租宝"事件发生后，业内一片哗然。"e租宝"事件更是引发了人们对P2P理财安全性的质疑。

检察机关依法审查查明：犯罪嫌疑人通过"e租宝"平台向社会公众吸收存款，通过媒体等途径向社会公开宣传并承诺在一定期限内以货币方式还本付息，扰乱金融秩序，数额巨大，其行为已触犯《刑法》第一百七十六条第一款之规定，犯罪事实清楚，证据确实、充分，依法应以非法吸收公众存款罪追究其刑事责任。据悉，相关犯罪分子已经被判处无期徒刑不等。

【简评】

以P2P为代表的互联网金融难道不需要监管吗？近期以来，以"e租宝"

---

① 白钦先，丁志杰. 论金融可持续发展［J］. 国际金融研究. 1998（5）.

被查开始，一批 P2P 平台已开始入冬。出事的规模，大到几百亿，小至几个亿，令人瞠目结舌、倒吸凉气。中国大地人傻钱多？怎么到处都是这种规模的案子呢？首先，要肯定以 P2P 为代表的互联网金融是一个创新的方向。经济的信息化、互联网化是这个时代的一个潮流和趋势，在中央的文件里，被总结归纳为"互联网＋"，十分贴切形象。互联网＋金融业也是必然，这是金融业的一个创新方向。这种创新可以来自金融业内部，如银行、保险、证券、基金、信托利用互联网技术实现业务拓展创新；另外还可以来自金融业外部，例如金融业外部力量利用互联网机遇搞金融业务，这也是一种创新探索。抛开那些以融资诈骗为目的的平台，无论哪种，都应该鼓励。其次，P2P 既然是互联网＋金融，我的观点是，这是金融业务，国家不能光鼓励，也要跟进监管。金融业是特殊行业，与普通工商企业不一样。金融业具有基础公共设施那种"公共"性质，是资源配置的核心制度与机制。现代金融业早已经被明确，必须有外部监管，才能保障"公共"性质，才能不损害经济运行中的资源配置能力，尽管这种监管不能百分之百起作用，但万万不能缺位。有人会说，P2P 平台不是金融机构，而是互联网平台。平台也好，机构也好，它的性质只要看看从事的业务就一目了然了。P2P 平台一手吸引散户投资者，这相当于银行的揽存业务（可法律规定，银行是不允许高额利息吸引储户的），另外一手把吸引来的资金提供给资金使用方，P2P 平台收取服务费。虽然资金放在托管银行，并提取一定比例偿付风险金（法律规定银行不仅需要提取偿付风险金，还要有资本充足率），这从业务看，本质上不就是银行业务吗？至少也是"类银行业务"，难道投资者的钱不需要偿付吗？这么明显的负债经营特征，不是银行业务，或者说不是金融业务，那是什么呢？既然是负债经营，既然是"银行业务"或"类银行业务"，那是不是需要监管呢？鼓励创新和引入监管不矛盾啊。我国金融机构几经改革，现在银行业基本上还是按章办事，循规蹈矩，以稳健经营为前提的。现在 P2P 平台乱象丛生，就是缺乏监管。P2P 平台不能没有外部监管，P2P 平台不能靠企业家自觉的道德。这些平台实质上做的是银行类业务，需要引入资本充足率管理，更需要外部监管风控及从业人员资质等。互联网金融是一个创新方向，但既然是金融业，就需要外部监管。最后，怎么监管？金融业有自身的运作规律，安全性、收益性、风险性这"三性"要平衡，在外部要有专门的法律法规、专门的监管机构、专业的人才去做这件事。以 P2P 平台为典型的互联网金融不能没有监管，就像美国次贷危机也是源于鼓励次级债券发行并被认为是金融创新一样，我们应该未雨绸缪，应该有所行动，自觉维护市场经济秩序。只有这样，P2P平台的金融创新才会走向正轨。也只有这样，中国金融才会健康可持续发展。①

金融可持续发展是实体经济与虚拟经济协调发展。虚拟经济是经济发展到较高级阶段，金融在经济社会中不断渗透，深化其作用和功能的必然阶段。这用金融理论中的术语说，就是经济日趋金融化，人们手中的财富日益金融资产化，人们与银行、保险、证券、基金等发生更多的联系，也就是经济关系日趋金融关系化。虚拟经济与实体经济对应，虚拟经济就是金融经济的一种表现。虚拟经济需要适度发展，过度了，就是金融过度。虚拟经济发展不足，就是金融压抑。总体说来，虚拟经济的适度，就是金融适度。现在我们国家大力去杠杆，尤其是推动各地方政府去杠杆，这就是一种让虚拟经济发展回归正常水平的一种措施。虚拟经济发展过度，往往体现在股票市场或房地产市场上，当然，也可以体现在任何一个具有全局性的行业领域中。当金融资源过于集中一个行业领域（如钢铁），造成行业发展过度，这也是一种变相的虚拟经济，就是金融过度。虚拟经济和实体经济协调发展的本质就是金融适度，无论总量还是结构，金融资源配置都要合理，不能超过必要的限度。一旦过度，就会可能带来金融不稳定甚至崩溃也即是引发金融危机，进而导致经济危机。

◎ 案例：南非发生迄今规模最大的比特币骗局②

2018年3月1日据Timeslive报道，最近在南非发生了一起迄今为止规模最大的比特币骗局之一，共有超过2.75万受害者上当受骗，其中包括南非人、美国人和澳大利亚人等。南非警察局发言人Lloyd Ramovha本周四证实，商业犯罪部门正在针对一家名叫BTC Global公司的投诉进行调查。据悉，BTC Global提供了一种将比特币转换成在线钱包的服务，已经有数千人在该公司投资了价值超过50万美元的加密货币。"我已经和一位调查人员接触，证实这起

---

① 此段评论为2015年12月21日杨涤博士针对P2P网络金融正野蛮生长之时写的评论。
② 文字来源于《受害人多达2.75万 南非发生迄今规模最大的比特币骗局之一》，腾讯科技，2018–03–01。

诈骗发生在两周前。" Lloyd Ramovha 表示。目前在南非境外的受骗者就超过了 2.57 万人。Lloyd Ramovha 表示，目前总计诈骗金额超过了 5000 万美元，不过随着更多受害者报案，未来这一数字还可能会继续上升。

目前警方无法证实诈骗的主要参与者是否来自于南非本地。"目前调查还处于初级阶段，还无法确定是否属于庞氏骗局类型。BTC Global 公司目前已经因为违反金融咨询和中介服务法律接受调查。"许多来自于全球各地的受害者对纽约时报表示，他们和这位所谓的大宗商品交易专员 Steve Twain 进行交易时，分别投入了 1.6 万～140 万美元不等的金额，并且自己都被投入了 BTC Global 公司的名下。最初每周这些投资者都会获得约定的回报，直到两周前这位 Twain 交易员彻底消失。

【简评】

比特币也好，区块链也好，这些不过就是信息技术，信息技术没有实体经济对位，怎么可能替代主权货币呢？如果非得这么做，百分之百是金融诈骗。

启示四：尊重知识人才，大力发展教育

随着人类跨入 21 世纪，科学技术的发展呈现出不断加速的总体态势，世界已经进入知识时代，知识经济初见端倪。生产社会化程度不断提高，社会分工日益深化和精细，以创新为特征的新经济正在蓬勃兴起。新技术、新材料、新工艺、新观念乃至新制度的不断涌现，为人类开发和利用各种自然的、社会的资源要素提供了巨大的推动力，也为人类社会及人类自身的可持续发展开辟了更加广阔的前景。人力资本资源已经成为经济发展的核心要素。一个国家如果没有人力资本的积累，知识的生产、传播和使用就只能停留在低水平，知识经济就无从谈起。因此，在知识经济时代强调人力资本及其开发无疑是非常必要的。人力资本并不是与生俱来的，而是通过后天的教育与"边干边学"等机制获得的。一个国家的人力资本存量主要体现为拥有的人才数量上。一个国家人才越多，其创造知识流量的能力也就越强。因此，在以知识作为经济增长动力、注重创新与知识发明的新经济时代，大力发展教育，重视人力资本积累就具有十分重要的战略意义。

当今世界已进入知识经济和信息时代，经济的知识化和知识的经济化趋势是不可避免的。区域性和全球性的贸易和经济合作组织不断涌现、扩大和发展，人们的社会经济联系日益紧密，由此推动经济全球化浪潮不断高涨。我国加入世界贸易组织后，更深入地参与经济全球化的进程，更广泛地参与国际经济竞争。国际竞争是综合国力的竞争，是科学技术的竞争，但说到底是人才的竞争，是人才数量和质量的竞争。在自然资源愈益匮乏、高新技术日新月异的情况下，综合国力的竞争越来越突出地表现在人才、智力资源的开发和使用上。随着全球性的产业结构大调整和国际市场竞争的加剧，一个国家的生存和发展，与其经济、科技的竞争能力紧密相连，而经济与科技竞争力的关键在于人才。人才资源的开发已经成为世界各国经济和社会发展的战略制高点。人才已成为经济和社会发展的第一资源，成为一种比资金更重要的资本。能否拥有和保持一支规模宏大的高素质的人才队伍，已经成为事关一个国家在国际竞争中兴衰成败的重大战略问题。[①]当今世界的人才竞争是全方位的，不仅包括领导人才、科技人才、管理人才的竞争，也包括文化人才的竞争，当然也就包括哲学社会科学人才的竞争。因此，在知识经济时代，判断一个国家或社会人力资源的丰裕程度，主要看人才资源占总体人力资源比重的大小以及人才资源与一般性人力资源总量或总人口资源比例的大小。

新中国成立几十年来，确实发生了翻天覆地的变化，但是，在人才储备、重视程度以及使用效率上与发达国家相比，中国在许多方面还存在很大差距。人才资源的重要战略作用要求中国加强和改进人才安全工作，从根本上充分认识国家人才安全的重要性，树立人才安全的紧迫意识。要通过立法维护国家人才安全，有效防止人才流失。要制定国家人才安全工作的政策措施，高度重视和充分信任国家人才，改善他们的工作条件，充分发挥他们的作用。要加强和改进对人才的管理和服务工作，建立国家人才的信息档案，实施动态管理。要保障人才的合法权益，规范人才流动。提高人才待遇，切实为他们解决工作和生活中的困难和问题。我国近些年教育投资虽有较大的增长，但由于起点低，人口增长快，人均教育经费还处于较低的水平。解决人力资本短缺问题的关键就是增加教育投资。同时，还应改革现存的不合理的教育制度。我国和其他发展中国家一样，模仿发达国家的教育体制和专业设置、课程内容，严重脱离本

---

① 《光明日报》特约评论员. 确立人才资源是第一资源的思想［N］. 光明日报. 2001 - 11 - 13.

国国情，因而导致毕业生往往学用不一致，造成人力浪费。学校盲目追求高分、高升学率，社会片面要求文凭和学历，扭曲了教育本身的目的。对教育事业，全社会都要来关心和支持。改革教育体制，最重要的是建立起一个符合我国国情的教育体系。根据国家经济发展的需要，培养有用人才，赋予全社会健康的人以谋生的知识和技能，从根本上摆脱贫穷。

　　人力资源丰富而人才资源缺乏，是中国经济和社会发展的根本性矛盾之一。人力资源丰富意味着劳动要素价格相对低廉，因此，在发展劳动密集型产业推动经济增长方面具有比较优势。但是，由于国力和时间所限，数量供给充裕的劳动力队伍往往伴随着低素质，将丰富的人力资源"深度开发"成高水平的人才资源难度较大。据统计，我国 1990—1999 年新增劳动力总数为 1.89 亿人，其中大专以上技术人才仅占 3.5%，中专、技校、职业高中毕业生占 14.5%，只接受过初中教育的占 46%，有 36% 的新生代劳动力还达不到初级技术所要求的文化程度。目前，我国低素质的劳动力供过于求，而高素质的劳动力则供不应求。而且从人才资源的总体素质看，越是在高素质人才资源方面，我国与发达国家的差距越大。这是中国经济和社会发展在资源层面需要解决的一个根本性问题，也是我们将长期面对的人才资源的基本态势。[①]"我们国家，国力的强弱，经济发展后劲的大小，越来越取决于劳动者的素质，取决于知识分子的数量和质量。"[②]这里需要说明的是，"大力发展教育"并不意味着在教育规模上扩展过快，数量上的快速扩张必然要导致质量上的快速下降。所以，对于以普及高等教育，减缓就业压力为目的的"扩招"，我们持保留观点。这种人为盲目的"扩招"行动导致的不良后果现在已经有所体现。毕业大学生、硕士、博士数量众多，水平参差不齐，而就业压力时间后移，形势不容乐观。发展教育一定要数量和质量并重，特别是要十分重视提高教育的质量，提高毕业文凭的含金量。我们要强调指出：中国地域辽阔，人口众多，如果把文凭这把选才的主要标尺给搞乱，使之失去衡量功能，所导致的后果将不堪设想。文凭不等于能力，文凭代表综合素质和培养潜力。如果说"高分低能"文凭过多，需要调整的是教育体制和教育内容，而不是文凭标尺本身。形成积累人力资本，才能持续地使经济增长和发展。

---

　　① 《光明日报》特约评论员. 确立人才资源是第一资源的思想［N］光明日报. 2001-11-13.
　　② 《邓小平文选》，第 3 卷，120 页。

在知识经济蓬勃兴起的今天，教育是使一个国家具备强大的知识储备、知识创新、技术创新的基石。唯有如此，才能在激烈的国际竞争中立于不败之地。作为人力资本投资的重要途径，教育的发展直接决定着一个国家劳动力知识存量的多少、国民素质的高低和人力资本的形成，从而决定着经济发展的水平和速度。"教育是一个民族最根本的事业。"[①]人才作为知识的创造者、承担者、传播者、使用者，已成为各国政府首先关注的对象。能否拥有大批具有高素质的创新人才，直接决定了一个国家在科技创新上的优势和在国际竞争中的主动权。随着经济全球化进程的加快，对人才的争夺也日益呈现出国际化的趋势。为了适应新形势下经济和社会发展的需要，世界上许多国家在依靠教育加速培养人才的同时，采取各种措施吸引人才，积极参与国际人才争夺。发达国家凭借自身强大的经济实力和优厚待遇，纷纷放宽移民、定居等限制，形成了对全球高科技人才的强大吸引力。许多跨国公司也通过在发展中国家建立研究开发基地等形式，加紧争夺和利用那里的人才资源。这使人才的培养、吸引、使用，成为世界各国特别是发展中国家需要着力解决的紧迫问题。[②]美国能够保持科技和经济领先地位，主要受益于美国一贯重视教育和人力资源开发。随着全民、终身教育的深入开展，美国正迈向群众性知识社会。美国重视教育的标志之一是不断增加教育投资，美国教育投入在发达国家名列前茅。除重视国内教育外，美国抓住一切机会大力引进人才。随着人才素质不断提高，美国科学家获得诺贝尔奖的人数和所占比例急剧增加。美国20世纪90年代的"新经济"增长迅速，其中一个重要原因在于执政的民主党对科技创新和人力资源投资的积极倡导和支持。

◎ 案例：钱学森：为什么我们的学校总是培养不出杰出人才

2005年，温家宝总理在看望钱学森的时候，钱老感慨地说："这么多年培养的学生，还没有哪一个的学术成就，能够跟民国时期培养的大师相比。"钱老又发问："为什么我们的学校总是培养不出杰出的人才？"

【简评】

"钱学森之问"是关于中国教育事业发展的一道艰深命题，需要整个教育

---

① 《邓小平建设有中国特色社会主义论述专题选编》新编本，140页。

② 《光明日报》特约评论员. 确立人才资源是第一资源的思想［N］. 光明日报. 2001 – 11 – 13.

界乃至社会各界共同破解。很多学校尤其是有些重点中学、大学，教育理念都似乎缺少了教育最本质的东西。很多以出国学习乃至留在国外过养尊处优的生活为荣。中国不缺乏智力一流的人才，是教育导向出了问题，中国更需要培养那种以天下为己任、以振兴祖国为己任并愿意为实现中国梦而奋斗的德才兼备的人才！

◎ 案例：周恩来："为中华之崛起而读书" 与"克负乎国家将来艰巨之责任"

周恩来总理少年时期就志存高远，他在读小学的时候，一次，老师问学生：读书是为了什么？同学中有的说是为了帮父母记账，有的说是为了谋个人的前途。问到周恩来的时候，他站起来回答：为中华之崛起而读书！

1912 年 10 月，东关模范学校（辽宁省沈阳市，大东区东顺城街育才巷 10 号）隆重举行纪念建校两周年活动，年仅十四岁的周恩来，为此写下了《奉天东关模范学校第二周年纪念日感言》。[①] 他在文章中写到："吾人何人，非即负将来国家责任之国民耶？此地何地，非即造就，吾完全国民之学校耶？圣贤书籍，各种科学，何为为吾深究而悉讨？师之口讲指画，友之朝观夕摩。何为为吾相切而相劘？非即欲吾受完全教育，成伟大人物。克负乎国家将来艰巨之责任耶？"

【简评】

现在的教育，几乎异化为一切为了高考，一切为了分数的应试教育。对比周恩来总理少年时期的伟大志向，我们难道不应该进行教育反思吗？

◎ 案例：梁启超：制出将来之少年中国者，则中国少年之责任也

梁启超在他的名文《少年中国说》中慷慨激昂的写到："造成今日之老大中国者，则中国老朽之冤业也。制出将来之少年中国者，则中国少年之责任也。彼老朽者何足道，彼与此世界作别之日不远矣，而我少年乃新来而与世界

---

① 1913 年 6 月，奉天举办教育成绩展览会时，此文选为甲等作文予以展出，同年，收入《奉天教育品展览会国文成绩》一书，有关部门对本文的评语是："教不如此，不足以言教；学不如此，不足以言学；学校不如此，不足以言学校；文章不如此，不足以言文章。""心长语重，机场渗流"1915 年此文又被收入上海进步书局出版的《学校国文成绩》和上海大东书局出版的《中学生国文成绩精华》两书中。

为缘。如僦屋者然，彼明日将迁居他方，而我今日始入此室处。将迁居者，不爱护其窗棂，不洁治其庭庑，俗人恒情，亦何足怪！若我少年者，前程浩浩，后顾茫茫。中国而为牛为马为奴隶，则烹脔棰鞭之惨酷，惟我少年当之。中国如称霸宇内，主盟地球，则指挥顾盼之尊荣，惟我少年享之。于彼气息奄奄与鬼为邻者何与焉？彼而漠然置之，犹可言也。我而漠然置之，不可言也。使举国之少年而果为少年也，则吾中国为未来之国，其进步未可量也。使举国之少年而亦为老大也，则吾中国为过去之国，其澌亡可翘足而待也。故今日之责任，不在他人，而全在我少年。少年智则国智，少年富则国富；少年强则国强，少年独立则国独立；少年自由则国自由，少年进步则国进步；少年胜于欧洲则国胜于欧洲，少年雄于地球则国雄于地球。红日初升，其道大光。河出伏流，一泻汪洋。潜龙腾渊，鳞爪飞扬。乳虎啸谷，百兽震惶。鹰隼试翼，风尘吸张。奇花初胎，矞矞皇皇。干将发硎，有作其芒。天戴其苍，地履其黄。纵有千古，横有八荒。前途似海，来日方长。美哉我少年中国，与天不老！壮哉我中国少年，与国无疆！"

【简评】

梁启超这篇雄文，读起来，朗朗上口，令人振奋，内心激荡！中华崛起正在当代，数风流人物还看今朝！中国之青少年们，努力吧！国之兴，吾辈之幸，更是吾等之肩上之责任！

◎ 案例：哈佛大学拒绝录取 164 个中国学生：
只会考试的学生有何用①

2004 年，哈佛大学拒绝了 164 个 SAT 考满分的中国学生（SAT 是指学术能力评估测试，由美国大学委员会主办，SAT 成绩是世界各国高中生申请美国名校学习及奖学金的重要参考，满分是 2400 分）。

其中，有位家长质问学校："为什么不录取我女儿？"哈佛回复一句话："您女儿除了满分，什么都没有。"同一年，哈佛以全奖录取了一名中国学生，这名学生来自甘肃，SAT 只考了 1560 分。但是，他在高一时，发明了一种过滤水装置，免费提供给附近村庄的农民。

---

① 本文来源于《哈佛大学拒绝录取 164 个中国学生：只会考试的学生有何用》，原文发表于南京出国留学圈，转载于搜狐教育频道，2018 - 03 - 27。

2010 年的中外校长论坛上，哈佛校长说："哈佛需要知道，一个学到了很多知识的学生，是否也具有创造性；是否有旺盛的好奇心和动力，去探求新的领域；除了本专业的领域，是否关心其他领域的东西，是否有广泛的兴趣……"

美国，这个世界上最强大的国家，资讯业无比发达，但美国国家科学基金会却警告称，公众对伪科学的认识十分有限，且情况似乎变得越来越糟糕。2010 年的一份调查显示，认为占星术（用星座来占卜）是不科学的人群比例为 62%，而到了 2012 年，这一数字仅为 55%。除了调查科学与伪科学的认识程度外，美国国家科学基金会还进行了 10 个关于物理和生物科学的测试。测试结果是，被调查的对象中几乎没有及格的。当被问到地球是否围绕太阳公转的问题时，只有 74% 的人回答正确，也就是说剩下四分之一左右的人都不知道地球围绕太阳公转。此外，只有 48% 的被调查对象，知道人类是从早期物种演化而来的。

在谷歌搜索框输入关键词即可知道的科学常识，为什么会有这么多人都不知道呢？这揭示了人的分类。

正如某个小品里说的：同样是人，差距怎么会这么大呢？是什么造成了这种差距？是好奇心。爱因斯坦曾说过："谁要是不再有好奇心，也不再有惊讶的感觉，谁就无异于行尸走肉，其眼睛是模糊不清的。"没有好奇心的人，只要温饱解决了，对其余一切都没兴趣，慢慢变成了无知、无趣的人。这类人大量存在于一切国家，比如美国，不少人靠福利就可以活着，他们也看手机、电视，但只是被动地接受垃圾资讯，思维能力越来越弱，最终完全丧失。

好奇心是每个人一出生就带有的宝贵资产，它推动人类勇敢尝试，探索未知，提出问题，打破常规。拜好奇心所赐，经济得以发展，科技得以萌芽，艺术得以诞生，疆土得以开拓，人类也终得以成为人类。但在当下快节奏的生活和工作中，人们渐渐地失去了心中那份好奇心，变得冷漠麻木。很多可爱聪明的孩子，渐渐长成了愚钝乏味的大人。难怪有人会说，充满好奇心的孩子，才能拥有美好的未来！

每一个人都要保持好奇心，对这个世界充满期望，怀着一颗敬畏而又美好的心灵，而不是去做只会考试的机器人。

【简评】

教育应该以人的全面发展为导向，应试教育从长远看必然被素质教育取代。中华民族不需要高分低能的"人才",而是需要德智体美劳全面发展的人才!

在我国,人均自然资源水平较低,因此自然资源短缺。促进经济增长,一方面,要靠提高科学技术水平,发掘现有自然资源利用潜力,并按照可持续发展的观念来开发利用自然资源。另一方面,要抛弃以往采取的狭隘的自然资源观的影响,把促进经济增长和发展统一加以考虑,开发利用好社会资源。特别要深入发掘发挥人力资本资源对经济的作用,而要发挥这种作用,制度创新、知识信息的增长、先进思想观念的引进和采用等都是自然而然要采取的政策。这些社会资源有的会立即作用于经济增长,有的则是对长期的经济发展有利,会对未来的增长起到至关重要的作用。从所有社会资源拥有的数量来看,我国最多的社会资源是人力资源,最大的优势也是人力资本的优势。我们只有充分利用这一优势,更多地发挥人力资源对经济发展的作用,我国经济的发展才有广阔的空间。然而,目前我国人力资源的优势还是潜在的。现阶段人口还是我国经济发展的一个负担,造成这一状况除人口总量过大外,根本原因是人口素质低下,大量人力资源还是"低端人力资源",未得到有效开发。要将"人口"转化为"人才",把"人力资源"转化为"人力资本"就需要大力发展教育,走科教兴国之路。在我国要加大教育发展力度,必须对教育的性质、功能进行再认识。在实施可持续发展战略中,人的问题是根本问题。中国是世界上最大的发展中国家,经济发展中的诸多矛盾和问题,说到底就是一个"人"的问题。人力资源丰富(人口数量多)而人力资本稀缺(人口素质差)是中国经济发展的根本性矛盾。解决经济发展中的"人口问题",需要坚持计划生育、控制人口增长,但这只是治标之策;而增加人力资本投资,促进专业化、高素质人力资本形成,以及改善人力资本产权关系,才是推动经济可持续发展的治本方略。人力资源丰富意味着劳动要素价格相对低廉,因此大力发展劳动密集型产业推动经济增长,就会取得比较优势。但是,由于国力和时间所限,数量无限供给的劳动力队伍往往伴随着质量上的低素质,丰富的人力资源往往难以"深度开发"成高水平的人力资本,致使传统保守的文化资源在低素质的劳动大军中一代代滞存,即使从外来引进现成的知识资本如市场文化管理方法、高新技术等也很难真正实现"本土化",从而转化为现实生产力。因此,关键在于通过适当的途径和机制把丰富的处于自然状态的人力资源开发转换为具有现实生产能力和知识技能的雄厚人力资本，这是中国经济实现持续快速增长在资源禀赋层面所应解决的一个根本性问题。

启示五：破除思想禁锢，实现观念更新

先进的思想观念是稀缺的经济资源，可以创造出更多的国民财富，因此，思想观念更新显得尤为必要。振兴经济，解放思想和更新观念必须先行。所谓"与时俱进"，本质就是随着时代的发展更新思想观念。一个民族思想不解放、观念不更新，就干不成大的事业，更难自立于世界民族之林。而思想解放首先得有一个讲民主、讲科学的氛围，鼓励大家敢说实话敢说真话。另外，还要加快民主法制制度建设，没有稳定和高效的制度做保证，最终会退回到人治的老路上去。"民主是解放思想的重要条件"①。许多人把社会科学理论创新看得太神秘了，以为只有领袖伟人、国家高层领导人才有权或有资格创立社会科学的新理论。这种偏见束缚了人的思想，阻碍了人们去从事理论创新。真理面前人人是平等的，在探索真理创新理论上没有政治社会地位之分，也没有当然的权威和势力可以阻碍一切真正有志于科学探索的人提出新思想、新观点，建立新的理论。

思想观念一般是知识的产物。思想和观念略有区别。思想是观念的基础。不过，光提出思想并不够，思想还应当得到普及并在实践中得到应用才能发挥作用。"观念"就是普及了的、大众化了的"思想"。解放思想、更新观念也就是要用先进的思想观念替代落后腐朽的思想观念。"解放思想，就是使思想和实际相符合，使主观和客观相符合，就是实事求是。"②一般地说，先进思想指的是那些反映事物发展的客观规律，促进经济、社会发展和人类进步的思想，包括社会思想、哲学思想、政治思想、经济思想、教育思想、法律思想、文艺思想等。先进思想是相对而言的，特别是相对一定的历史时代而言的。不同的时代有不同的先进思想。某一时代的先进思想到另一时代不一定也是先进思想。但光辉的思想即使是过时的，也不是没有价值的，因为它具有启发性，是人类继续深化认识的出发点。先进思想是人类思想的瑰宝、文化的精华，也

---

① 《邓小平文选》，第 2 卷，144 页。
② 《邓小平文选》，第 2 卷，364 页。

是宝贵的经济资源，是战略性、发展型资源。思想解放观念更新往往是政治、经济和社会变革的先导和种子。进入文明时期以来，人类正是在先进的思想观念指引下，一步一步地加速向前发展。特别是近几百年来人类社会巨大的进步和发展，更与先进的思想观念的创立和传播分不开。孙中山用"三民主义"革命思想不断唤醒腐朽的大清王朝统治下的民众，最终推翻了清王朝、建立了中华民国，为中国迈入现代国家打下了基础。因此他也被称为革命先行者。毛泽东因地制宜发展了马列主义，提出农村包围城市，克服了党内的主观主义、教条主义、本本主义等错误思想，最终实现了新民主主义革命成功，建立了新中国。而邓小平三起三落、拨乱反正后，提出改革开放思想，其思想带领中国在 20 世纪末开始发展，为 21 世纪在世界民族之林崛起奠定了基础。这些都是中国活生生的思想解放案例。

先进思想是多方面、多学科、多领域的。古今中外都有一些思想家、自然科学家、社会科学家、经济学家、教育学家等，提出或创立各种先进思想和观念，照亮了人类进步前行的路途。对于这些珍贵的思想观念资源，我们不能漠视，决不应该采取政治挂帅的判断标准，用政治立场来判断一切是非，用政治思想的偏好来决定学术思想的对错与取舍。

◎ 案例：邓小平对极"左"思维的尖锐批评

1992 年 6 月邓小平在上海接见香港某著名人士时说："我叫一些人把帽子工厂快些关闭，帽子拿给我来戴。如果说把经济建设列为党的基本路线和中心，就是走资，那我就是最大的走资派，而且是走定了的。如果学习和借鉴工业国家的先进管理、先进经验、先进技术，扩大和搞活市场经济是搞资本主义，那我就是最大的走资派。其实，我这马克思主义信仰者，是学资本主义来搞好自己的社会主义。社会主义不是抽象的。落后、贫穷的社会制度是不能长期生存下去的，是要垮台的，必定要垮台的。我要请教那些马列主义理论权威、经济学权威、坚定的马克思主义者、毛泽东思想的捍卫者，你们到底读了多少马列的书，研究了多少马克思主义理论？为什么不走出圈子看一看整个国家、整个世界发生了什么变化？"这番谈话实际上是对坚持"左"的理论和观点的人的尖锐批评和辛辣讽刺。

【简评】

从科学研究的意义上说，社会科学的结论并不必然需要国家领导人来评判和衡量，因为实践是检验真理的最终标准。但在特定的历史时期，这种评判和衡量也具有积极意义。

"社会主义要赢得与资本主义相比较的优势，就必须大胆吸收和借鉴人类社会创造的一切文明成果，吸收和借鉴当今世界各国包括资本主义发达国家的一切反映现代社会化生产规律的先进经营方式、管理方法"① "敢于向一切国家的长处学习，就是最有自信心和自尊心的表现，这样的民族也一定是能够自强的民族。" "学习外国必须同独创精神相结合。"② "我们应该从世界各国吸收一切好的东西，但必须让这些东西像种子一样在中国土壤上扎下根，生长壮大，变为中国化的东西，才能有力量。"③当然，并非所有新思想和新观念都适用于一个国家的社会实践，要想让它们发挥作用，我们还是要因地制宜、实事求是地评判它们的好坏和取舍。否则，凡事都用姓"资"或姓"社"为标准，来判断来自资本主义国家的知识和思想观念，甚至对之加以排斥，那很有可能会导致自己思想观念日益落后，跟不上时代发展的步伐的被动局面。中国在这方面有着深刻的历史教训。在"文化大革命"以前，在中国的政府机构、学术界乃至绝大多数国民，对前苏联的计划经济制度深信不疑。只有少数学者对此经济制度表示质疑，如顾准也曾提出过市场经济的观点，但刚一露头就被政治运动打压下去。照搬前苏联计划经济模式以及随后的十年动乱，中国的经济走到了崩溃的边缘。

案例：中国市场经济道路的确立历程

粉碎"四人帮"后，一大批有识之士和经济学家开始反思中国的发展道路问题。先后有孙冶方、于光远、薛暮桥、吴敬琏等经济学家把改革的取向指向了市场。1980 年，薛暮桥等人起草了《关于经济体制改革的初步意见》，其中明确提出："我国现阶段社会主义经济，是生产资料公有制占优势、多种经济成分并存的商品经济。"在当时的历史条件下能提出这种深刻的认识已经难能可贵，可惜的是这种先知明见并没有成为决策层的共识。从 1981 年冬季开始，强调社会主义只能是计划经济的观点重新抬头，党的十二大报告的提法是"计划经济为主、市场经济调节为辅。"这种理论认识实际上是重新肯定计划

---

① 《邓小平文选》，第 3 卷，373 页。
② 《周恩来经济文选》，256 页、566 页。
③ 《周恩来教育文选》，3 页。

经济的地位，把市场经济看成是完善计划经济的手段和补充。资源配置方式主要是靠计划而不是市场。1984 年马洪受命组织社科院的几个研究人员写了一篇文章，提出了"社会主义有计划的商品经济"和"社会主义商品经济"观点，得到了许多人的支持。这种提法被写入了 1984 年 9 月党的十二届三中全会《关于经济体制改革的决定》中。应当说，这种提法是理论认识上的巨大进步，是思想的再次解放。但是，真正懂得经济理论的人一看就会知道，这只是文字含蓄而已。商品经济和市场经济是一枚硬币的正反面，商品是市场经济的主体，经济商品化意味着经济市场化，说的其实是一回事儿。1989 年以后，左的观点和理论思潮重新出现，有些所谓的理论家坚持认为，"计划经济与市场调节相结合"是唯一正确的说法，中国经济的性质只能是计划经济，绝不要再讲市场经济，否则就是政治上的自由化，就是走资本主义道路。在 1990 年 7 月的一次高层会议上，持不同观点的经济学家就这个问题展开激烈的辩论和交锋，莫衷一是，各执一词。最终，以邓小平著名的南巡谈话为这个有关中国前途和命运的问题一锤定音。

【简评】

当时的政治气氛比较严峻，能在此时仍坚持市场经济观点的学者除了具有高瞻远瞩的理论洞见之外，他们所具备的理论勇气也令人钦佩。这才是经济学者需要的科学精神。

"世界在变化，我们的思想和行动也要随之而变。"[1] 历史上，每当社会处于重大的转折关头，思想领域的矛盾和斗争往往是异常激烈的。新中国成立以来，国家建设取得了很大成就，同时也走了一些弯路，失去了一些机遇。从 1978 年开始改革开放，终于找到了一条发展自己的正确道路。1993 年十四届三中全会要求在 20 世纪末，初步建立社会主义市场经济体制，回头看来是多么英明的决策啊！从"计划经济"到"计划经济为主，市场调节为辅"、从"有计划的商品经济"到"社会主义商品经济"，目前发展为"社会主义市场经济"，这一系列观点的演变和进展体现出了中国执政党和政府思想不断解放、认识不断深化的过程。从几十年的理论思想禁锢以及十年"文化大革命"动乱中走出来不过二十余年，取得这种真理性认识是相当不容易的。在 20 世

---

① 《科学技术是第一生产力》，见《邓小平文选》，第 3 卷，274 页。

纪结束之前，中华民族能够再次觉醒，找到"市场经济"这条经济振兴之路，真可谓国家幸甚！民族幸甚！这条道路的精髓，就是调动一切积极因素，解放和发展生产力，尊重和保障中国人民追求幸福的自由。中国的改革开放，从农村到城市，从经济领域到政治、文化、社会领域。它的每一步深入，说到底都是为了放手让一切劳动、知识、技术、管理和资本的活力竞相迸发，让一切创造社会财富的源泉充分涌流。

从经济学原理的角度来看，市场经济的基本原则应当是普遍适用的。经济学作为研究人类社会经济现象和人们经济行为的科学，本身具有一般规定性，它的一些基本原理和方法并不因为国家的差别而有什么不同这是因为资源稀缺及其有效配置是任何社会都要遇到的问题。实现经济福利的最大化也是任何社会的目的。在稀缺资源最优配置的目的和手段上，不同国家、不同社会之间是有相同之处的。在中国的历史上，长期存在着过分强调经济学的阶级属性的倾向，而忽视了经济学的一般性。其实，经济学的一般性是很明显的。市场经济是以市场为核心手段配置资源的一种方式，市场就是一个生产者和生产者、生产者和消费者，再加上政府机构、金融机构等相互平等交换商品、服务和资金或资源的关系集合。市场参与各方在交换过程中的地位是平等的，参与机会也应平等。市场经济需要法律来保证公平的交换环境，而制定法律需要协调各方利益，听取各方意见，那么，民主制度就是经济发展的内在要求。以上这些看上去简单、但实际上操作起来很复杂的原则在任何一个致力于发展市场经济的现代国家都是适用的，没有例外。在理论上需要明确的是，市场经济理论没有国界，市场经济原则普遍适用，不应当以社会制度来划分市场经济的类型。由于市场经济原则普遍适用，就不应有"资本主义市场经济"和"社会主义市场经济"之分，但是，可以有"传统市场经济"和"现代市场经济"之区别，"传统市场经济"是指那种过于追求经济效益和资本利润，忽视广大劳动阶层福利的古典市场经济，是收入分配不公平的市场经济；"现代市场经济"则不仅仅追求经济效益和保护私有财产，还更加注重维护劳动阶层福利，在效益和公平之间取得恰当平衡。"应当公正地指出，一个制度的标志既不是资本的使用，也不是资本所具有的权力。在资本主义社会中，资本的使用是为了获取纯利润，这种纯利润绝不会从一个抽象的市场中产生，只能从受其所属社会调节的市场中产生。"①邓小平先生讲得更加明确："计划经济不等于社会主义，资本主义也有计划；市场经济不等于资本主义，社会主义也有市场。计划和市场都是经济手段。"市场经济是优化资源配置的有效形式，它通过价格、供求和竞争等机制引导资源的拥有者进行决策，使资源在不同部门之间自由流动，实现社会资源的有效配置，使社会生产在动态中不断适应变化着的社会，它是人类社会到目前为止最先进和最有效率的生产力组织形式。尽管中国有自己的文化历史传统，有自己的政治体制和人文环境，有着与其他国家不同数量的自然资源和社会资源及其不同的分布结构，但对于发展市场经济而言，奉行的基本原则应当是一致的。不能因为国情的不同，就过于强调"中国特色"而置这些原则于不顾。市场经济鼓励公平竞争，反对垄断，因为垄断导致资源配置低效甚至浪费，导致社会不公，这是所有搞市场经济的国家都应认识清楚的。

◎ 案例：解放思想转变观念直接促进中国加入世界贸易组织谈判

自 1992 年开始，龙永图介入中国复关谈判。1997 年 2 月被任命为外经贸部首席谈判代表，负责贸易谈判及多边经济与法律事务，是中国复关及入世谈判的首席谈判代表。2001 年 11 月，中国终于成功地加入了世界贸易组织。

谈起我国加入世界贸易组织的漫长历程，龙永图感慨万千。

关贸总协定和世界贸易组织谈判的景象就是少数人在谈判，多数人在喝咖啡。在世界贸易组织的谈判当中，得有一定的经济实力，才能进行谈判。世界贸易组织进行的谈判，不可能发生美国和孟加拉进行非常艰难的谈判这种事情。过去的关贸总协定有很大的咖啡间，周围都是会议室。那些会议室里面，美国和欧盟、日本和欧盟、美国和加拿大这些对手去谈判，而世界贸易组织的其他成员特别是那些小的成员经济体代表，基本是坐在咖啡馆里喝咖啡，等待消息。这就是关贸总协定谈判的景象——少数人在谈判，多数人在喝咖啡。

在这个意义上，关贸总协定或世界贸易组织是一个很不公平的地方，没有经济实力，很难参与真正的谈判；但从另一个意义上讲，它也是平等的，根据关贸总协定无条件最惠国待遇的原则，美国和加拿大、美国和欧盟关在小屋子里面所谈的结果都会完全、无条件地适用所有成员。如果美国经过艰苦谈判，

---

① 弗朗索瓦·佩鲁. 新发展观 [M] . 75 页，北京：华夏出版社. 1987.

把日本汽车的关税拿下来了，美国代表就会很骄傲地从会议室出来表示，美国已经和日本达成协议，从多少降到多少。那么外面喝咖啡的所有成员都会喝彩。因为这些条件将适用于他们。世界贸易组织的游戏规则就是这样。

中国决定在 1986 年申请"复关"。谈判从 1987 年开始，谈判一开始是顺利的。主导整个关贸总协定的成员主要有美国和一些西方发达国家。虽然关贸总协定是一个经济贸易组织，但是他们在作出到底吸纳谁成为关贸总协定组织成员决定的时候，有很多政治方面的考虑。

中国谈判之所以一开始比较顺利，主要有两个原因。其中的一个原因是：美国的主要对手苏联还没有解体。而且没有进行任何经济体制方面的改革，而中国的改革从 1978 年以来已经进行了很多年，西方看好中国的改革进程，虽然在很多方面没有达到关贸总协定成员的要求，但还是想把中国吸收进来。①

但是，1989 年"六四"风波后，以美国为首的西方发达国家中断了和中国的谈判。现在说中国加入世界贸易组织经历了 15 年谈判，其实真正的谈判大概是 13 年，中间中止了两年多，一直到 1991 年下半年才重新开始。那时，中国不仅仅把恢复关贸总协定地位看成一场恢复国际外交和经济地位的谈判，更看成打破当时西方对中国围堵和制裁的重要政治举措。

在整个谈判的过程中，政治因素不断起作用。正因如此，这样一场非常技术性的贸易谈判，常常是由高层从政治上进行推动。这也是国际贸易谈判的一个规律。龙永图回忆到："为了'市场经济'这 4 个字，我们谈判了 6 年。"他说，如果把一次次的艰苦谈判和经受的挫折都讲出来，那是一个很长的故事；但如果简单地讲，15 年的谈判无非谈了 8 个字，一是"市场经济"，二是"开放市场"。

在这个谈判的第一阶段，我们碰上的最大困难是当时中国不承认在搞市场经济。谈判组向外国谈判对手解释不通什么是"党委书记领导下的厂长负责制"。当时我们讲，厂长是核心，书记是中心，两心换一心。外国人就问，你这个两心怎么变成一心？他们认为你这个书记是上面派的，可能代表你们所讲的计划调节，那么这个厂长是想赚钱的，可能是代表你们所讲的市场调节。厂长和书记在工厂的运作当中，在整个工厂的重大的生产决策中，谁起最高的作

---

① 关于这一点，白钦先教授根据自己的研究曾判断得出过结论：中国如果愿意，20 世纪 80 年代一个礼拜就可以加入 GATT。然而时过境迁，好事多磨。

用，是怎么起作用的，当时我们确实讲不清楚。我们请了很多专家、学者到日内瓦，试图讲清楚我们的经济体制，但是讲来讲去，越讲越糊涂，最后人家说你不要讲了，你就回答我一个问题，你们搞不搞市场经济？当时谁敢讲这个话呀！后来，邓小平同志提出来，在社会主义条件下也可以搞市场经济。从此，我们和外国谈判代表算是找到了共同语言。龙永图说："所以我们今天想起这件事情，确实很缅怀小平同志当时的那种魄力。"

【简评】

《论语·子路》中说：名不正，则言不顺；言不顺，则事不成。用计划经济这个"名"来说市场经济条件下产生的自由贸易组织（世界贸易组织）的理，怎么能说得通、说得顺呢？邓小平对中国改革开放真的是居功至伟！他从不拘泥于任何理论教条，一切从实践出发，只要符合实践，不管黑猫白猫，抓住耗子就是好猫！实践永远是第一位的，实践是检验真理的唯一标准，这是真正的马列主义！看看加入世界贸易组织后中国这几十年的快速发展成果，邓公伟大！诚哉斯言！

当然，市场经济建设是一个漫长的、复杂的制度变迁过程，特别是对传统计划经济国家而言，向市场经济过渡不能操之过急。"一个国家无法简单地通过废止中央计划经济并确实使政府不去干预经济的途径来过渡到竞争性的市场经济。一个繁荣的市场经济是不会自动产生的，它需要制度来支撑。那些正处于转化过程中的前中央计划经济国家所欠缺的，通常恰恰是这些制度。"[①]正如诺斯教授所说的那样："在西方国家，现在制度的形成花了五百年，这是一个非常缓慢的历程，其中涉及许多非常重要的人物和思想的出现。在中国，你不可能在一夜之间就能解决问题，我想至少你们需要二十到五十年的时间来为之奋斗。这就是你们现在为什么还存在这么多问题的基本原因。在某种程度上，你们已经取得了巨大的成功。中国的经济已经上了路，但现在和将要遇到的问题可能比已经解决了的问题还要多、还要难。"俄罗斯和部分东欧国家采取休克疗法，进行激进式改革，虽然缩短了制度变迁和改革的时间，但也付出了巨大的经济和社会成本。中国的改革如果采取这种做法，后果恐怕就并不一定乐观。世界第一多的人口以及经济社会发展水平不高的现实也注定我们只能走渐

---

① 转引自方汉明《论中国向社会主义市场经济过渡时期政府、市场与企业的关系》，载《复旦大学学报》，1994（6），12页。

进改革的道路，而且要结合中国的实际情况推进改革进程，进行市场制度创新。发展中国家如果认为它唯一所能做的选择只是在新古典主义和凯恩斯主义之间二者居一，这肯定是极为严重的错误。这些国家需要自己的发明，并采取根据它们自己的需要加工过的行动方针。①

一方面，既要坚持现代市场经济的基本原则，因为它们普遍适用；另一方面，也要结合中国的国情，因地制宜地推动市场化进程，这就是建设"有中国特色的市场经济"。熟悉市场经济历史的人都知道，除英美两国相对自由一些的市场经济体制外，在西方市场经济国家中，很多国家在经济发展的理论与政府选择上，都明显地保持着自己的特色。例如，法国的市场经济就带有自己独特的风格。作为资本主义市场经济国家，法国国有经济的国有化程度相当高，国有经济和计划调节的作用受到人们普遍重视。1986 年，法国右翼党执政后，曾一度推行私有化政策，但仅仅两年，该政府下台，私有化政策停止。因此，汹涌而来的新自由主义思潮对法国经济政策的影响是十分有限的。类似的例子还有很多。诺贝尔经济学奖的发源地瑞典，则是"福利"国家市场经济的典型，它选择了一条不同于英美等资本主义国家的经济增长道路，在发展中形成了自身特有的经济模式。

由此可见，现代西方经济学作为资本主义市场经济几百年经验研究和理论探索的结果，其中无疑包含着市场经济运行普遍适用的某些原理和方法，这些原理和方法在西方国家的经济理论和政策实施中起到了相当重要的作用。但是，即使在这些西方发达国家，这些理论在相当大的程度上也并没得到真正有效的应用。②如果说西方资本主义国家在运用这些理论时还能做出审慎地选择的话，对于建立社会主义市场经济的中国来说，盲目地屈从于西方某些经济理论和思潮，用某些西方经济学家的理论或模型为标尺来衡量中国改革和开放的深度及经济运行情况并指导我们的改革，则未免失之偏颇，甚至有可能造成巨大的损失。

总之，中国走向市场经济的方向和步伐应当坚定不移。这是一项庞大复杂、且富有挑战性的伟大事业，需要几代中华儿女的奋斗。历史上，我国曾经有过丧失机遇而落伍的深刻教训，也有过抓住机遇实现快速发展的成功经验。

---

① 弗朗索瓦·佩鲁. 新发展观［M］.50 页，北京：华夏出版社，1987.
② 例如，1995 年获得诺贝尔奖的理性预期学派，其影响也被认为主要局限于理论界。

现在，我们正处在又一个难得的有利发展时机。机不可失，时不再来，必须紧紧抓住机遇，只争朝夕地工作，根本目的是要把自己的事情办好。正如习近平总书记说的那样：道路决定命运，找到一条正确的道路多么不容易，我们必须坚定不移走下去。实现中华民族伟大复兴，就是中华民族近代以来最伟大的梦想。这个梦想，凝聚了几代中国人的夙愿，体现了中华民族和中国人民的整体利益，是每一个中华儿女的共同期盼。实践充分证明，中国特色社会主义是中国共产党和中国人民团结的旗帜、奋进的旗帜、胜利的旗帜。我们要全面建成小康社会、加快推进社会主义现代化、实现中华民族伟大复兴，必须始终高举中国特色社会主义伟大旗帜，坚定不移坚持和发展中国特色社会主义。[①] 中国发展道路也许要曲折一些，但它的前途必然是光明和令人振奋的！

◎ 案例：习近平新时代中国特色社会主义思想引领 21 世纪中国继续向前

实践是理论之源。伟大的实践，催生伟大的理论；伟大的理论，指导伟大的实践。

自古以来，中华民族产生了无数的仁人志士，致力于中华富强。特别是近百年来，中华帝国从世界第一的王座上跌落，被后起的资本主义国家超越，并备受欺凌和侵略，人民大众也饱受折磨和压迫。很多中华儿女的精英人物都在思考和探索怎么样才能使得极弱的祖国富强和崛起。革命先行者孙中山先生创立了"三民主义"，在他的号召和影响下，推翻了封建清王朝统治，建立了中华民国。可是，模仿西方三权分立那种想法以及中国军阀割据一方的现实，使得孙中山先生的思想无法落地。蒋介石和国民党虽然名义上统一了中国，可依旧是各方割据，经济发展缓慢，民不聊生。十月革命一声炮响，给中国送来了马列主义，以毛泽东为领袖的中国共产党最终由人民群众作出了历史选择，创立了新中国。20 世纪 50 年代到 70 年代末，中国实行计划经济，建立起来了基本的工业体系。尽管有十年动乱拖慢了中国发展进程，但中国共产党人领导人民迈向国家现代化的理想和步伐始终没有停止过。

用马克思主义理论这个锐利的武器指导中国社会的发展，指导中国社会的

---

① 习近平在庆祝中国共产党成立 95 周年大会上的讲话，2016 年 7 月 1 日。

革命，产生了毛泽东思想，中国革命得以成功。邓小平理论也是马克思主义尤其是中国的马克思主义具体化，用来指导中国社会的建设，30 多年来，中国社会发生了翻天覆地的变化。后来江泽民提出"三个代表"的重要思想，胡锦涛提出"科学发展观"，都代表着中国共产党与时俱进对马克思主义的理论发展。

时间进入 21 世纪，自十八大以来，中国社会延续了改革开放近 40 年的高速发展后需要面临转型，中国社会的发展呈现出一种新的阶段性特征，总书记习近平同志表述为"我国经济发展进入新常态"。进入经济发展新常态之后，理论必须要随着时代的发展往前走。在这个背景下，习近平新时代中国特色社会主义思想应运而生。以习近平同志为核心的党中央科学把握当今世界和当代中国的发展大势，顺应实践要求和人民愿望，推出一系列重大战略举措，出台一系列重大方针政策，推进一系列重大工作，解决了许多长期想解决而没有解决的难题，办成了许多过去想办而没有办成的大事，中国特色社会主义事业取得了全方位的、开创性的成就，推动党和国家事业发生深层次、根本性的历史性变革。可以说，党的十八大以来中国特色社会主义事业全方位的、开创性成就的取得，深层次的、根本性的历史性变革的发生，既为习近平新时代中国特色社会主义思想提供了坚实的实践基础，也充分体现了这一思想的巨大理论威力。

2018 年 3 月 11 日，第十三届全国人民代表大会第一次会议表决通过了宪法修正案草案，确立习近平新时代中国特色社会主义思想在国家政治和社会生活中的指导地位，这是时代大势所趋、事业发展所需、党心民心所向，是推进全面依法治国、推进国家治理体系和治理能力现代化的重大举措，具有重大现实意义和深远历史意义。习近平新时代中国特色社会主义思想有着深厚的实践基础，是党和人民实践经验和集体智慧的结晶。

【简评】

习近平新时代中国特色社会主义思想就是在新的历史背景下来思考什么是新时代的中国特色社会主义，如何建设新时代的中国特色社会主义这一问题，只不过把这个根本问题具体化为如何认识中国的全面现代化、中华民族伟大复兴，如何实现中国的全面现代化、实现中华民族伟大复兴的一系列相关问题。从新资源理论角度看，这个思想就是中国主流意识形态，是中华民族的思想观念资源，是一种具有长期指导意义的战略性社会资源。一切有志为中华民族伟大复兴和中国梦作出自己贡献的青年应该好好学习这个理论，用好这个思想观念资源，用于指导自己的人生发展并把自己的个人发展融入中华民族崛起这个伟大进程中去。